Robert Rauch - *Wohin einer kommt, wenn er geht*

PANICO

Robert Rauch

Wohin einer kommt, wenn er geht

ISBN 3-926807-99-7

1. Auflage 2002

ISBN 3-926807-99-7

 Panico Alpinverlag
Golterstrasse 12
D-73257 Köngen
Tel. (0 70 24) 8 27 80
Fax. (0 70 24) 8 43 77
e-mail: alpinverlag@panico.de

Es sind Namenlose und Unberühmte wie ich,
ungezählt, wie der Sand am Meer,
die sich nach Frieden sehnen und die Wahrheit suchen.

Inhalt

Der letzte Fußgänger

Das Land breitet sich vor uns aus wie ein riesiger gläserner Ballsaal aus Himmel, Wolken, Wasser und Erde. Gebündelte Sonnenstrahlen durchbrechen den Nebel und lassen die weitverzweigten Adern des Murmuntania-Flusses glänzen als wäre sein Wasser flüssiges Silber.

Liesel, mein Esel, trägt das Gepäck, hört meinen Selbstgesprächen zu und furzt von Zeit zu Zeit so ironisch, dass ich mir sicher bin: sie versteht jedes einzelne Wort. In der grenzenlosen Einsamkeit unseres Weges sind wir auf Biegen und Brechen aufeinander angewiesen.

Den Tieren, den Steinen und Blumen am Wegrand und nicht zuletzt sich selbst kommt man auf langen, einsamen Reisen zu Fuß näher als sonst. Gehör, Gefühl, Geruchssinn vervielfachen sich und längst verloren geglaubte Instinkte werden wieder wach. Weil die Wahrnehmung des Universums nicht mehr durch die ausschließliche Fixierung auf die Idee von „ich" und „mein" verstellt wird. Wer sich selbst finden will, der muss sein wahres Ich in den einfachen Empfindungen des Lebens suchen. Wer durch sein Leben fährt, der wird von diesen Dingen nie etwas erfahren – wer aber zu Fuß geht, der stellt eine Verbindung zu sich, zur Natur und vielleicht auch zu den Menschen her. In der beinharten Welt der Aymara-Indios, die Überleben heißt, ist kein Platz für hinderliche Sentimentalitäten, ein Esel ist ein Tragtier und erhält keinen Namen. Regeln werden nur aufgestellt, um wieder gebrochen zu werden, das wusste ich irgendwie schon immer – und so habe ich mit allen Konventionen gebrochen.

Ob Liesel weiß, dass sie das einzige bolivianische Tragtier ist, das einen Namen hat? Plagen muss sie sich deshalb genauso. Von den hitzeflimmernden Tiefen des tropischen Mapiri sind wir in eine Höhe von 3.500 Metern aufgestiegen. Der Marsch war lang, strapaziös und nicht ungefährlich. Menschen sind wir nicht begegnet. Die kühle Luft erfrischt nach der Hitze der zurückliegenden Tage. Um uns herum überall hoch aufragende Berge, die Ausläufer der Königskordilleren Boliviens.

In den Abendstunden löst sich der Nebel auf, der Himmel fließt über von dunklem Blau. Das Land liegt in dem Zwielicht, in dem man das Zeitgefühl verliert und sich verwirrt fragt: Ist es Abenddämmerung oder Morgengrauen? Nachdem Liesel versorgt und ein Zeltplatz gefunden ist, kommen die müden Beine zur Ruhe. Das ist die Zeit, in der ich meine Gedanken völlig frei schweifen lassen und mich zugleich meiner Müdigkeit hingeben kann. Alle Nervenenden liegen blank, offen für die Eindrücke, die auf mich zuströmen. Der Tiefblick über das Nebelmeer des Amazonas-Beckens ist überwältigend. Rechts drüben, hinter dem 4.700 Meter hohen Illampu-Pass liegt das Goldgräberstädtchen Sorata auf 2.600 Metern Höhe. Ein Tagesmarsch ist es noch bis dorthin, Victor und Martha werden schon auf mich warten. Sie machen sich immer Sorgen um mich, wenn ich zu lange ausbleibe. Dafür bin ich ihnen dankbar. Nicht, dass es mir etwas nützen würde – nur, weil ich, wie jeder andere auch, nicht ohne Liebe sein kann.

In Sorata war das Leben einfach und ruhig. Es muss noch dort sein, wird immer dort sein, gleichgültig wie das dumpfe Rauschen eines von den gletschergepanzerten Andenriesen herabfließenden Wildbaches. Ich zählte die Tage nicht, die wir schon unterwegs sind. Mindestens zehn und höchstens vierzehn Tage können es gewesen sein – es spielt keine Rolle.

Auf die Qualität der Schritte kommt es an, nicht darauf, ob ein Weg Tage, Wochen, Monate oder ein ganzes Leben dauert. Eine Eiche braucht hundert Jahre, um zu wachsen und gut Ding braucht Zeit. In Europa hat man das schon längst vergessen, ein Ereignis jagt das andere. Alles geht so schnell, dass der Mensch kaum noch nachkommt.
„Wohin bin ich in all den Jahren immer nur gegangen?", frage ich Liesel, die ihre Ohren spitzt und mit den Nüstern schnaubt. „Nach Hause, und das war trotz aller Umwege geradeaus.", antworte ich mir selbst.
Früher war ich überzeugt davon, dass meine Heimat dort ist, wo ich will. Heute glaube ich nicht mehr daran. Ich kann die Vergangenheit nicht auslöschen und will es auch gar nicht mehr. Meine Wurzeln liegen im überschäumenden, herben Himmel Oberbayerns, den ich gegen einen neuen, den scharf geschliffenen, fast schmerzhaft dunkelblauen des Andenhochlandes tauschte. Ganz zu Hause werde ich nirgends mehr sein – vielleicht war ich es auch nie. Ein Neubeginn in einem anderen Land mit anderer Sprache und unbekannter Kultur ist wie neu geboren werden. Ein ungeheurer Einschnitt, ein Megakick, der einen aus der Apathie reißt, zum Handeln und Denken zwingt. Ausgesetzter leben kann man kaum mehr.
Und: man kann auch scheitern – dem Rest der Welt ist es gleich. Hinter meinem Lächeln über den herrlichen Sonnenuntergang stehen plötzlich Tränen, die mir über das Gesicht laufen. Der ganze Erdball hallt wieder vom klirrenden Metall der Fabriken, in welchen sich der Mensch zum Hanswurst seiner eigenen Roboter macht, unterwürfig wie ein räudiger Hund.

Vor dem großen Schnee

Anfang Oktober in Oberbayern. Es hat von den Bergen bis ins Tal herunter geschneit, aber dieser erste Schnee bleibt nie liegen. Doch mit ihm und dem Nachtfrost kommt der Herbst, der die Bäume in bunten Farben anmalt und dessen bezaubernde Schönheit den Abschied vom Sommer in kurzer Zeit vergessen lässt. Das Tal von Mittenwald, 930 Meter hoch, liegt am Rande des Karwendelgebirges, unweit der Grenze zu Österreich.
Unmittelbar vor meiner Haustür ragen die grauen Felszinnen hoch und steil auf, als gezackte Linie vor dem wolkenlosen Horizont. Wann der Winter mit seiner eisigen Faust zuschlägt und jede Arbeit im Freien unmöglich macht, weiß nur Gott. In diese ungewisse Zeit fällt die Hauptsaison der Landschaftsgärtner. Fünfzehn lange Jahre hatte ich mich in diesem Beruf als kleiner selbstständiger Unternehmer abgemüht. Um das ganze Jahr über eine weitere Arbeitskraft einstellen zu können, reichte die Arbeit nicht mehr aus. Ohne Helfer war es oft mühsam und abends taten mir die Knochen weh. Ich bemerkte immer öfter, wie ich mit mir selbst sprach, wie ich wochenlang einsam meinem harten Tagewerk nachging. Ich erschrak nicht darüber, stellte es nur fest. Wegen der zurückgehenden Bauwirtschaft, mit der mein Beruf eng verknüpft ist, wurde die Auftragslage immer schlechter. Warum die Wohnungsnot noch nie so groß war und trotzdem von staatlicher Seite immer weniger gebaut wurde, wusste ich nicht. Da ich daran nichts ändern konnte, dachte ich darüber auch nicht nach.
Jetzt, im Oktober, war es wie früher: Ein Termin jagte den nächsten, die Auftragsbücher waren voll und die Arbeit reichte für

viele Hände, die zupacken konnten. Ich war heilfroh darüber, in diesen schwierigen Zeiten immer noch Aufträge hereinzubekommen, wusste aber auch, dass vier Monate Arbeit im Jahr auf Dauer nicht ausreichen würden, um meinen Betrieb am Leben zu erhalten.

Zum Glück war ich nicht dem Rat der Banken, sondern ganz allein meinem Gefühl gefolgt, hatte keine Kredite aufgenommen, um ins Endlose zu expandieren. Ich hatte es vorgezogen, regelmäßig Jahr für Jahr kleine Gewinne zu erwirtschaften. Das machte sich in diesen unsicheren Zeiten insofern bezahlt, als ich immer noch mir selbst und keiner Bank gehörte.

Ich spürte mit jeder Faser meines Körpers, wie Europa immer faschistoider wurde. Ich hatte keine Möglichkeit etwas dagegen zu tun und so stellte ich es lediglich erschreckt fest. Es ist nicht leicht, seine eigene Geschichte zu haben, wenn man wie ein Korken im Strom seiner Zeit treibt und der Willkür des Geschehens hilflos ausgeliefert ist. Wenigstens ein Mensch sollte man bleiben dürfen. Wer viel und schwer arbeitet, der hat kaum Zeit zum nachdenken und abends ist er zu müde dazu. Das Gute dabei? Man hat gar keine Zeit verrückt zu werden.

Der Oktober verging wie immer viel zu schnell und der November raste genauso hastig vorbei. Das Wetter blieb gut, ein Glück! Im Dezember schüttelte ein Föhnsturm mit gewaltiger Kraft die allerletzten Blätter aus den Bäumen, pfiff übermütig um die Hausdächer, wühlte in den Fichten der Wälder. Klar hoben sich die Konturen der Berge vom Himmel ab. Gespenstisch leer, wie Gerippe, standen die kahlen Laubbäume da. Die Luft fühlte sich an wie warmer Atem, es war viel zu lau für die fortgeschrittene Jahreszeit, hemdsärmelig konnte man im Freien arbeiten. Mit sturer Verbissenheit verrichtete ich mein Tagewerk. Jeder weitere schöne Tag war ein Geschenk des Winters und diese geschenkten Tage mussten genutzt werden. Nachts fand ich keinen Schlaf und wälzte mich unruhig im Bett hin und her, weil der brüllende Sturm unbändig an den klappernden Fensterläden rüttelte.

Es roch nach Schnee, als eines morgens vom Sturm nur noch ein schwacher Windhauch übrig war, der zart um meine Wangen strich. Eine Woche hatte der Föhn sich mit wilder Roheit ausgetobt, wie ein übermütiger Lausbub das Hausdach vom „Kuisn Toni“ abgedeckt und die Wipfel der Nadelwälder grimmig heulend in wahren Tobsuchtsanfällen hin- und hergeschüttelt, dass die Stämme angstvoll ächzten und knackten. Manche stolze alte Fichte, die sich dem Sturm in den Weg stellte, knickte er mit lautem Krachen wie ein Streichholz. Meine Augen waren rot vom Staub, den er mir ins Gesicht blies.

So plötzlich wie der Föhnsturm über Mittenwald hergefallen war, so plötzlich verschwand er auch wieder. Es war immer noch fast übernatürlich warm, doch die Bergdohlen, die in einem großen, schwarzen Schwarm vom Karwendel ins Tal heruntergeflogen kamen, weil sie den nahenden Winter spürten, ließen keinen Zweifel aufkommen: Der große Schnee streckte seine kalte Totenhand aus. Eine stille Beklemmung lag über dem schweigsamen Land, ernst, drohend blickten die düsteren Berge auf mich Zwerg herab. Ich war nicht wichtig.

Eilig machte ich mein Werkzeug winterfest. Gerade noch rechtzeitig war ich mit der Arbeit fertig geworden. Ein paar Bäume konnte ich bei schönem Wetter auch noch im Januar fällen, bei dieser Arbeit machten Frost und Schnee nichts aus. Dramatische Ereignisse spielten sich am Himmel ab, der sich von Westen, vom Wetterstein her, schnell mit Fischwolken überzog. Ich wusste, dass es nicht wichtig war, was ich tat, trotzdem verrichtete ich jeden Handgriff mit bedeutsamer Miene.

Über Nacht der Wettersturz; anfänglicher Platzregen ging bald in Schnee über. Bei so einem Wetter jagt man keinen Hund vor die Tür. Tag und Nacht fiel Schnee vom Himmel, unablässig und dicht. Wochenlang. Die Berge waren von dicken Nebelschleiern verhüllt, unsichtbar. Der große Schnee deckte alles mit einem weißen Leichentuch zu. Kein Vogel sang mehr, der beste Platz war jetzt der vor dem warmen Ofen.
Innerhalb kurzer Zeit veränderte sich das ganze Land. Nur: die Schweinereien der Politiker, die aufgedeckten Skandale und die im Verborgenen gebliebenen, vermochte auch meterhoher Schnee nicht zu verbergen. Nicht nur die Zeiten, auch Menschen können sich ändern. Deutschland war mir zu eng geworden. Vielleicht hatte der Schnee etwas damit zu tun, der sich draußen vor der Haustüre meterhoch auftürmte, oder irgendetwas tief in meinem Inneren, das kein Außenstehender bemerkte, weil nicht einmal ich selbst es sehen konnte. Letztendlich ergab sich mein Entschluss, aus Europa wegzugehen, aus der Summe der Veränderungen, die sich dort abspielten und einem daraus resultierenden Unwohlsein. Die Ursachen sieht ein Außenstehender nicht mit bloßem Auge, trotzdem sind sie da. Man muss nicht immer alles verstehen, manchmal genügt es völlig, das zu tun, was das Gefühl einem sagt. Wer alles mit sich geschehen lässt und niemals handelt, der wird auch keine Antwort auf seine Fragen finden. Und wer niemals fragt, der weiß auch keine Antwort. Du kannst nicht immer nur von vagen Hoffnungen leben, du musst auch Antworten suchen. Es sei denn, du stehst niemals aus deinem bequemen Sessel auf und lässt das Leben unbeteiligt an dir vorbeiziehen. „Aussteiger" pflegt man Individualisten zu nennen. Ich mag diesen Begriff nicht, er ist nicht zutreffend. Aus was hätte ich denn „aussteigen" sollen – es war längst nichts mehr da.

Vorbereitungen für einen Traum

Ich war keine zwanzig mehr und auch keine dreißig, deshalb wusste ich genau, dass jedes gedachte Wort und jede daraus resultierende Tat ihre Konsequenzen hat. Aber nichts zu tun, hat auch seine Konsequenzen. Man kann die Möglichkeit, sich selbst zu finden, verpassen. So wie man einen Zug verpasst. Oder sein Leben.

Ich bereitete meinen Neuanfang in Bolivien so gewissenhaft vor wie es ging. Die bolivianische Botschaft erwies sich dabei nicht als Hilfe. Jedes Mal wenn ich dort anrief, kam es mir so vor, als wäre ich mit einem Ferienlager pubertierender Halbwüchsiger verbunden. Schreiben war ebenfalls zwecklos. Ihre fetten Diplomatengehälter verdienten diese Leute nicht im Entferntesten. Verwöhnte Söhne reicher bolivianischer Eltern machten hochbezahlten Urlaub in den Botschaften in Bonn und Hamburg. Ich versuchte alles Mögliche und Unmögliche, vor allem bediente ich mich der Adressen aus La Paz, die ich von früher kannte, um Kontakte zu knüpfen. Die Brücken nach Deutschland wollte ich keinesfalls abbrechen – ich musste ja irgendwohin, wenn alles schief ging. Auch an diese Möglichkeit dachte ich.

Jetzt, im Winter, hatte ich nicht viel zu tun. Diese Zeit nutzte ich, um eine Autobiographie zu schreiben. Die Erlebnisse aus 25 Jahren Extremklettern boten genug Stoff für ein dickes Manuskript. Damit konnte ich mir selbst beweisen, was ich ohnehin schon wusste: Das Vorurteil, dass ein Gärtner zu einfältig ist, um etwas anderes fertigzubringen als in der Erde zu wühlen, ist falsch.

Ich glaube, ich hätte auch sonst noch einiges Interessante sagen können, nur: niemand hörte mir zu. Meine Anwesenheit wurde so selten bemerkt, dass nicht einmal ich selbst sie mehr bemerkte. Eigentlich war ich mit dem Kopf schon ganz weit weg, nicht mehr da. Wann, wenn nicht jetzt, wäre der Zeitpunkt besser gewesen zu verschwinden, ohne irgendein Zeichen, eine Spur zu hinterlassen?

„Nimm mich mit, mich hält in Deutschland sowieso nichts mehr", bat mich Paula, eine 20-jährige Berlinerin, eines Abends. „Ja, gut", war meine Antwort. Warum ich nicht nein sagte, weiß ich heute nicht mehr. Vielleicht war ich zu überrascht, außerdem war ich mir sicher, dass sie es sich ohnehin noch anders überlegte. Das tat Paula nicht.

Ein Abenteuer wie dieses ließ sich nicht inszenieren, man konnte es nur zulassen. Man musste entweder verrückt oder ein Schlafwandler sein, um sich auf so etwas überhaupt einzulassen. Oder beides. Paula wusste das. Die Monate bis zur Abreise vergingen in rasender Eile, die Tage flogen nur so dahin.

In einem anderen Land

Am Flughafen München bestand der korrekte Beamte des Lufthansa-Schalters darauf, mein Handgepäck zu wiegen. Die Tasche sah unscheinbar aus, war aber sackschwer. Sie wog die Kleinigkeit von fünfunddreißig Kilogramm. Fünfundzwanzig zuviel. „Macht 750 Dollar Aufpreis", wurde mir vorgerechnet. Paula und ich stopften soviel wie möglich in unsere Hosentaschen, zogen Anoraks und Pullover an, um die Tasche leichter zu machen – sie war immer noch zu schwer. Wir begaben uns erneut zur Gepäckwaage, wo uns der Zollbeamte mit zynischem Grinsen erwartete. Er kam mir vor wie ein Henker. Ich wollte schon den Geldbeutel zum Zahlen rausholen, als genau derselbe Typ ganz anders redete: „Ja, warum denn nicht gleich so, es geht doch auch anders." Die Tasche wog noch fast genauso viel wie vorher, ich konnte es auf der Waage ablesen. Der Unterschied zu vorher war, dass eine hübsche Arbeitskollegin hinter dem Mistkerl stand, vor der er sich hilfsbereit und verständnisvoll geben wollte. Es heißt, das Glück gehört dem Tüchtigen. Das ist nicht wahr. Das Glück ist ein Rindvieh, und wo es hinfällt bleibt es einfach liegen, ob es nun auf dem Misthaufen oder auf einer Gepäckwaage ist, nur deshalb kamen wir um's Zahlen herum.

Der fiese Krawattenheini vom Lufthansa-Schalter war unser letzter Eindruck aus Deutschland.

Nach 36 Stunden Flug spuckte der Bauch des Flugzeugs Paula und mich plötzlich im Herzen des südamerikanischen Kontinents aus, alles war so wahnsinnig schnell gegangen. Da standen wir nun, vor dem Flughafen von La Paz, der Hauptstadt Bolivi-

ens. Mit einem wilden Verhau von Gepäckstücken und dem Vorsatz, das Körnchen Wahrheit im Heuhaufen unserer Illusionen aufzuspüren.
La Paz ist die höchstgelegene Millionenstadt der Welt und ihr Flughafen El Alto liegt auf über 4.000 Metern Höhe. Zu Beginn machte die ungewohnt dünne Höhenluft flachatmig, aber mit der Zeit würde sich der Körper daran gewöhnen. Alberto Pablomont, mein bolivianischer Verbindungsmann, hätte uns abholen sollen – von wegen, Fehlanzeige. Wir waren bestellt und nicht abgeholt. Alles half nichts, wir mussten uns ein Taxi krallen, das uns ins Stadtzentrum, in die Murillo Straße 1420, zu Alberto Pablomonts Haus bringen konnte. Der Taxichauffeur lud unser Gepäck aufs Dach, ließ uns einsteigen und machte die Autotüren selbst zu. „Weil die Gringo's die Wagentüren so gewalttätig zuschlagen, dass sie davon kaputtgehen", meinte er. Ich tat so, als hätte ich ihn nicht genau verstanden. Den Preis hatte ich abgemacht, bevor wir einstiegen und die Wagentüren gingen mich nichts an.
Vom Flughafen fuhren wir, von oben kommend, ins 400 Höhenmeter tiefer gelegene Zentrum der Stadt, die an einem steilen Hang liegt. Wie Schwalbennester kleben die primitiven Indiobehausungen der Außenbezirke dicht aneinander gedrängt an den Hängen. Im flacheren Stadtzentrum ragen Wolkenkratzer in den tief dunkelblauen Himmel, dem man in La Paz näher ist als dem Boden. Die Fernsicht ist bei der klaren Luft unglaublich gut, wie ein gigantisches, surreales Gemälde breitet sich die Stadt unter uns aus. La Paz bedeutet „der Friede" – ein seltsamer, trügerischer Name für diese skurrile, explosive Mischung aus modernen Hochhäusern und Indianerpueblos, die aussehen wie Überbleibsel aus dem Mittelalter. Die Stadtmitte liegt auf 3.600 Metern und tiefer wohnen die Rei-

chen der Stadt in ihren Luxusvierteln, durch Welten und mehr als 1.000 Höhenmeter von den Slums auf dem El Alto getrennt. Der Himmel scheint zum Greifen nah und dennoch: auch in La Paz wird auf der Erde gestorben. Nirgends auf der Welt gab es in der Vergangenheit so viele Militärputsche wie in Bolivien, einmal wurde die Regierung gleich vier Mal an einem Tag gestürzt. Bumm, bumm, der alte Präsident liegt erschossen auf dem Boden – Hurra! Es lebe der Neue. Nach einer Stunde: Bumm, bumm, der Präsident ist tot – her mit einem Neuen! Noch später, am selben Tag: Bumm, Bumm. Welcher Präsident will noch mal ran, wer hat noch nicht? Zumindest sind den Bolivianern in diesen unsicheren Zeiten weder die Präsidenten noch die Revolutionäre, die das Land ins Chaos stürzten, ausgegangen. Die Zeiten der Akkordputschisten gehören der Vergangenheit an und heute hat Bolivien die stabilste Währung Südamerikas und ein Wirtschaftswachstum, auf das jedes EG-Land neidisch sein könnte.

Vom Beifahrersitz aus musterte ich das bronzefarbene Gesicht unseres Chauffeurs, dessen klassisches Profil die typischen Merkmale der Aymara-Indios aufwies: hohe Backenknochen, Hakennase, gewölbte Stirn und dichtes, pechschwarzes Haar. Der kleine stämmige Mann mittleren Alters trug zwei Lamapullover übereinander, darüber noch ein offenes dunkelblaues Jackett. Als er bemerkte, dass ich spanisch spreche, stürzte ein Schwall Fragen über mich herein. Listige kleine Schlitzaugen funkelten mich von der Seite an, unser Fahrer achtete sehr genau auf meine Antworten. Eigentlich war ich viel zu müde für dieses Frage-Antwort-Spiel, aber ich wollte ihm den Spaß nicht verderben. Paula verstand kein Wort von unserer Unterhaltung und stellte lediglich fest, dass unser Chauffeur nicht mehr aufhörte zu grinsen, seit er mit mir redete.

Über Albertos Haustür war ein großes Firmenzeichen angebracht, eine fleißige Biene mit einem Honigeimer in der Hand. Über der Biene steht „Die Arbeiterin". Alberto Pablomont handelt mit Bienenhonig, sein Familienclan ist eine Clique von einflussreichen Geschäftsleuten. Überschwänglich empfing uns Alberto an der Tür und stellte uns seiner Frau vor. Alberto war hellhäutig, seine Frau Henriqueta indianischer Herkunft und fast schwarz. Die Kinder Ariel, Daniel, Pablito und Raquel bombardierten uns gleich mit jeder Menge Fragen. Müde vom Flug bemühte ich mich leidlich, Rede und Antwort zu stehen. Paula machte einen auf „Nix verstehen, Ausländer".

Es gefiel mir gar nicht, dass Alberto uns nicht abgeholt hatte, obwohl er seit drei Monaten von unserer Ankunft wusste. „Mein Brucho (eine Art Zauberer oder Medizinmann) riet mir dringend davon ab, heute das Haus zu verlassen, die Vorzeichen waren so ungünstig, dass ich euch unmöglich abholen konnte, ohne mein Leben aufs Spiel zu setzen", war seine Entschuldigung. Ich sagte nichts dazu. Es wäre undiplomatisch gewesen, eine Geschäftsbeziehung mit einem Streit zu beginnen. Dafür gab es ein Festessen: Pejerrey, einen vorzüglichen Speisefisch vom Titicacasee, von Henriqueta gekonnt zubereitet.

Wir sprachen noch einmal über die Pläne, die Paula und ich mit Albertos Haus hatten. Dieses Haus in bester Lage, mit dazugehörigem Grundstück, 140 km nördlich von La Paz, in dem Goldgräberstädtchen Sorata, wollten wir pachten. Die gelernte Hotelfachfrau Paula würde die Pension führen, die wir daraus machen würden. Meine Hauptaufgabe würde es sein, von diesem Ausgangspunkt mit Touristen in die Berge zu gehen. Das verdiente Geld aus beiden Tätigkeiten kam in eine Kasse und würde zum Leben reichen und für den Bau eines Hauses. Es war ein guter Plan, wie er im Einzelnen in die Praxis umzusetzen

war, würde sich im Lauf der Zeit erweisen. Etwas verrückt waren wir auch, sonst wären wir beide nicht dieses Wagnis mit ungewissem Ausgang eingegangen.
Alberto Pablomont wollte mich zu Entscheidungen drängen. Doch bevor ich nicht an Ort und Stelle alles gesehen hatte, brauchten wir noch nicht über Pachtverträge und Einzelheiten reden. Also machten wir mit Alberto aus, am nächsten Morgen um 9 Uhr nach Sorata zu fahren. Seine Frau meinte beiläufig: „Es werden ein paar kleinere Reparaturen nötig sein."
„Wir werden sehen", antwortete ich.
Einiges an Alberto gefiel mir nicht, und wenn ich auch schwieg, so grollte ich ihm innerlich doch wegen der Abfuhr am Flughafen. Am frühen Nachmittag legten wir uns ins Bett, machten die Augen zu und waren gleich weg. Kein Wunder, nach 36 Stunden Flug und einem fürstlichen Mittagessen im Bauch.
Am Morgen um 9 Uhr waren wir abreisefertig, Alberto hingegen schlief noch. Das war nichts Neues für mich, Pünktlichkeit ist keine herausragende Tugend der Bolivianer. Alberto hielt sich für einen außergewöhnlichen Menschen. Ich hielt ihn bereits jetzt schon für eine Trantüte.
Die Gelegenheit war günstig, um mit Paula einen Abstecher zu den bunten, von quirligem Leben erfüllten Indiomärkten in den Seitensträßchen oberhalb der Plaza San Francisco zu machen. In dem verwinkelten Auf und Ab der engen Gassen, die mit rutschigen Kopfsteinen gepflastert und steil wie Treppen ohne Stufen waren, saßen Indiofrauen mit langen, pechschwarzen Zöpfen zwischen Bergen von Waren auf dem Boden. Hinter dem scheinbaren Durcheinander des Angebotes steckte ein System, das nur auf den ersten Blick ein völlig chaotisches, farbiges Durcheinander von Bananen, Turnschuhen, Kamillentee, Monatsbinden, warmen Schweinshaxen und Zipfelmützen

zu sein schien. In der Calle de los Brucho's (Straße der Medizinmänner) gab es getrocknete Lamaembryos. Man vergräbt sie unter der Türschwelle und in den Ecken eines neu erbauten Hauses, um böse Einflüsse fernzuhalten.

Im babylonischen Stimmengewirr der in bunte Ponchos gehüllten Frauen war die einzelne Stimme nicht mehr herauszuhören, das halblaute Lied hunderter Stimmen erinnerte mich an den monotonen Singsang endloser Rosenkranzgebete. Hier war das Leben: dynamisch, bunt und zeitlos. Seit Generationen saßen Verkäuferinnen hier, ob es stürmte, schneite oder die Sonne schien, unter dem Terror der Spanier oder unter einem Despoten aus den eigenen Reihen. Diese Frauen haben die Fähigkeit, wie erstarrt dasitzen zu können und völlig abzuschalten, sich in ihre eigene innere Welt zurückzuziehen und die Außenwelt aus ihrem Denken auszuschließen. Sie scheinen sogar aufzuhören zu atmen. Wenn die Indios so reglos am Boden kauern, kann man sie leicht übersehen. Diese Menschen sind so eins mit der Erde, dass sie sich unsichtbar machen können.

Geduldig, stur, zäh und leidensfähig, haben die Indios Boliviens trotz jahrtausendelanger blutiger Unterdrückung eine eigene Identität bewahren können. Sie sind da, werden immer da sein, hart wie Stein. Werden die Zeit und das Schicksal des Einzelnen überdauern. Die Luft ist frisch und kühl.

Ich liebe es, durch fremde Städte mit noch nie gesehenen, geheimnisvollen Gesichtern zu schlendern, mich unter anonyme, absatzklappernde Menschentrauben zu mischen, mich in ihrem Strom treiben zu lassen, bis der Zufall mich irgendwohin wirft, wo ich verweile. Schwer bepackte Männer mit Lasten auf dem gebeugten Rücken, die größer sind als sie selbst, plagen sich keuchend die Steigungen hinauf. Die noch ungewohnte, dünne Luft lässt das Herz schnell und laut klopfen, wie eine

Trommel. An der nächsten Straßenecke spielt eine Gruppe Indios eine Musik, die aus vergangenen Jahrtausenden in die Jetztzeit zu klingen scheint und einen von einem Moment auf den anderen in längst vergangene Zeiten zurückversetzen kann. Die Quèna, die Inkaflöte, aus dem Schienbeinknochen eines Lamas geschnitzt, die Panflöte, aus Bambus und Charango, die Mandoline, deren Saiten auf den Panzer eines Gürteltiers gespannt werden. Hoch über den Toren der Stadt glänzt der über 6.000 Meter hohe Illimani mit seinen leuchtenden Gletscherpalästen. Wenn es Elfen und Feen gibt – dort oben, weit über allem Hässlichen, müssen sie wohnen.
Die Atmosphäre war zeitlos und unsere Eile erschien uns plötzlich so dumm, dass wir Alberto Pablomont, Sorata und das Haus für eine angenehme Weile ganz und gar vergaßen. La Paz hatte uns in seinen Zauberbann gezogen.
Am Nachmittag um halb drei geschah ein Wunder: Alberto war fertig zur Abreise – mit der Kleinigkeit von fünf Stunden Verspätung, nachdem er seit drei Monaten wusste, wann wir kommen würden. Es mutete seltsam an, wie der fette, ungelenke Alberto versuchte, grazil um seinen nagelneuen Toyota Jeep zu tänzeln, um die festgezurrte Fracht auf der Ladefläche zu kontrollieren.
„Schau, der sterbende Schwan", sagte ich auf deutsch zu Paula und nickte in Albertos Richtung. Sie drehte sich ab, um ihr Lachen zu verbergen. Bald sollte es ihr vergehen, und mir dazu. Dann fuhren wir endlich los, La Paz mit seinem Autolärm lag schnell hinter uns. Bis Achacachi war der holprige Fahrweg, von Unterbrechungen abgesehen, geteert. Danach ging es auf Feldwegen weiter. Die Nacht zuvor war Regen gefallen, die schmale, mitunter steile Piste war schlammig. Manchmal schlingerte der Jeep mehr, als dass er fuhr, die Regenzeit war wohl noch

nicht ganz zu Ende. Den halbmetertiefen Schlaglöchern nicht auszuweichen, hätte einen Achsbruch oder Schlimmeres bedeutet. Wenn wir Sorata noch beim letzten Tageslicht erreichen wollten, dann mussten wir so schnell fahren, wie es die „Straße“ zuließ. Alberto und ich wechselten uns mit dem Fahren ab. Wenn Pablomont am Steuer saß, dann krallte sich Paula vor Angst dermaßen an meinem Arm fest, dass er schmerzte. Fuhr ich, dann umklammerte sie statt meines Arms den Türgriff so krampfhaft, dass ihre Fingerknöchel weiß wurden. Wenn es in einer Kurve 700 bis 800 Meter tief in den Abgrund hinunterging, schloß sie zitternd die Augen, gab sich ganz und gar dem Gefühl von Angst und Schrecken hin. Ihr Gesicht wurde immer bleicher.

„Das gibt's doch gar nicht“, mumelte sie hin und wieder. Ab und zu fluchte sie. Spätestens zu diesem Zeitpunkt begann sie zu ahnen, auf welches Wagnis sie sich mit mir eingelassen hatte. Es war das erste Mal, dass ich sie fluchen hörte. Alberto und mich beunruhigten solche Straßen nicht. Wir waren so etwas gewöhnt.

Der Altiplano, über den wir fuhren, ist ein riesiges Hochplateau mit einer Durchschnittshöhe von 3.800 Metern und einer flächenmäßigen Ausdehnung von rund 200.000 Quadratkilometern. Er entstand durch die Gletscherablagerungen der Andenkordilleren. Mehrere große Hügelketten teilen es in verschiedene Becken. Nordöstlich wird der Altiplano durch einen gewaltigen, vergletscherten Gebirgszug mit steilen Flanken begrenzt: Die nördlichen Königskordilleren mit ihren höchsten Erhebungen Ancohuma (6.400 m) und Illampu (6.300 m). Hauptsächlich die Aymara-Indios leben auf dem Altiplano, ein sturer und zäher Menschenschlag. Nach dem Zweiten Weltkrieg wurden besonders unwirtliche Teile des Altiplano mit Waffengewalt zwangsbesiedelt. Schon die Inkas wendeten diese Taktik erfolgreich an. Trotzdem ist die Bevölkerungsdichte des Altiplano insgesamt auch heute noch gering, dieses Land verträgt nicht viele Menschen. Vom Rande der Hochebene ging es in zahllosen Serpentinen steil hinab, mehr als 2.000 Höhenmeter tiefer lag unser Ziel Sorata, in einem grünen, von Gletscherbächen durchzogenen Tal. Ein starker, wunderschöner Platz mit magischer Ausstrahlung. Schon aus einigen Kilometern Entfernung konnten wir, von oben, unser zukünftiges Hotel ausmachen. Von weitem sah es aus wie ein Juwel, 30.000 Quadratmeter Grund gehörten dazu. Die Lage war schlicht hervorragend. Majestätisch ragte der sechstausender Illampu mit gleißenden Gletscherflanken aus einem Wolkenfenster und plötzlich riss die Wolkendecke auf, gab den Blick frei hinauf in die Berge und hinab in das tropische Tiefland.

Sorata ist ein Juwel – die Perle der Anden. Ich gab Paula einen aufmunternden Rempler mit dem Ellbogen. „Da lässt sich doch was draus machen", rief ich voll Begeisterung. „Schau nur, wie schön: dort oben die Gletscherberge und da unten Hügelketten bis zum Horizont." Paula war jedoch zu sehr damit beschäftigt, Angst vor der Straße zu haben.

Mein Höhenflug war nur von kurzer Dauer und als wir vor Albertos Haus standen, krachte ich auf den harten Boden der Tatsachen. Zuerst baumelten uns die dreckigen Windeln einer noch dreckigeren Indianerfamilie entgegen. Albertos Hausmeisterfamilie vegetierte in ihrem eigenen Saft vor sich hin. Alles, was in ihrem „Haushalt" nicht mehr zu gebrauchen war, flog ein paar Meter weit die Böschung vor dem Haus hinunter und gammelte dort einfach so dahin. Es stank penetrant nach Scheiße, Aas, Müllkippe. Paulas empfindliche Nase, auf die sie stolz war, war beleidigt. Die Kinder saßen vor der Haustür, starrten vor

Dreck und gammelten ebenfalls vor sich hin. Es wird mir wohl auf immer ein Rätsel bleiben, wie manche Indios so leben und trotzdem glücklich sein können.
„Hier ziehe ich nicht ein, bevor du diese Ferkel hinausgeschmissen hast“, schimpfte Paula. „Sie werden schnell einen neuen Misthaufen finden“, stimmte ich ihr zu.
Alberto sagte nichts. Es war auch besser, dass er schwieg. Vor unserer Ankunft hatte er genug Zeit gehabt, etwas zu tun – er hatte keinen Finger krumm gemacht. Es war eine bodenlose Unverschämtheit. Alberto war der fette, dämliche Beweis, dass Reichtum weder etwas mit Intelligenz noch mit Fleiß zu tun hatt. Wäre es so, dann hätte ich sein Geld haben müssen – oder irgendjemand anderes. In diesem Moment begann ich ihn mit leidenschaftlicher Verachtung zu hassen.
Ich sollte arbeiten und wer das Geld hat, würde kluge Reden schwingen. Diese Situation kannte ich zur Genüge, Albertos gibt es überall. Äußerlich sah man mir nichts an, ich konnte mich ganz gut am Riemen reißen. Von außen war das Haus in einem desolaten Zustand, aber alle Schäden schienen reparabel zu sein. Als wir zu dritt die Räume von innen inspizierten, wurde aber selbst mir fast schlecht: So einen Saustall hatte ich noch nie zuvor gesehen, obwohl ich einiges gewöhnt war. Mir klappte die Kinnlade herunter und ich brachte den Mund nicht mehr zu. Schweißperlen traten mir auf die Stirn, meine Hände wurden feucht und ich würgte an einem dicken Kloß im Hals. Noch nie hatte ich einen Dreck wie diesen gesehen.
„Unser“ Hotel, Albertos Feriendomizil, war weder ein Hotel noch ein Haus: Es war eine Ruine. Und nicht die schönste. Hoch über unseren Köpfen, alles Hässliche und Gewöhnliche überragend, berührten die mächtigen Eisflanken des Ancohuma den Himmel. Dort oben thronten meine Traumschlösser, wie

Fixsterne überragten sie alles Gewöhnliche, sauber und rein. Hier unten stank der Boden, auf dem wir standen. Wie ein Faustschlag ins Gesicht traf mich die Zertrümmerung meiner Illusion. Es war hart. Paula war noch geknickter, aber sie fing sich irgendwie immer schneller als ich. Alle Wasserleitungen und Toiletten waren kaputt. Es gab nur zwei bewohnbare Zimmer. In einem machte sich Alberto breit, das andere zierte ein massives Vorhängeschloss. Ein Blick durchs Fenster zeigte einen heillosen Verhau im Inneren. Ein gewisser Norman aus La Paz schlief dort seine Räusche aus.

Die Küche war das vollkommene Desaster. Unter dem massiven Ecktisch lagen zwei tote Ratten. Ich räumte sie heimlich weg, damit Paulas Nerven nicht noch mehr in Mitleidenschaft gezogen wurden.

Es war schon spät, wir mussten gezwungenermaßen die Nacht in diesem Gruselkabinett verbringen. Alberto, dieses fette Arschloch, trällerte ein Lied und ich war fertig mit den Nerven. Paula hielt sich tapfer, ergab sich still in unser Schicksal und bekam keinen Nervenzusammenbruch. Auf jedem Misthaufen hätten wir lieber geschlafen als hier.

„Aber das Mittagessen in La Paz war gut", sagte Paula. Wir lachten beide. „Es wird schon wieder mal was gutes zu beißen geben", antwortete ich. Am Morgen wachten wir inmitten von Moder, Schimmel und Dreck auf: All das war kein Alptraum, sondern wahr und es half auch nichts, die Augen nochmals zuzumachen und so zu tun, als ob man noch schliefe. Jeder lässt sich mit Zwanzig vielleicht einmal auf irgendein Risiko ein, das ihm über den Kopf wächst, wenigstens ein einziges Mal in seinem Leben. Aber älter zu werden und dabei das Äußerste zu wagen – für lange Zeit – ist etwas ganz anderes. War ich zu alt für das alles? Oder war es nur Pech?

Nach dem Frühstück ließen wir uns von Alberto das gesamte Grundstück zeigen: Ein riesiges, herrschaftliches, aber völlig heruntergekommenes Anwesen in bester Lage, mit Trinkwasser allerbester Qualität aus einer großen Quelle, die auf dem Grundstück entsprang. Alberto, dieses ignorante Arschloch, saß auf einer Goldgrube und merkte es noch nicht einmal. „In fünf Jahren wird das Haus in sich zusammengefallen und in 20 Jahren wird immer noch nichts passiert sein", sagte ich zu Paula. Wir waren einem Vollidioten aufgesessen, der mich monatelang zum Narren gehalten hatte.

Albertos größter Stolz waren seine drei Pferde, die tägliche Pflege gebraucht hätten. Alle drei Wochen kam Alberto mal aus La Paz, öfter als zwei oder drei Mal im Monat wurden sie also nicht gestriegelt. Die Hausmeisterfamilie überließ Pferde, Grundstück und auch sich selbst der Zeit und dem Schicksal. Sie hatten den ganzen langen Tag über nichts zu tun, aber so lange ihnen ein schäbiges Dach über dem Kopf sicher war, ließen sie jede Arbeit liegen wo sie lag.

Eine weitere „Attraktion" war Albertos famose Meerschweinchenzucht, die mir bereits aus seinen Briefen bekannt war. Beim Betreten des viel zu kleinen Stalls biss mir eine Mischung aus Meerschweinchenscheisse und Pisse scharf in die Nase. Die Tiere machten einen unterernährten Eindruck und der Stall wurde wohl fast nie ausgemistet. So stelle ich mir die Apocalypse vor. Welche Hölle auf Erden mochten diese armen, wehrlosen Kreaturen wohl durchleben? Sie können sich nicht beschweren – das ist der springende Punkt. Alberto griff sich zehn Meerschweinchen und steckte sie in einen Sack. Im Freien schlachtete er die Tiere und briet sich ihre Herzen und Lebern. Einen hygieneverwöhnten Europäer hätten allein die Keime in der Pfanne umgebracht – Alberto machte das nichts.

Paula grauste es vor den verkrampften, zu Fäusten geballten Fingern der Meerschweinchenkadaver. Alberto warf sie in einen völlig vereisten Kühlschrank, wohl um sie dort der Fäulnis zu überlassen, wie alles andere hier. Es war nichts dagegen einzuwenden, ein Tier zu schlachten. Aber nur, um das Herz zu fressen und alles andere wegzuschmeißen – das war eine Sauerei. Ab diesem Erlebnis durfte in Paulas Gegenwart das Wort „Meerschweinchen" nicht mehr erwähnt werden.

Ich machte Alberto einen Vorschlag, wie wir geschäftlich doch noch zusammenkommen könnten: sämtliche Gebäude auf dem Grundstück abreißen, dann ein neues Haus bauen, das den Namen Hotel zu Recht trug. Natürlich musste auch überall gründlich aufgeräumt werden. Alberto willigte unter der Bedingung ein, dass ich das Geld für die Baukosten vorstrecken sollte, meine Arbeit war unentgeltlich. Wenn dann die Umbaumaßnahmen fertig wären ...? Ich bin mir sicher, er hätte uns dann einfach rausgeschmissen, in dem Fall hätten wir als Ausländer nichts weiter tun können als zu verschwinden.

„Was glaubst du eigentlich, wer wir sind? Meinst du, dass der heilige Geist jede Nacht 10.000 Dollar auf mein Nachtkästchen legt, die ich dir dämlichen Nußknacker in den Rachen werfe? Glaubst du etwa, jeder Deutsche ‚verdient' so sein Geld?", fragte ich Alberto Pablomont. Vielleicht glaubte er das wirklich, denn er schaute mich mit großen Augen sprachlos an. Von dieser Unterredung bekam Paula nichts mit.

Alberto fuhr nach La Paz und wir blieben in Sorata zurück, auf uns allein gestellt und unserem weiteren Schicksal überlassen. Es war ein seltsames Spiel, das wir spielten. „Vielleicht klingelt gleich der Wecker, ich schrecke aus tiefem Schlaf auf, liege in Mittenwald im Bett und muss in zehn Minuten in die Arbeit, das wäre schön", seufzte Paula. „Mach dir keine Sorgen – es ist unmöglich, dass wir beide das gleiche träumen. Es ist schon so wie es ist“, entgegnete ich. Alles war ungewiss. Wir waren traurig. Es war wie ein böser Traum. Nur aus großen Träumen können große Taten entstehen, genausogut können sie auch einen Menschen zerbrechen, wenn sie zerplatzen wie Seifenblasen. Doch nur Dummköpfe überlassen sich in ausweglos erscheinenden Situationen der Verzweiflung. Wenn der Tag am Abend stirbt, so sieht der Morgen seine Auferstehung, und wenn du meinst, alles ist aus, kommt von irgendwoher neue Hoffnung. Unsere Situation war beschissen. Aber je mehr ich überlegte: Was war eigentlich passiert? Nichts! Wir waren unverletzt und gesund. Das Wichtigste: Wir hatten uns! Verloren ist nur, wer sich selbst aufgibt. Vielleicht waren wir Verlierer. Aber deshalb aufgeben? Niemals. Das Blatt kann sich nicht nur beim Kartenspiel schnell wenden.

Durch Zufall entdeckten wir, nur einen halben Kilometer von Alberto Pablomonts Gruselkabinett entfernt, das Hotel Los Andes, einen Prachtbau, der von weitem aussah wie ein Märchenschloss. Ein wunderbarer Granitbau mit hervorragend erhaltener Bausubstanz. Es war lange Zeit geschlossen gewesen und stand leer. Kurz vor unserer Ankunft war es vom bolivianischen Staat an Privat verkauft worden. Zum Schleuderpreis von 200.000 Dollar, die vermutlich nicht in die Staatskasse, sondern in die Brieftasche irgendeines Politikers wanderten. Bolivien ist ein korruptes Land, in dem Unterschlagung nichts Außergewöhnliches ist. Nicht besonders selbstbewusst fragten wir dort nach Arbeit und waren völlig überrascht, als wir auf der Stelle kostenlos einquartiert wurden. Dafür halfen wir bei den Renovierungsarbeiten im Hotel mit.

Die Hotelbesitzer, ein Ehepaar aus der Minenstadt Oruro, waren Anfang Vierzig und sprachen beide gutes Englisch. Sie waren viel herumgekommen und hatten als Antiquitäten- und Handarbeitshändler ganz Europa bereist. Das verlieh ihnen etwas Weltmännisches. Wir verstanden uns auf Anhieb und legten bald unsere anfängliche Scheu voreinander ab.

Der 10-jährige Sohn von Victor und Martha, Diego, war eine Frühgeburt und deshalb körperlich, wohl auch ein kleines bißchen geistig, behindert. Vielleicht liebten seine Eltern ihn gerade deshalb umso mehr und er wurde wie ein kleiner König verwöhnt. Paula mochte ihn wegen seiner Starallüren nicht besonders. Er war auch recht anfällig gegen Krankheiten und hatte ständig Bronchitis. Er war wie ein zartes, zerbrechliches Pflänzchen, das ohne ständige Aufsicht und Pflege eingegangen wäre. Seine Haut war dunkel wie die seiner Mutter, Victor war hellhäutig, es floß Spanierblut durch seine Adern. Die 14-jährige Tochter Ginnita war von einer eigenartigen, exotischen Schönheit, die sie auch durch die Mauer aus Arroganz, die sie um sich herum aufgebaut hatte, nicht verbergen konnte. Paulas Wesen war mit Ginnitas verwandt, die beiden verständigten sich irgendwie, obwohl sie kaum miteinander sprachen. Zwei sensible, leicht verletzbare Frauen, die sich durch einen harten Panzer schützten – der Kern war weich. Ginnita war weder eine junge Indiofrau noch ein kleines Spaniermädchen, sondern hatte von alldem etwas und doch nichts. Es scheint das Schicksal von vielen dieser Mischlinge zu sein, weder eindeutig hierhin noch dorthin zu gehören, sondern irgendwie zwischen zwei Grenzen allein im Niemandsland zu stehen. Nie werde ich ihren melancholischen Blick vergessen, hinter dem sie ihren wirklichen Charakter ganz und gar zu verbergen wusste. Niemals, auch wenn sie – was selten vorkam – ein scheues Lächeln aufsetzte, ging sie aus sich heraus. Sie hatte es viel schwerer als der verhätschelte Diego. Die meiste Zeit über lebte sie allein im

Haus der Eltern in La Paz, wo sie auf eine höhere Schule ging. Sie sah älter aus als 14, vor allem ernster. An den Wochenenden kam sie nach Sorata auf Besuch. Diego war dagegen immer hier, er brauchte die Aufsicht und Liebe seiner Eltern, ohne die er verloren gewesen wäre. Der kleine Bastard konnte tierische Tobsuchtsanfälle bekommen, wenn er seinen Willen durchsetzen wollte, und es wurde ihm manches nachgesehen, was bei einem „normalen" Kind nicht durchgegangen wäre. Aber was heißt schon normal.

Das Hotel konnte 100 Gäste beherbergen, es gab einen Spielsalon, eine Whiskybar, einen großen Aufenthaltsraum und einen fürstlichen Esssaal. Es war erbaut worden, damit Regierungsmitglieder dort diskret ausschweifende Feste feiern konnten. Solche Leute wissen, was gut und teuer ist. Unser Problem bestand darin, dass noch niemand wusste, dass das Hotel nun für jedermann zugänglich war. Deshalb hielt sich die Zahl der Gäste aus La Paz in Grenzen. Billigreisende aus Europa ins Hotel zu lotsen erwies sich als unmöglich, also ließen wir es bald sein. Ich begann, ab und zu kleine Touristengruppen in die Berge zu führen, während Paula im Hotel half. Den Dreh, wie ich Amerikaner, Holländer, Schweizer oder Deutsche für längere Trips in die Berge begeistern konnte, hatte ich bald raus. Ich log nie, denn von den Anden, diesem magischen Kraftfeld der Mysterien, war ich trotz aller erlittenen Schlappen ehrlich begeistert. Die Zahl der Touristen war gering und die Zahl derer, die Abenteuer zu Fuß auf stillen Pfaden suchten, ein Bruchteil davon. Der Mensch ist eine faule Sau, und nur wenige plagen sich freiwillig. Etliche, die sich in Sorata mit großer Klappe als großartige Abenteuertypen anpriesen, sah ich nie außerhalb der Dorfgrenze. Allein in der Wildnis hätten sie wahrscheinlich vor Angst in die Hosen geschissen. Am allerschwächsten waren die

Bodybuilder-Typen. Sie schauten zwar aus wie Tarzan, aber ihnen fehlte jede Ausdauer, selbst für kurze Strecken. Für Touren von mehreren Tagen kam einiges an schwerem Gepäck zusammen, mit dem meine Kunden in der ungewohnt dünnen Höhenluft nicht weit kamen. Ich war die Höhe inzwischen gut gewöhnt, was weniger eine Frage der Ausdauer war als vielmehr die logische Folge der Zeit, die ich schon hier war. Kann sein, dass einem Professor diese Erklärung nicht ausreicht, doch die Wahrheit ist meist ganz einfach: Du brauchst nur genug Zeit, dann wirst du auch niemals krank.

Der Spaß am Gehen bekam meist schnell ein großes Loch, wenn ein schwerer Rucksack auf den lastenungewohnten Rücken der Touristen drückte. So ging es also nicht, ich brauchte Tragesel, welche alle Lasten übernahmen. Systematisch baute ich ein Netz von Verbindungen zu den Maultiertreibern der umliegenden Bergdörfer auf. Der Bedarf an bezahlter Arbeit in dem riesigen, strukturschwachen Gebiet um Sorata herum war enorm.

Wenn ich das Gebiet eines mir fremden Indiodorfes, hoch droben und weit weg von jeder Straße, betrat, hatte ich immer ein mulmiges Gefühl. Die Häuptlinge der Indiogemeinden waren Polizei und Gesetz, es gab kein Gefängnis, aber drakonische Strafen. Wenn innerhalb eines Dorfes jemand ein schwerwiegendes Verbrechen beging, dann musste er damit rechnen, gesteinigt zu werden. Wenn früh am Morgen das Dorf, zu dem ich wollte, noch so weit weg war, dass ich es zwar ahnen, aber noch nicht sehen konnte, spürte ich die Blicke vieler neugieriger Augen, die an mir hafteten, denen keiner von meinen Schritten entging. Auch wenn ich niemanden sah, wusste ich doch immer: Ich werde beobachtet und keiner meiner Atemzüge bleibt unbemerkt. Mein nicht zu übersehender Makel war:

Ich war ein Gringo. Doch ich hatte auch einen Trumpf im Ärmel, der höher zählte: Ich hatte Arbeit, die bares Geld einbrachte. Damit konnte man Salz und Reis kaufen.
Die Dörfer waren einfach, jede Familie besaß zwei kleine Häuser, eines als Wohnhaus und Stall, das andere war die Küche. Die weit auseinanderliegenden Dörfer waren klein. Dazwischen gab es nur Weide- und Ackerland.
Wenn ich ein Dorf betrat und die Kinder kreischend davonrannten, als wäre ich der Teufel, kam ich mir so einsam und exponiert vor wie ein Kind, das in einer großen Stadt seine Mutter verloren hat. Da war niemand, der mir sagte, was ich tun sollte. Das Schicksal ist ein schmaler Grat über dem Abgrund. Ein falscher Tritt und ... Aber was hatte ich schon zu verlieren? Noch niemals zuvor hatte ich die Unwichtigkeit meiner Person stärker empfunden als hier, an irgendeinem gottverdammten, vom Rest der Welt vergessenen Ort.
Im Nu war ich von Männern und Frauen umringt, die mich, neugierig und verlegen zugleich, musterten. Es kamen immer mehr, bis das ganze Dorf versammelt war. Wenn mich irgendjemand hätte töten wollen, wäre ab jetzt jeder Fluchtversuch zwecklos gewesen. In diesen Momenten hing ich am Leben wie die Bedienung am Trinkgeld, wie die Sterne am Himmel. Mit all meinem Hoffen und Sehnen. Zukunft und Vergangenheit zählten nicht mehr. Nur das eine: Ich will leben!
Die Männer sind stämmig und klein von Wuchs, ihre dunklen, scharfkantigen Gesichter hart wie Stein. Die schmalen Augen wie Schießscharten, in denen unergründliche, kleine, schwarze Pupillen rollen, die mich verstohlen und ängstlich beobachteten. Nicht Hass, auch nicht Feindseligkeit oder Groll, sondern dieses unergründliche, störrische Misstrauen lese ich in ihren Gesichtern. Es stammt aus den glühenden Demütigungen, den

Plünderungen und Betrügereien der spanischen Konquistadoren, die sich im Gedächtnis einer ganzen Rasse festgesetzt und als Instinkt abgelagert haben. Die größten Probleme hier oben sind Isolation und Einsamkeit. Viele Jahrhunderte Einsamkeit, die sich hinter diesen Gesichtern verbergen, verleihen ihrem Schweigen eine bleierne Schwere.
Sie beginnen mit mir zu sprechen, langsam und bedächtig. Vorsichtig tasten sie sich fragend weiter vor. Die Minuten zwischen den Sätzen vergehen so langsam wie Stunden. Doch wenn sich ihr Mund wieder öffnet, brechen die Worte einen Bann. Unabsichtlich reiße ich einen Witz; oder sagte ich etwas Falsches? Ogottogott! Einer in der vordersten Reihe lacht ganz laut. Plötzlich ein Lachen aus hundert Kehlen, wie ein Chor. Ich weiß gar nicht warum, lache einfach mit. Das Eis von Jahrtausenden des Misstrauens beginnt zu tauen. Meine Einsamkeit trifft sich mit der Einsamkeit der Indiogemeinschaft, und so kann ich mich an der Wärme dieser Menschen aufwärmen, die langsam auf mich überströmt. Vor meiner Abreise, in Deutschland, war ich innerlich so leer und unausgefüllt gewesen, nichts war mehr harmonisch. In einem primitiven Indiodorf, irgendwo, brach endlich das Eis der Zeit und die Zeiger meiner inneren Uhr liefen wieder.
Ganz leicht war mir ums Herz, als meine Füße sich wie von selbst auf den Heimweg nach Sorata machten. Die einbrechende Nacht konnte meinen Sinn nicht verdunkeln, alles erschien mir hell, heiter und leicht. Obwohl ich wusste, dass mich keine leuchtendere Zufkunft als eben diese meine erwartete, ergab ich mich ganz dem Augenblick. Ach, wenn er doch nur ewig dauern könnte. Davon bleibt etwas unauslöschlich im Gedächtnis haften, das einem niemand und nichts mehr nehmen kann, das einen niemals verlässt.

Am nächsten Tag näherte ich mich einem anderen Dorf und wurde mit Steinwürfen vertrieben. Mit bangem Herzen lief ich schnell davon. Wenn die Indios übereingkommen wären: „Ein weißes Leben für einen Toten von uns", dann wäre ich tot gewesen. Der Kratzer an meinem Kopf blutete stark, verheilte aber schnell. Nie ging ich dorthin zurück.

Vielleicht gibt es gar keine gute oder schlechte Umwelt. Aber es gibt sicher eine gute und eine schlechte Art, mit seiner Umwelt umzugehen. Es sprach sich überall herum, dass ich keine bösen Absichten hatte. Nach kurzer Zeit fanden mehr Eseltreiber als ich brauchen konnte den Weg zu mir herunter ins Hotel, um nach Arbeit zu fragen. Ganz von selbst kam alles in Gang und entwickelte sich in eine gute Richtung. Mag sein, dass es albern klingt: Ich war einfach glücklich, hatte ich doch Arbeit und konnte meinerseits Arbeit geben. Mein Verdienst war miserabel, der von Paula auch. War das wichtig? Auch das Hotel profitierte von meinen Aktivitäten. Wenn es auch nicht viel war, ein Anfang war gemacht.

Mit zwei der Arrieros, José Lasso und Miguel Choke aus Quirambaya, arbeitete ich am liebsten zusammen. Nach einigen Trips mit Touristen hatten sie gelernt, selbstständig Zelte aufzustellen, die Benzinkocher zum Brennen zu bringen und Essen zu kochen. Mit José verband mich bald Freundschaft, obwohl eine gewisse Distanz, eine undefinierbare Kluft zwischen unseren beiden Rassen bestehen blieb. Vor allem Miguel machte es sichtlich Spass mit Touristen umzugehen und täglich lernte er dazu. José war eher in sich eingeschlossen, wie die Indios des Altiplano nun mal sind. Aber langsam taute das Eis und er öffnete sich ein wenig. Wie Nomaden zogen wir in den Bergen herum, schliefen im Zelt und aßen unter freiem Himmel. Wir konnten unseren Kunden viel vermitteln, über die Landschaft und auch über uns selbst. Die endlosen Wege durch „einsame", melancholische Landschaften, romantische Sonnenuntergänge, Kälte und Hitze sind elementare Dinge. Genau das, und nicht die ratternden Busse, die Menschen viel zu schnell durch ein zeitloses, langlebiges und langsam lebendes Land zum Titicacasee karren, ist das Leben. Das ist es, was Bolivien ausmacht: einfaches, bescheidenes Leben. Langsam und ruhig fließt die Zeit dahin und die Seele kommt wieder mit. Wer durch dieses Land fährt, der wird nur wenig über seine Mysterien erfahren. Wer aber zu Fuß geht, der stellt eine Verbindung zur Erde, zu den Menschen und zu sich selbst her. Zu Fuß gehen bedeutet Brücken zu bauen, die Wege zur Natur zu ebnen, die unser Ursprung, unsere Mutter ist. Die Indios und ich waren bald ein eingespieltes, harmonisches Team, dessen einzelne Zahnräder wie das Laufwerk einer Uhr ineinander griffen. So miteinander zu arbeiten machte mir schon immer Spaß. Die Touristen integrierten wir in unser Team. Sie lernten die einfachen, beim Zelten nötigen Handgriffe schnell. Weil sie in das Tagesgeschehen einbezogen wurden, brauchte sich niemand als Außenstehender zu fühlen. So praktizierten und lebten wir in kleinem Rahmen etwas, das im Großen nie funktioniert hat: eine multikulturelle Gesellschaft. Ganz allmählich wuchs ich in diese Arbeit hinein und sie wurde ein Teil von mir. In mir drinnen vollzog sich eine Wandlung, mein Herz hatte noch eine Menge Platz für Menschen, Landschaften, neue Eindrücke und Erfahrungen. Meine Zukunft war ungewiss – aber wessen Zukunft steht eigentlich fest? Je weiter ich ging, desto mehr verlor sich die Angst vor dem Unbekannten.

Ich wollte etwas aufbauen, das mir und auch anderen etwas brachte. Um meinen Jugendtraum von einem eigenen kleinen Bauernhof verwirklichen zu können, würde ich noch lange warten müssen, das wurde mir unterwegs klar. Aber ich hatte ja Zeit. Laripata, ein Dorf oberhalb von Sorata, wäre ein guter Platz für meine Farm gewesen. In meinem Kopf wusste ich bereits, wie sie aussah. Nur aus Träumen entstehen Taten. Das Glück dauert lange, Jahrzehnte braucht es, um etwas aufzubauen. Glück muss wachsen. Es dauert neun Monate bis zur Geburt eines Kindes. Seit Bestehen der Menschheit reicht eine Sekunde, um jemanden zu töten. Was mit einem einzigen Schlag passiert, ist nicht das Leben, sondern das Unglück. Vor ihm muss man sich grundsätzlich in Acht nehmen. Pokerspiel und Blitz haben noch nie jemandem Glück gebracht.

Bolivien ist ein Land, in dem alles langsam geht. Es machte mir nichts aus, langsam vorwärts zu kommen. Schlimm wäre es nur gewesen, wenn ich für immer stehengeblieben wäre. Ich ging gerne in die Berge. Aber am schönsten war es, wenn ich wieder heimkam. Ich liebe es, zurückzukommen, viel mehr noch als fortzugehen. Um zurückkommen zu können, muss man unterwegs gewesen sein, Durst gehabt und gefroren haben. Sonst weiß man nicht, wie das ist. Paula war immer da, wenn ich heimkam. Auf Wochen der Arbeit folgten wieder Wochen, in denen nichts geschah, in denen wir beide nichts zu tun hatten. So vergingen die Tage wie von selbst in Lethargie. Oder waren es Wochen, Monate, Jahre in denen nichts geschah? Außer, dass wir uns ganz langsam um die eigene Achse drehten.

Wenn ich in den Bergen unterwegs war und Paula keine Arbeit im Hotel hatte, fühlte sie sich oft einsam. Dann beschloss sie jedes Mal, nach Deutschland zurückzugehen und blieb jedes Mal trotzdem da. Aus weiter Ferne, von einem anderen Kontinent aus gesehen, sah Deutschland ganz anders aus. Viele positive Seiten an diesem Land sah man erst aus diesem Blickwinkel und plötzlich wusste man Dinge zu schätzen, die einem zuvor nie aufgefallen waren. Überall auf der Welt gibt es Licht und Schatten, manchmal hat es mehr mit einem selbst als mit seiner Umgebung zu tun, wenn man miese Laune hat. Man kann in ein fremdes Land gehen und alles zurücklassen: Sich selbst muss man immer mitnehmen. Unser Leben in Sorata war hart wie Stein, aber es war unglaublich intensiv und hatte deutlich mehr gute als schlechte Seiten. Morgens wenn ich aufwachte, sah ich als erstes Paula und dann die hohen Eukalyptusbäume, deren Wipfel im Wind hin- und herschwangen. Im Hintergrund ragten die mächtigen, gleißenden Gletscherflanken des Ancohumagebirges.

Doch weil das Los der Menschen niemals sicher, lasst uns bedacht sein auf den schlimmsten Fall
(Shakespeare)

Wir mussten mit dem wackligen Rüttelbus nach La Paz fahren, um einige Dinge zu erledigen. Paula freute sich schon riesig auf den Rummel in der Stadt. Sie war eben doch kein Mädel vom Land, sondern eine Berliner Stadtpflanze. Die Fahrt machte ihr nichts mehr aus. Obwohl sie selbst es gar nicht bemerkte, hatte sie sich gravierend verändert, war eine ganz andere als vor Monaten. Der Busfahrer raste wie der Henker, ein paar Hühner gackerten und ausnahmsweise hatten wir genug Platz, um unsere Füße auszustrecken. Irgendein Scherzbold hatte die Stoßdämpfer des Busses ausgebaut und bei jedem Schlagloch sprangen sämtliche Fahrgäste von den Sitzen.
„Man kann den Abgrund unter der Straße kaum sehen, es ist viel sicherer als im Jeep", sagte Paula. „Logisch, wenn du keinen Abgrund siehst, dann gibt es ihn auch nicht und wenn der Busfahrer die Augen schließt dann sieht er die Kurven noch besser", antwortete ich. Dann lachten wir beide über unsere eigene Blödheit.
In La Paz angekommen, holten wir ein Gepäckstück am Flughafen ab, das wir bei unserer Abreise aus Deutschland aufgegeben hatten. Inzwischen war es angekommen. Die Angelegenheit gestaltete sich schwieriger als wir zunächst geglaubt hatten. Zunächst brauchten wir 60 Unterschriften von verschiedenen Instanzen, deren Büros wahllos über das Flughafengrundstück verteilt waren. Für jede Unterschrift und jeden Stempel musste ich einen anderen Beamten bestechen. Von diesen Bestechungsgeldern lebte ein Heer von Schmarotzern. Sie waren sich der Macht ihrer Position bewusst und dementsprechend faul und

arrogant. Um 3 Uhr nachmittags hieß es lässig: „Wir haben Feierabend, kommen sie morgen wieder her.“ Paula war inzwischen den ganzen Tag in der Sonne gesessen und hatte einen Sonnenbrand.
Bolivien ist ein Land der Zukunft, alles wird auf morgen verschoben. Wann dieses „morgen“ sein wird, weiß niemand. Es kann noch lange dauern. Vielleicht ist „morgen“ aber auch nie. So wird in Bolivien Vergangenheit, Gegenwart und Zukunft verschlafen.
Am nächsten Morgen begann ich erneut mit der Sisyphusarbeit. Um 11 Uhr machte das erste Büro auf. Das Lufthansa-Büro, von dem ich einen wichtigen Stempel benötigte, war über Nacht zum militärischen Sperrgebiet erklärt worden und die zwei Soldaten am Eingang ließen mich nicht hinein. Weil mein Reisepass mich dazu nicht berechtigte. Weder bitten noch betteln half. Ich musste mir einen extra Ausweis anfertigen lassen, mit dem ich passieren durfte. Natürlich war der Ausweis nicht umsonst, obwohl er lediglich aus einem lächerlichen Fetzen Papier mit Stempel und Unterschrift bestand. Wieder verging ein Tag. Am dritten Tag hielt ich mein Gepäck in Händen. Wieder hatte ich dazugewonnen – an Geduld und Hartnäckigkeit.
Als nächstes wollten wir für eine offizielle Arbeitsgenehmigung sorgen. Ein Schritt, der längst überfällig war. Wir wandten uns an die Deutsche Botschaft, die wegen eines Feiertages in der fernen Heimat geschlossen hatte. Ansonsten war Werktag. Wieder verging ein Tag ohne Ergebnis. Aber kein Tag ist verloren, wenn man ihm irgendwelche guten Seiten abgewinnen kann. Deshalb schlugen wir die Zeit auf den Indiomärkten tot, bevor die Zeit uns totschlug. Die Zeit zwischen der Zeit verbrachten wir mit essen. Auf dem Prado, der Hauptstraße von La Paz, gab es gute Restaurants und Cafés. Zwischen den Mahlzeiten gab es Zwi-

schenmahlzeiten, die wir in einer der unzähligen kleinen Straßenküchen genossen. Abends gingen wir ins La Luna, eine Rockmusikkneipe. Oder ins Kino. Ganz allmählich, unbemerkt fast, begann die allgemeine Gleichgültigkeit auf uns abzufärben, wir begannen, die Tage des Trödelns zu genießen und zu Terminen kamen wir jetzt auch zwei Stunden zu spät, gingen abends länger aus. Meistens waren wir ohnehin noch viel zu früh dran. Manchmal entwickelten sich die Dinge unglaublich langsam, oft aber auch gar nicht.

Am nächsten Tag war die Botschaft offen und nach drei Stunden Stuhlsitzen wurde uns die Nichtzuständigkeit für unseren Fall erklärt. Wenigstens bekamen wir ein paar Adressen, die wir abklappern konnten. Über einen deutschen Rechtsanwalt gelangten wir zur Vertretung der Deutschen Industrie- und Handelskammer, die mich zu einem dubiosen Rechtsanwalt namens Walter Loreta schickte. Aber undurchsichtige Typen waren die Rechtsanwälte von La Paz alle. Zwei Tage vergingen, ehe ich Herrn Loreta in seiner Arnwaltskanzlei antraf. In der Zwischenzeit lernten wir seine Sekretärin kennen, die nur immer mit den Schultern zuckte, wenn ich die Unverschämtheit besaß, sie etwas zu fragen. Entweder war sie so dämlich wie sie tat, oder sie war von einer bemerkenswerten Abgebrühtheit. Den lieben langen Tag stopfte sie Essen in sich hinein, häkelte an einem Pullover oder führte stundenlange Privatgespräche. Sie war klein, eigentlich schlank und hatte einen riesigen Busen, der vorwitzig aus einem tiefgeschnittenen Alpakapulli herauslugte. Im Abwimmeln von Klienten war sie ein Supertalent, ihr dümmliches Lächeln hatte einsame Klasse. Auf ihre Art besaß sie eine nicht kopierbare Persönlichkeit. Wie oft ich in diesen Tagen Alberto Pablomont in die Hölle wünschte, weiß ich nicht mehr. Er hatte mir versprochen, innerhalb von 24 Stunden nach unserer Ankunft am Flughafen für je 150 $ zwei Arbeitsgenehmigungen zu besorgen.

Als Walter Loreta endlich die unermessliche Güte hatte, den Weg zu seiner Kanzlei zu finden, klärte er mich erst einmal über die Hunderte von Unterschriften auf, die für die Erteilung einer Arbeitserlaubnis von allen möglichen Instanzen eingeholt werden mussten. Es hätte Jahre gedauert, wenn ich das alles selbst hätte machen wollen. Es mussten ärztliche Atteste, polizeiliche Führungszeugnisse, Arbeitsverträge und hundert andere Dinge besorgt werden. Fast alle Bescheinigungen, die ich brauchte, wurden gefälscht und durch offizielle Unterschriften und Personen zu legalen Papieren gemacht. Mein Rechtsanwalt kannte sämtliche wichtigen Personen in La Paz. Sein Vater und der Vater seines Vaters waren Rechtsanwälte gewesen, so konnte er für seine Arbeit auf ein in Generationen aufgebautes Beziehungsnetz zurückgreifen. Natürlich half er mir nicht aus Freundlichkeit, für jede Unterschrift musste ich bezahlen. Fünf Dollar hier, zehn Dollar da, der Polizeipräsident wollte eine Flasche Schnaps, um sich einen ansaufen zu können ... und so ging es weiter. Für die Tuberkuloseuntersuchung hätte ich zwar ein Röntgenbild gebraucht, aber ich zog es vor, dem zuständigen Arzt etwas mehr Geld zuzustecken und bekam seine Unterschrift ohne geröngt worden zu sein. Ich ersparte mir somit langwierige und ungesunde Untersuchungen. Das Röntgenbild bekam ich auch, woher das stammte war mir egal, meine Lunge konnte es jedenfalls nicht gewesen sein.

Ohne Hilfe wäre ich verloren gewesen, und Hilfe kostet Geld. Als Ausländer hilft dir in der Fremde kaum jemand aus Güte, und Gerechtigkeit gibt es nur für Leute mit gefüllter Brieftasche. Wieviel mein Rechtsanwalt von den Bestechungsgeldern in seinen eigenen Geldsack umleitete, entzog sich meiner Kenntnis.

Dazu kam noch das reguläre Gehalt von 500 $. Für einen Mann mit seinen Beziehungen bestand die Arbeit dafür aus wenigen Handgriffen. Für mich war er ein schäbiger Hochstapler. Aber die vielen anderen Rechtsanwälte waren weder besser noch fleißiger. Die Zeit des Wartens verbrachten Paula und ich mit Eis essen, langen Stadtbummeln, Museumsbesuchen. Es hatte etwas Gutes, dass wir unsere Schuhsohlen abrieben: Wir lernten La Paz gut kennen. An den Abenden wollte ich Paula besseres Spanisch beibringen, aber meistens blödelten wir nur rum. Paula fand mich als „Spanischlehrer“ zu albern. Das ging so weit, dass sie schon zu kichern anfing, wenn ich mich nur mit einem Spanischbuch blicken ließ.

Ich war mir nicht sicher, ob ich überhaupt eine Arbeitsgenehmigung bekommen würde, aber eines stand fest: Es würde sich noch wochenlang hinziehen, bis ich sie in Händen halten würde. In La Paz konnten wir nur die Zeit verrinnen lassen und in Sorata hatten wir Arbeit. Alle Papiere, die ich unterzeichnen musste, waren unterschrieben und wir holten uns ein Busticket nach Sorata. Ich vertraute Walter Loreta meinen Reisepass an, denn den benötigte er noch. Für Polizeikontrollen bekam ich einen Fetzen Papier mit Stempel und Unterschrift, zusammen mit meinem Personalausweis genügte das vorerst. Wenn mein Reisepass in falsche Hände geriet, dann konnte es große Schwierigkeiten geben. Ich machte mir eine Fotokopie vom Pass und ließ mir von Loreta eine Quittung aushändigen. Wieviel war sie wert? Manchmal muss man einfach etwas riskieren.

Morgens um halb acht standen wir an der Bushaltestelle, in der Nähe des Zentralfriedhofs. Die Luft war noch empfindlich kalt, doch im Innern des Busses herrschte drangvolle Enge, er war so vollgepfropft mit Menschen, dass er aus allen Schweißnähten zu platzen schien. Um an unsere vorbestellten Sitze zu kom-

men, mussten wir über Cholitas (Hochlandfarmerinnen), Hühner und Ferkel im Gang steigen. Jeder Quadratmeter Raum zwischen den Sitzen war mit Gepäckstücken verbaut. Zwei Cholitas fragten mich nach ihren Platznummern, die sie als Analphabetinnen nicht lesen konnten. Ich zeigte ihnen ihre Plätze. Sie waren fett, klein, breitschultrig und muskulös wie Schwerathleten, trugen die typische Hochlandtracht und hatten ihr langes, pechschwarzes Haar zu Zöpfen geflochten. Die halbe Stunde bis zur Abfahrt nutzte ich dazu aus, noch ein leckeres Frühstück auf dem nahen Markt zu genießen. Ich hatte zwar schon gegessen, konnte aber mühelos noch was nachschieben. Trinken wollte ich nichts, weil ich wusste, dass ich keine Gelegenheit mehr zum Pinkeln hatte, wenn der Bus erst einmal fuhr. Und Pinkeln müssen, aber nicht zu können, ist so schlimm wie Zahnweh. Der Bus würde ohnehin Verspätung haben und so gab es keinen Grund zur Eile.
Mit vollem Bauch zwängte ich mich wieder in den Bus und setzte mich neben Paula. Die Fahrt verbrachten wir schlafend oder aus dem Fenster schauend. Paula die Namen der markantesten Eisberge, an denen wir vorbeifuhren, und ihre Erkennungsmerkmale erklären zu wollen, hatte ich aufgegeben. Die indianischen Namen hörten sich für sie immer gleich an und die Berge sahen aus wie eineiige Zwillinge: „So spitze Kegel mit Eis obendrauf."
Vielleicht sah Paula diese Gebirge sogar realistischer als ich hoffnungsloser Romantiker, es konnte leicht sein, dass ihre Sicht der Anden ähnlich war wie die der dort lebenden Indios: spitze Kegel mit Eis, die die Sicht versperrten und den Feldern die Sonne nahmen. Jedenfalls war ich vernarrt in diese funkelnden, geschwungenen Linien vor dem makellos blauen Horizont und konnte mich nicht satt daran sehen. Ich sah die Gletscherberge

mit den leuchtenden Augen eines Bergsteigers. Was ich sah, hatte keinen Anspruch auf Realität. Ein etwa 15-jähriger Indiojunge hatte sich schlafend an Paulas Schulter gekuschelt, was ihr gar nicht gefiel. Wir tauschten die Plätze, Paula setzte sich ans Fenster und der Junge lehnte sich an mich. Hinter Achacachi wachte ein Militärposten, dem wir unsere Ausweise zeigen mussten. Mein Personalausweis wurde wohl mit dem Reisepass verwechselt und ich holte das Dokument von Zuleta gar nicht erst heraus. Paula hatte noch irgendetwas gesucht und kam mir auf halbem Weg, zurück zum Bus, entgegen. In ihren durchsichtigen grünen Augen lag auf einmal eine verhaltene Angst, das erkannte ich sofort. „Was ist denn?“, fragte ich sie besorgt. „Meine Tasche ist fort“, antwortete sie mit tränenerstickter Stimme. „Als du beim Essen warst, habe ich mein ganzes Geld hineingesteckt, weil mich mein Geldgürtel drückte.“ „Was? Das ist doch nicht wahr?“, fiel mir nichts besseres ein. „Und der Ausweis?“ „Ist Gott sei Dank noch da.“

Sofort holte ich einen Soldaten und meldete den Vorfall. Paula bekam einen Heulkrampf. Vielleicht war das Geld noch im Bus. Alle Businsassen mussten aussteigen und wurden untersucht, das ganze Gepäck wurde abgeladen. Böse funkelten mich die Augen des Busfahrers an, wegen mir gab es eine satte Verspätung. Ich nahm Paula in den Arm und sie ließ ihren Tränen freien Lauf. Es war ganz gut, dass sie sich ausheulte, der Frust musste raus.

„Wieviel Geld war's denn?“, fragte ich.

„5.000 $ in bar, die Ersparnisse von vier Jahren. Warum habe ich nicht aufgepasst, ich blöde Kuh?“, schluchzte sie. Das Unglück kommt immer wie ein heimtückischer Faustschlag von hinten in die Nieren. Man muss sich vor ihm in Acht nehmen. Den kleinen Indiojungen unterzog ich persönlich einer Leibesvisita-

tion, ich hatte das von den Bullen daheim in Deutschland abgeschaut, die mich öfters in diesen Genuss hatten kommen lassen. Er war dreckig und unschuldig wie ein Lamm.
„Wenn jemand von euch die Tasche gestohlen hat, dann finden wir sie ja doch. Sollte derjenige sich dazu entschließen sie rauszurücken, dann sehen wir für diesmal von einer Bestrafung ab", wandte sich ein Soldat an die Fahrgäste. Natürlich meldete sich niemand. Nach einer Stunde Verspätung setzte der Bus seine Fahrt fort.
„Ihr hättet besser aufpassen sollen", meinte ein Soldat und gab mir zum Abschied die Hand. Wahrscheinlich war die Tasche bereits an der Bushaltestelle in La Paz gestohlen worden. Jemand stieg in den Bus ein, vermutlich ein Profi, erkannte die günstige Gelegenheit und schnappte sich das Teil.
Das Mitleid der Businsaßen war groß, kaum jemand zürnte uns wegen der Verspätung. Es hagelte gute Ratschläge von überall. Allein, jeder gute Rat war zwar billig, aber zwecklos, für Paula kam er zu spät. Freilich, sie hätte besser aufpassen sollen. Aber, Hand aufs Herz: Jeder ist manchmal leichtsinnig und jedem kann so etwas passieren, mag man sich auch noch so schlau und überheblich vorkommen, wenn es einen anderen trifft.
Paula fing sich schnell wieder, brachte es sogar fertig, einige Zeit später über ihre Dummheit zu lachen.
„Jetzt brauche ich nicht mehr aufpassen – es ist alles weg", riss sie einen Witz und lachte darüber. Fünf Minuten später flossen wieder die Tränen. Ein ständiges Wechselbad der Gefühle, das auch an meinen Nerven rüttelte. Ich konnte wirklich nichts dafür, trotzdem betraf der Diebstahl auch mich. Meine Schuld bestand darin, Paula mitgenommen zu haben. Personalausweis, Führerschein, alle wichtigen Adressen aus Deutschland und eine Pocket-Kamera waren auch weg. Verschwunden.

Zurück im Hotel trafen wir Martha, die Chefin, in der Küche. Sie war betrunken und steckte in einer Art Midlife-Crisis.
„Ich bring' mich um, das Leben ist sinnlos, dieses Hotel ist Scheiße und mein Mann liebt mich nicht mehr", lallte sie. Ich nahm sie in den Arm, da fing sie auch schon an zu heulen. Wieviel Leid anderer kann ein einzelner Mensch ertragen? Ich war auch nicht aus Stein und es war mir einfach zuviel auf einmal. Um nicht auch noch in dem gemischten Heulsusenchor mitzusingen, verzog ich mich für eine halbe Stunde auf unsere Bude.
„Mann, das war ein Tag", seufzte Paula am Abend.
„Das kannst du laut sagen", meinte ich.
Es half nichts, wir mussten weiterleben. So schlimm war es eigentlich auch wieder nicht, denn mir fehlte ja kein Pfennig und unsere Situation war deshalb in gar keiner Weise bedrohlich.
„Wenn ich das gewusst hätte, dann hätte ich nicht so gespart", seufzte Paula. „Lass es gut sein, vergiss es, es ist nicht mehr zu ändern. Das Geld ist weg und fort."
„Du redest leicht daher", herrschte sie mich an. Mit einem „alles weg" auf den Lippen schlief Paula ein.

Knocking on heaven's door

Das Leben in Sorata ging seinen gewohnten Gang, als wäre nichts geschehen. Paula war ernster geworden, sonst hatte sich nichts geändert. Zuerst bedrückte es mich, Paula leiden zu sehen. Aber allmählich gewöhnten wir uns beide daran, mit dem Diebstahl zu leben.

Ein einziges Mal ging Paula in die Berge mit. Sie sollte einen kleinen, ganz leichten und ich den großen, schweren Rucksack mit Proviant für vier Tage tragen. „Mit dem Rucksack komme ich keine zwei Kilometer weit", schimpfte sie. Ich hatte nicht bedacht, dass Paula es nicht gewöhnt war, Rucksäcke zu tragen. „Na gut, gehen wir erst mal zu Louis, zum Frühstücken", schlug ich vor. Wir aßen langsam, aber viel und gut. Aus dem Frühstück wurde übergangslos das Mittagessen. Ganz allmählich, ohne dass wir es bemerkten, hatten wir die nachlässige Art in den Tag hineinzutrödeln verinnerlicht und uns ganz und gar zu eigen gemacht. Je eiliger etwas war, umso mehr Zeit ließen wir uns damit.

Vielleicht ist das Leben eines Menschen ja tatsächlich nur Zeitvertreib. Gut möglich, dass sich ein Autohändler nützlicher vorkam als wir, wenn er mit bedeutsamer Miene fünf BMWs auf einmal verkaufte. War sein Leben deshalb aber sinnvoller als unseres? Nichtstun ist die hohe Kunst, sich vor allem zu drücken – die Bolivianer waren perfekt darin. Dem Träger, den ich angeheuert hatte, fiel gerade als wir losgehen wollten ein, dass er noch nichts gegessen hatte. Nichts auf der Welt wäre für ihn so dringend gewesen, dass es ihn davon hätte abhalten können, einen riesigen Teller Racachias zu verdrücken. So saßen wir

noch eine Stunde länger da, und bis wir endlich aufbrachen, war es nachmittag. 1.000 Höhenmeter stiegen wir in der größten Hitze höher, Paula lief ganz gut, doch nach vier Stunden Aufstieg kam sie beinahe auf allen Vieren daher.
„Zum ersten Mal kann ich richtig durchatmen, ich könnte heulen“, meinte Paula. Als wir uns nach Bolivien aufmachten, hatte sie Asthma. Jetzt hustete sie nicht mehr, dafür mussten ihr jetzt die Beine ordentlich wehtun. Sie verlor kein Wort darüber. Unser Ziel, der Illampu-See, war noch eine halbe Stunde Fußweg entfernt. Plötzlich warf mir unser Träger den Rucksack vor die Füße, er war müde und wollte nach Hause. Nur mit Mühe konnte ich ihn dazu bewegen, uns wenigstens noch bis zu einem ebenen Alternativzeltplatz zu begleiten. Sein Verhalten war in meinen Augen Hochverrat.
Die nächste Unverschämtheit war, dass er den doppelten Lohn wie vereinbart für die halbe geleistete Arbeit verlangte. Ich gab ihm soviel wie ausgemacht.
„Es wird bald dunkel“, meinte er. „Ach ja, stimmt – immer abends“, gab ich ihm zurück. Er lachte. Dann machte er sich auf die Socken. Bevor er aus unserem Blickfeld verschwand, drehte er sich noch einmal um und winkte uns zu. Ich winkte zurück. Eines war sicher: Er würde keine Arbeit mehr von mir bekommen.
Es war ganz gut, die Zuverlässigkeit der Leute zu prüfen, dann wusste man, auf wen man zählen konne. Eigentlich hätte ich ihm nichts geben sollen, aber es war schon gut so. Vielleicht hatte er ein paar hungrige Mäuler zu stopfen. Die Menschen verbessern zu wollen hat keinen Sinn. Indios haben andere Gehirnwindungen als Europäer. Und ein anderes Weltbild. Jeder lebt seinen eigenen Traum. Vielleicht liegt die Wahrheit sogar irgendwo in der Mitte, und was wir zu sehen glauben, ist

nur Einbildung. Es gibt zig verschiedene Lebensformen, die europäische ist nur eine von vielen möglichen. Ein vernünftiger, halbwegs intelligenter Mensch sollte es doch fertigbringen, auch eine andere Kultur zu tolerieren ohne gleich alles verstehen zu müssen. Aber wer von uns ist schon vernünftig?
Abends kochten wir im Zelt, danach legten wir uns hin. „Was soll ich eigentlich hier?“, meinte Paula. „Auf so einen blöden Berg steige ich bestimmt nicht mehr. Außerdem ist es doof so weit zu laufen und auf dem Erdboden zu schlafen.“
„Dieser Unfug, das ist mein Leben, das bin ich.“ Eine bessere Antwort fiel mir nicht ein.
Am Morgen standen wir mit den ersten Sonnenstrahlen auf. Da wir beschlossen hatten, nicht weiter hinauf, sondern nach Sorata hinunterzugehen, konnten wir den ganzen Vormittag vertrödeln und den ganzen Proviant für mehrere Tage aufessen. Eine Lamaherde kam neugierig ganz nah an unser Zelt heran. „Ich Paula – du Lama“, raunte Paula dem weißen Leithengst der Herde zu.
Am späten Vormittag traten wir den Rückweg über eine andere Route an. Dieser Weg war kürzer, begann aber mit einer Gegensteigung. Ich trug beide Rucksäcke und ging voraus. Paula blieb bald weit zurück. Immer wenn ich mich hinsetzte, um auf sie zu warten, setzte sie sich auch hin. Wie stur sie doch sein konnte. „Wir wollen doch runter“, rief sie mir zu. „Deshalb müssen wir zuerst mal rauf“, rief ich zurück. „Wie lange noch?“ „Weiß nicht, um zwei Kurven herum, so genau kann ich mich auch nicht erinnern.“
Jetzt erst merkte ich, dass sie der gestrige Aufstieg ziemlich geschlaucht haben musste, sie war stehend K.o. Aber sie beklagte sich nicht. Nach einer Weile setzte sie sich hin und streikte. Ich ging weiter, Paula kam langsam nach. Auf einmal hörte ich

sie rufen: „Wie weit ist es denn noch, ich mag nicht mehr." „Hundert Meter noch", war meine Antwort. „Versprichst du mir das?", rief sie. „Nein, das kann ich nicht." Gott sei Dank: es waren wirklich nur noch hundert Meter.

Danach gingen wir nur noch Strecken, die an einem Tag leicht zu bewältigen waren. Als Begleiterin für meine Trekkingtouren war Paula ungeeignet.

Die Ärzte des Krankenhauses „Medizin ohne Grenzen" machten ein Fest. Eine richtige „Fiesta" dauert mindestens drei, meistens aber vier Tage. Es gibt Marathonsäufer, die vier Tage und Nächte durchstehen. Dann ist die Luft beim Letzten raus. Da mussten wir natürlich hin. Es heißt, dass die Indios nicht mit Alkohol umgehen können – das stimmt. Zwei Bands spielten schnelle Tanzmusik, es gab Freibier und Freischnäpse. Paula hatte sich irgendwie den Magen verdorben und sie mochte nichts trinken. Wir bekamen von allen Seiten alkoholische Getränke angeboten und es wäre unhöflich gewesen, sie abzulehnen. Wegen Paulas Bauchzwicken „opferte" ich mich und kippte ihre Getränke auch gleich mit. Das Fatale war, dass sofort wieder nachgeschenkt wurde. Die „Chicha" – ein aus Spucke und Maniok vergorenes, extrem blau machendes Gesöff – haute mir ganz schön eins auf die Birne und ich war im Nu ordentlich breit und tanzte mit einem Indiomädel. Fröhlich und ausgelassen hoppelte ich albern auf dem Tanzparkett herum. Paula tanzte auch, dazu ist eine Fiesta schließlich da.

Stockbesoffen wankte ich spät abends heim. Paula maulte und ging immer ein Stück voraus. Ich war nicht mehr so gut zu Fuß und lallte dummes Zeug. Ansonsten hielt ich mich für topfit. Betrunkene Typen widerten Paula an und machten ihr Angst, irgendeinen Grund mochte das wohl haben. „Jetzt wart halt, ich brauche eine Stütze", motzte ich rum. Sie lief nicht davon,

blieb aber immer auf Distanz. Irgendwie schaffte ich die steile Treppe zum Hotel auch alleine.
Am Morgen war ich trotz Brummschädel früh auf den Beinen, Paula schlief noch. Ich ging zu Louis zum Frühstücken und machte einige Besorgungen. Der Schädel tat mir weh, und ich spürte den Alkohol immer noch in jeder einzelnen Faser meines Körpers. Der kleine Spaziergang von der Plaza zum Hotel tat mir gut. Als ich die Tür zu unserem Zimmer aufmachte, lag Paula im Bett und wimmerte. Ihr Kopf war knallrot, sie hatte starken Schüttelfrost und hohes Fieber. Ihre Stirn war heiß. Der Fieberschub war innerhalb kurzer Zeit gekommen. Sie klagte über starke Halsschmerzen. Draußen auf der Staße spielte eine Indianerband, betrunkene Indios tanzten johlend und völlig von der Rolle zu der wilden, ausgelassenen Musik. Auch die Musikanten mussten einen Zapfen haben, so oft, wie sie sich verspielten.
„Ich sterbe", murmelte Paula so überzeugend, dass ich es für möglich hielt. Es ging ihr verdammt schlecht. Ich war plötzlich ganz nüchtern. „Sag ihnen, sie sollen mit der Musik aufhören", bat sie mich. „Es hätte keinen Zweck, sie würden nicht auf mich hören", war meine Antwort.
Als mein Vater im Sterben lag, da roch es nach Tod. Jetzt roch es genau so. Und draußen tanzten betrunkene Indios vergnügt im Kreis. Ein paar Meter weiter war das Leben, hier drinnen saß der Tod. Und ich konnte nichts tun. Hilflos und tolpatschig strich ich über Paulas Gesicht und stammelte „wird schon wieder." Keine Antwort.
Ich holte Victor, der ebenso erschrak wie ich, als er das Häuflein Elend sah. Seine Hände zitterten. Dann lief ich so schnell ich konnte hinauf ins Krankenhaus, um einen Krankenwagen zu holen. „Lass mich nicht allein", klangen mir Paulas Worte beim

Verlassen des Zimmers im Ohr und ich rannte noch schneller die steilen Treppen hinauf. Der Krankenwagenfahrer war nicht im Krankenhaus. Ich fand ihn in einer Kneipe, sturzbetrunken an einem Tisch schlafend. Um ihn aufzuwecken musste ich ihn kraftvoll rütteln. Zähe Zeit verstrich, bis der Wagen startklar war, die Krankentrage fanden wir auch nicht gleich und der zweite Mann zum Tragen ließ sich auch lange betteln. Natürlich war auch er betrunken. Während einer Fiesta wird man in Sorata besser nicht krank.

Im Krankenwagen ging es mit Blaulicht und beängstigendem Tempo hinunter zum Hotel. Nachdem wir eine halbe Stunde vertrödelt hatten, gewannen wir jetzt vielleicht 20 Sekunden und riskierten unser Leben.

„Ja, bist du denn total verrückt?", schrie ich den Fahrer an. „Nein, wieso?", meinte der lässig, drehte das Gesicht zu mir und ließ die Straße Straße sein, ohne den Fuß vom Gas zu nehmen. Seine Schnapsfahne nahm mir den Atem. Mit einem Affenzahn schleuderten wir um die enge Toreinfahrt des Parkplatzes, der Höllenfahrer bremste und der Jeep stand. Plötzlich riss er den Rückwärtsgang rein und gab nochmal Gas. Nach zwanzig Metern steckte die Karre mit der Hinterachse in einem tiefen Loch, der Fahrer gab Vollgas bis der Unterboden aufsaß, die Räder drehten leer durch. Jetzt nützte selbst der Allradantrieb nichts mehr, wir saßen fest. Da ist ein Parkplatz, vielleicht 500 Quadratmeter groß, total eben, und ein kleines, tiefes Loch, das du erstmal finden musst. Und dort parkte dieses Kamel ein – mit zwei Reifen gleich. Ein Kunststück.

Dann geschah etwas Seltsames: Der Fahrer machte die Tür auf und lief davon. Ich rannte ihm nach, fing ihn wieder ein und redete ihm gut zu, konnte ihn schließlich überreden, mitzukommen. Dann holten wir Paula, der es inzwischen noch schlechter ging. Als sie die beiden Betrunkenen sah, verlor sie die Fassung. „Ich will nicht ins Krankenhaus, lass mich bitte hier sterben.“ „Es hilft ja nichts, du sollst doch wieder gesund werden und es ist ein gutes Krankenhaus“, tröstete ich sie. Mit Schaufeln gruben wir den Krankenwagen aus, Paula legten wir derweil in den Schatten. Schnell hatten wir die Kiste wieder flott und es ging, mit überhöhter Geschwindigkeit natürlich, zurück zum Hospital, wo wir eine Ärztin fanden, die nüchtern war. Paula wurde in ein Bett gesteckt und bekam Medikamente, Spritzen, Infusionen. Ich ging erst ins Hotel zurück, als mich die Ärztin hinauswarf.

„Siehst du, so schnell stirbt man nicht“, sagte ich zu Paula, als es ihr wieder besser ging. Jeden Tag besuchte ich sie und saß an ihrem Krankenbett, sie schlief viel und erholte sich schnell. Sie war die einzige Patientin im ganzen Krankenhaus (vielleicht wegen der Fiesta). Das Zimmer kostete acht Bolivianos, etwa einen Dollar pro Nacht. Sie hatte Typhus. Daran kannst du sterben, das geht schnell. Als es ihr wieder besser ging, störte sie eine tropfende Dusche gegenüber ihres Zimmers. Sie stand auf und drehte den Hahn einer Wasserleitung zu und das Tropfen hörte auf. Es war der Haupthahn für die Wasserversorgung des Krankenhauses. Zwei Stunden suchte der Hausmeister, bis er die Ursache fand, Paula verriet nicht, dass sie an dem Hahn gedreht hatte.

„Ich nahm das mit dem gestohlenen Geld zu ernst – jetzt weiß ich erst, was wirklich zählt: das Leben“, sagte sie mir. Damit hatte sie recht. Eric Monastero, ein Arzt aus Neuseeland, gab Paula nach dem Verlust ihres Geldes gute Ratschläge, wie man sich gegen Diestahl schützen kann. Seine Mutter war Neuseeländerin und sein Vater Bolivianer. Er war oft in Bolivien und kannte sich aus. An derselben Bushaltestelle, an der Paula ihr Geld verlor, ließ sich Eric seine ganze Kameraausrüstung stehlen. Nie hätte er geglaubt, dass ihm so etwas passieren könnte. Eine schwere Kameraausrüstung zu stehlen war für den Dieb sicher schwieriger als eine kleine Tasche. Auch Eric hatte sich saudumm angestellt. Wir amüsierten uns darüber, es war irgendwie tröstlich.

Bald konnte Paula das Krankenhaus verlassen, ein bisschen schwach auf den Beinen, aber sonst wohlauf und vor allen Dingen lebendig. Es dauerte nicht lange bis wir wieder gemeinsam über die Plaza schlenderten, jeder auf seine eigene, verschiedene und seltsame Art und Weise zufrieden. Was hätte uns noch erschüttern sollen, nachdem wir in wenigen Wochen mehr erlebt hatten als andere in ihrem ganzen Leben? Wir waren unverschämt lebendig und uns absolut bewusst: Der jetzige Augenblick ist der einzige Moment, in dem wir leben können. Jetzt und in dieser Minute. Kein Mensch kann wissen, was kommen wird und selbst Pläne für die Zukunft können nur in der Gegenwart geschmiedet werden.

Es ist ein illusorisches Unterfangen, die Zukunft begreifen zu wollen, sie ist eine Fata Morgana. Selbst der Tod ist nur eine Illusion und die menschliche Existenz ein Trugbild der Sicherheit.

Wasserrohrbruch – und andere Naturkatastrophen

Um zwei Gäste aus Deutschland vom Flughafen abzuholen, die einen Urlaub bei mir gebucht hatten, fuhren Paula und ich nach La Paz, wo wir in einem Hotel unweit der Stadtmitte übernachteten. Das ruhige, beschauliche Sorata und die lauten, mit Menschen und Autos vollgepfropften Straßenschluchten von La Paz waren ein großer Gegensatz. Ich ging früh zu Bett.

„Wo bist du so lange gewesen?", fragte ich Paula, die erst um 12 Uhr abends von weiß Gott woher kam. „Halt gefälligst die Klappe, das geht doch dich nichts an", herrschte sie mich an, worauf ich nichts mehr sagte und weiterschlief.

Eine halbe Stunde später wachte ich wieder auf, weil in schnellen Abständen Wassertropfen auf die Bettdecke fielen: topp topp topp. Als ich die Augen aufschlug, traf mich ein dicker Tropfen mitten auf die Stirn: plopp. Gleich darauf traf mich der nächste Tropfen auf dieselbe Stelle: plopp. Ich schlug die warme Wolldecke zurück und im selben Moment zog mir eine Gänsehaut den Rücken hinauf, mich fröstelte in der Nachtkälte. Als ich das Licht anschaltete sah ich, was los war: Von der Decke regnete es aus vielen Ritzen und Löchern herunter. Aus einem gartenschlauchgroßen Loch, das wohl in grauer Vorzeit für eine elektrische Leitung gedacht war, ergoß sich ein Brausestrahl, und von den Falten des dunkelroten Vorhangs plätscherten muntere Rinnsale auf den Boden.

„Scheiße, es regnet, und das Dach unserer Bude ist nicht dicht", dachte ich mir. Zunächst packte ich alle unsere am Boden liegenden Habseligkeiten zusammen und stopfte sie in einen kleinen Wandschrank, damit nichts nass wurde und verdarb. „Gib

doch endlich Ruhe, es ist mitten in der Nacht“, maulte Paula, die noch geschlafen hatte, weil das Wasser mich auf meiner Seite besser erwischt hatte. „Es regnet von der Decke“, entgegnete ich, schob gleichzeitig das Bett in eine vorläufige Trockenzone des Zimmers und legte mich wieder schlafen. Lange dauerte es nicht, bis es auch dort regnete. Ich stand wieder auf und verrückte das Bett erneut, so stand es mal da und mal dort. Paula hatte sich so hingepflanzt, dass sie, so gut es ging, neben den nassen Stellen im Bett zu liegen kam. Sie war stinksauer. Ohne unser Zutun geht jede Nacht einmal vorbei, ob wir nun schlafen, arbeiten oder Betten verrücken.
Es wunderte mich nicht, dass es in La Paz Hotels mit undichten Dächern gab, ungewöhnlich fand ich nur, dass es jetzt, mitten in der Trockenzeit, so lange und so heftig regnete. Das Zimmer stand bereits unter Wasser, Gummistiefel wären beim Verlassen des Bettes recht praktisch gewesen. Unsere im überhöht eingebauten Wandschrank verstauten Sachen waren zu unserer Beruhigung trocken geblieben.
Ich trat vor die Tür und fasste einen der Daunenschlafsäcke an, die andere Reisende am Vortag am Geländer einer Terrasse zum Trocknen aufgehängt hatten, sie mussten bestimmt patschnass sein. Entgegen meinen Erwartungen waren sie absolut trocken. „Das kann nicht möglich sein“, dachte ich mir und blickte hinauf zum Himmel: Keine Wolke zeigte sich, ein wunderschöner klarer Morgen lächelte mich unverschämt an, was der Überschwemmung in unserem Zimmer völlig widersprach. Irgendetwas stimmte nicht. Es dauerte eine Weile, bis ich begriff, dass draußen das schönste Wetter war. In unserem Zimmer regnete es immer noch: Ein Wasserrohrbruch war die Ursache der sintflutartigen Niederschläge, die sich ausgerechnet uns als Opfer ausgesucht hatten. Der Portier gab uns sofort ein anderes Zim-

mer, es war ihm sichtlich peinlich. Wenn wir in der Nacht Alarm geschlagen hätten, dann wäre die Zimmereinrichtung noch zu retten gewesen, aber so war fast alles hin.
Als wir meine Kunden Uli und Carmen vom Flughafen abholten, sahen wir beide ziemlich übernächtig aus. „Herzlich Willkommen“, hatten wir auf einen großen Pappdeckel geschrieben. Am Nachmittag machten wir gemeinsam einen Stadtbummel, wenngleich ich mich lieber für eine Stunde aufs Ohr gehauen hätte. Die beiden Gäste waren wegen des langen Fluges müde, während uns der nächtliche Kampf mit dem nassen Element ziemlich geschlaucht hatte. Deshalb gingen wir alle früh schlafen, ich schloss nur für Bruchteile einer Sekunde die Augen und war augenblicklich so richtig weg. Mitten in der Nacht musste Paula aufs Klo, das sich am Ende eines langen, dunklen Gangs befand. Nun wäre das nichts Besonderes gewesen, hätte Paula nicht irgendetwas rascheln gehört. Wahrscheinlich klapperte der auf einer Liege im Gang schlafende Nachtportier nichts ahnend mit seinem Schlüsselbund im Hosensack, wie er sich auf die andere Seite drehte. Paula bekam es mit der Angst zu tun, panisch rannte sie in Richtung heimatlichem Stall und schrie: „Hilfe, hilfe!“ So fest ich auch schlief, das hörte ich sofort, rumpelte augenblicklich aus dem Bett und erreichte die Zimmertür noch vor der in vollem Lauf ankommenden Paula. Ich glaubte ich sei voll da, stand aber absolut daneben, schlief praktisch noch und war mir sicher, dass entweder ein Vatermörder oder ein Mutterschänder, vielleicht auch beide zugleich, der armen Paula aufgelauert hätten und ihr dicht auf den Fersen wären. Ich packte sie, warf sie ins Zimmer und schlug mit Schwung die Türe hinter ihr zu. Das hielt die Tür nicht aus, alle Glasscheiben zerbarsten, die Türklinke mitsamt Schloß flog heraus und das ganze Teil fiel krachend aus den Angeln. Ich

packte einen schweren Hammer, der zufällig auf dem Tisch lag, bereit, damit jedem Verfolger, der sich zeigte, den Schädel einzuschlagen, bevor dieser überhaupt wusste was los war. Aber es kam tatsächlich niemand. Paula war nur vor ihrer eigenen Einbildung geflüchtet und hatte mich durch ihren nächtlichen Aufstand ebenfalls glauben lassen, sie würde verfolgt. Jetzt lag sie im Bett und hatte sich die Decke über den Kopf gezogen, nur die Augen schauten raus und ihre Hände, die sie in die Decke gekrampft hatte, zitterten.
Die Tür war so kaputt, wie es eine Tür nur sein konnte, durch den Wumms war sicher das halbe Hotel aufgewacht, zumal die Wände nicht sonderlich dick und sehr hellhörig waren. Weit im Gang verstreut lagen die Scherben. Ich hatte mich mit einem Glassplitter an der Hand geschnitten und blutete, es war aber nicht schlimm. Zum Glück kam ich so schnell von meinem paranoiden Selbstverteidigungstrip runter, wie ich draufgekommen war. Von nichts kommt freilich nichts, es wäre nicht das erste Mal gewesen, dass mir jemand wirklich ans Leder wollte und diese Erlebnisse haben ihre Spuren im Unterbewusstsein hinterlassen. Was mochte Paula wohl in den dunklen Gassen und Gängen von Berlin Unangenehmes erlebt haben, das sie in Angst und Schrecken versetzt hatte? In einem unbeleuchteten Hotelkorridor fiel es ihr offenbar wieder ein. Genau zum falschen Zeitpunkt. Es dauerte vielleicht zwei Minuten, bis der schwule Nachtportier angetrippelt kam. „Mein Gott, was ist denn passiert? Warum hast du die Tür zerstört?“, fragte er mich mit hoher Fistelstimme. Ich zeigte auf Paula, genauer auf das, was noch von ihr aus dem Bett herausschaute und sagte: „Sie hat eine Maus gesehen – oder ein Gespenst.“ Fernando schüttelte grinsend den Kopf, ich stand im Schlafanzug vor ihm wie ein Trottel. „Tut mir leid, ist mir wirklich peinlich, aber nun mal

nicht mehr zu ändern", entschuldigte ich mich. „Also wirklich, eine Tür ist doch kein Spielzeug, man macht sie vorsichtig zu. So etwas ist hier noch keinem passiert, wie soll ich das nur morgen meiner Chefin erklären?", schimpfte mich Fernando. Aber seiner Stimme fehlte der Zorn, sie war sanft und ruhig, er war uns nicht böse. Vorher, als Paula hilfeschreiend an seinem Schlafplatz vorbeirannte, hatte sich der arme Kerl zu Tode erschrocken. Paula sah ein Gespenst, das war Fernando, der sich auf seiner Couch umdrehte und dabei mit dem Schlüsselbund raschelte. Und Fernando sah ebenfalls ein Gespenst, Paula. Daraufhin haute ich die Tür kaputt. Dabei hatten wir doch nur das Gesetz von Ursache und Wirkung befolgt. Fernando holte einen Kehrbesen und Schaufel, dann räumten wir die Glasscherben fein säuberlich weg und stellten die Tür in eine Ecke unseres Zimmers. Schnell verging die Zeit und es änderte sich nichts, wenn wir den Rest der Nacht hier frierend herumstanden. Deshalb legten wir uns alle wieder hin. Paula hatte sich beruhigt und lag mit offenen Augen da. Ich sah sie an und fing an laut zu lachen. Da lachte Paula auch, wir kriegten uns fast nicht mehr ein. „Das ist mir ja so peinlich", sagte sie und schmiss sich dabei fast weg vor lachen. Wir waren total aufgekratzt und diese Geschichte erschien uns einfach so grotesk – der Wahnsinn. „Silencio, seid endlich still, ihr seid doch nicht alleine hier, ihr verdammten Arschlöcher!", rief jemand vom Nebenzimmer und klopfte an die Wand. „Wir müssen uns zusammenreißen, jeder kann hier hereinspazieren, weil wir keine Tür mehr haben", belehrte ich Paula und bemühte mich, ernst zu bleiben. Das brachte sie nur erneut zum Lachen, was mich wiederum mitzog. In der Morgendämmerung taten uns die Bäuche weh und wir hatten seit zwei Nächten kaum geschlafen. Paula meinte, dass jeder von uns für sich allein ganz harmlos wäre. Aber wir beide zusammen, das ergab eine explosive Mischung, die immer wieder plötzlich hochging. Zusammen waren wir eine Naturkatastrophe – wie ein Wirbelsturm oder eine Springflut.

Paula musste am frühen Morgen erneut aufs Klo, aber im Korridor war es noch dunkel und sie traute sich alleine nicht mehr hinaus. Ich wollte ohnehin zum Pinkeln und begleitete sie. Aus der Toilette kam uns unverhofft ein Mann mit vollgepacktem großen Rucksack und Bergmontur entgegen, auf dem Kopf eine Zipfelmütze, die Hände in dicken Handschuhen. In der rechten Hand hielt er einen altertümlichen, furchterregend langen Eispickel.

„Guten Morgen", sagte ich.

„Morgen", brummte der Mann, der sich anhörte, als hätte er in einer Schneehöhle übernachtet.

Ich bemühte mich, ernst zu bleiben: Ein Bergsteiger mit Eispickel und Daunenanorak, der in einer Millionenstadt morgens um sechs aus einer Toilette klettert – völlig abgedreht. Ich stellte mir vor, wie dieser Freak sich auf die klobigen Handschuhe pisste, sich gleichzeitig versehentlich mit dem Eispickel kastrierte und bekam einen Lachanfall. Paula auch. Wir mussten uns hinsetzen, das war einfach zuviel auf einmal, es hätte nur wenig gefehlt, und wir hätten uns in die Hosen gemacht. Der Bergsteiger drehte sich nach uns um, schüttelte den Kopf und ging weiter. Er wollte nicht komisch sein und ahnte nicht, was wir für einen Clown in ihm sahen. Zum Schlafen war es jetzt zu spät. Wir packten unsere Sachen zusammen und machten uns abreisefertig. Es war uns zwar peinlich, aber wir mussten die Sache mit der Tür regeln. Fernando rief die Hotelbesitzerin an: „Gnädige Frau, entschuldigen Sie, dass ich sie so früh am Morgen belästige. Auf Zimmer 6 hat ein Gast eine Maus gesehen, der andere hat deshalb die Tür zerstört. Nun weiß ich nicht, was ich tun soll". Wir einigten uns schließlich per Telefon darauf, dass die Unannehmlichkeiten, die uns durch den Wasserrohrbruch in dem einen Zimmer widerfahren waren, mit der demolierten Tür des zweiten Zimmers verrechnet wurden; das ging sich null auf null aus.

„Ich schäme mich furchtbar, nie wieder traue ich mich in dieses Hotel", flüsterte mir Paula zu.

Wir weckten Carmen und Uli, die gut ausgeschlafen waren und verließen das Hotel. Fernando schaute uns aus einem Fenster im ersten Stock nach, ob wir auch tatsächlich fortgingen. Er war bestimmt froh, dass wir das Weite suchten.

Wir nahmen einen Bus nach Sorata, wo ich mit Uli und Carmen in die Berge ging, während Paula im Hotel auf mich wartete, wie ich es bereits gewöhnt war. Carmen und Uli, ruhige und nette Leute, mit denen es Freude machte, in den Bergen herumzuziehen, hatten immer gute Laune und gingen sehr langsam. José und ich passten uns ihrem Tempo an. Von alleine gehe ich selten gemächlich, ich brauche jemanden, der mich zur Langsamkeit zwingt. Doch gerade wegen unseres schneckenhaften Vorwärtskommens lernte ich ganz neue Aspekte der Berge kennen, ihre Schönheit, so wie die Dichter der Antike sie einst besungen hatten. Wer zu schnell an den Blumen am Wegrand vorübergeht, der übersieht, wie sie heimlich und schön an versteckten Orten blühen. Man kann zwanzig Jahre lang an einem schönen Platz vorbeigehen und ihn nie finden, wenn man es eilig hat. Ich erzählte Uli und Carmen von den Bergbauern und ihrem Leben in den Dörfern, an denen wir vorbeikamen, erklärte die Pflanzen, die auf den in mühsamer Handarbeit bestellten Feldern wuchsen. Allmählich bekam ich ein gutes Gespür für alle Dinge, die einen Europäer interessier-

ten und fand auch immer bessere Worte, um sie zu vermitteln, begreiflich zu machen. Zu Beginn war mir das nicht leicht gefallen. Ich bin ein eher scheuer, wortkarger und verschlossener Mensch und habe einen starken bayerischen Dialekt. Doch den Umgang mit Menschen und Sprachen kann man lernen, und ich begriff sehr schnell, dass mir eine gewisse Offenheit selbst gut tat. Auch José bezog ich in unsere Unterhaltungen mit ein, übersetzte ihm Fragen von Uli und Carmen und übersetzte denen wieder seine Antworten. Es dauerte eine Zeitlang, bis José aus eigenem Antrieb Fragen stellte, die ihn interessierten, aber wenn er einmal angefangen hatte zu reden, dann hörte er nicht mehr auf. Unglaublich interessant sind solche zwischen völlig unterschiedlichen Kulturen geführte Gespräche, sie bringen viel und tragen so viel zur Völkerverständigung bei wie große internationale Konferenzen.
Solange ich zurückdenken konnte, war es mir schwer gefallen, mich über das Medium Sprache anderen Menschen mitzuteilen, und dadurch, dass ich jahrelang im Wald und in Gärten selbstständig vor mich hingearbeitet hatte, war mein Mitteilungsvermögen nicht gefördert worden. Manchmal war ich so sprachlos, dass kein einziges Wort von innen nach außen drang und ich behielt vieles für mich, was ich besser hinausgelassen hätte. Das war nicht anerzogen, meine Geschwister konnten sehr gesprächig sein.
Plötzlich fielen die Schranken, die mich in mir selbst einsperrten, und die Sätze sprudelten aus mir heraus. Es kam mir vor, als wäre ich aus einer Gefangenschaft entflohen. Irgendetwas geschah in Bolivien mit mir, unbemerkt machte dieses von Einsamkeit geprägte Land jemand anderen aus mir als den, den ich kannte. Diese Wandlung bewegte mich tief.
So vergingen die Tage wie im Flug: mit Wandern, Gesprächen,

intensiven Eindrücken von einsamen Landschaften, herrlichen Sonnenauf- und Sonnenuntergängen. Wir führten ein unbeschwertes Zigeunerleben und schliefen im Zelt. Meine Existenzsorgen waren hier draußen unwichtig, ich vergaß sie bereits nach einem Tag. Morgens, mittags und abends kochten wir unser Essen auf einem leistungsfähigen Benzinkocher. Carmen war eine hervorragende Köchin, ich schaute mir für zukünftige Trips einiges von ihr ab. Einen großen Teil des Tages gingen wir, doch auch in den Pausen gab es immer etwas zu tun: das Geschirr waschen, die Maultiere be- oder entladen, die Zelte aufstellen und dergleichen Dinge mehr. Was wir machten, das taten wir gemeinsam – jeder das, was er am besten konnte. Wir waren ein Team, und das zählt viel, wenn man aufeinander angewiesen ist, einer auf den anderen.
Aus Sorata hatten wir nur das Notwendigste mitgenommen, was man für ein unbeschwertes, romantisches Lagerleben braucht: Zelte, Proviant und Brennstoff für die Kocher. Jedes Kilogramm mehr hätte nichts genützt und uns am reibungslosen Weiterkommen gehindert. Weniger ist oft viel mehr. Wer schon einmal einen 30-Kilogramm-Rucksack auf den Schultern gehabt hat, der weiß, was ich meine.
Eine Zeitlang lebten wir völlig autark. Wir wussten, wo wir unser Trinkwasser holen konnten, wie weit wir an diesem oder jenem Tag gegangen waren und wo wir die Blasen an den Füßen her hatten. Weil wir alles selbst machten, wussten wir, was wir taten und woher die Dinge des täglichen Gebrauchs kamen. In der westlichen Welt weiß kaum noch jemand, woher die Milch kommt, die er trinkt; sie kommt eben aus der Tüte, und der Strom aus der Steckdose. Der unmittelbare Bezug zu den Dingen, die man täglich verbraucht, ist abhanden gekommen.
Carmen und Uli wurden nach kurzer Zeit unsere Freunde. Mit

solchen Leuten kam von José und mir auch wirklich etwas rüber, weil wir uns als Menschen und nicht als Angestellte fühlten. Wenn sich die mit uns Reisenden öffneten, dann waren auch wir offen und gaben jedem, der uns ein Stück von sich gab, ein Stück von uns selbst dafür zurück. Das war kein Geschäft, sondern etwas, das von innen herauskam – oder nicht. Je nachdem.

Wir zeigten Carmen und Uli manch schönen Fleck Erde und freuten uns mit ihnen, wenn sie von dem, was wir für sie fanden, fasziniert waren. Das Geld, das ich dabei verdiente, ist längst verbraucht – von der Freude blieb etwas hängen.

Nicht immer machte es Spaß, mit Menschen in der Wildnis zu sein, die ich vorher nie gesehen hatte. Es gab Gäste, die Wutanfälle bekamen, wenn beim Transport mit dem Maultier ein Marmeladenglas zerbrach und andere, die mir tagelang wegen ein paar zerquetschten Tomaten Vorhaltungen machten und darin einen Vorwand fanden, meinen Lohn zu kürzen. Am schlimmsten waren die Geizhälse, die den Maultiertreibern während eines Trips nichts zu essen gaben und sie mit knurrendem Magen zusehen ließen, wie sie sich den Wanst vollhauten. Wie man sich auf diese Weise ein paar Dollar Proviant- und Transportkosten sparen und dabei glücklich sein kann, ist mir unbegreiflich. Die Indios und ich trafen nach einigen unangenehmen und diskriminierenden Erfahrungen mit zuwenig Proviant eine heimlich Abmachung: Ich stahl nachts die uns allen zustehenden Lebensmittel und versorgte sie damit heimlich im Zelt. Einmal kam es heraus, und es gab natürlich Stunk. Aber das nahm ich in Kauf, da ich es für meine Pflicht hielt, meine Leute nach schwerer getaner Arbeit ihr wohlverdientes tägliches Brot zukommen zu lassen. Aber solche Vorkommnisse blieben Einzelfälle, die meisten Gäste waren so zufrieden mit uns, wie wir mit ihnen. Viel öfter kam es vor, dass jemand wegen mangelnder Kondition einen Bergpass nicht schaffte und vor Enttäuschung weinte, oder abends so erschöpft war, dass er seine Schuhe nicht mehr alleine ausziehen konnte. Diese Leute zeigten sich meist dankbar für jedes aufmunternde Wort und jede noch so kleine freundliche Geste. Wir ließen nie jemanden im Stich, eher kehrte die ganze Gruppe um.

Keine Tour war gleich, auch wenn die Wege, die wir gingen, sich oft wiederholten: Die Menschen, die mitkamen waren zu unterschiedlich, jeder auf seine Art etwas Besonderes. Ich versuchte zu allen Gästen freundlich zu sein. Aber ich ging nicht aus mir heraus und wahrte immer eine gewisse Distanz, wenn ich oder meine Indios nicht gleichberechtigt behandelt wurden. Mit Carmen und Uli waren wir gern unterwegs. Wenn man etwas gerne tut, dann ist das keine Arbeit, die schwerfällt.

Als wir müde und dreckig ins Hotel zurückkamen, wartete Paula schon am Eingangstor. Man muss fortgewesen sein um zu wissen, wie schön es ist, wieder heimzukommen. Zum Abschied bekam José Ulis Schweizer Taschenmesser geschenkt. Er zeigte es nach außen nicht, aber er freute sich wahnsinnig und er war stolz auf diese Auszeichnung. Das praktische Souvenir hatte er fortan immer dabei, er kannte ein einziges deutsches Wort: Messer, und vergaß es nie mehr.

„Wann kommen die beiden wieder?“, fragte mich José Jahre später. Sie kamen nie mehr, aber sie ließen etwas da: eine gute Erinnerung. Und hatten bestimmt auch etwas Gutes mitgenommen.

Abschied

Es ist eine Eigenschaft der Zeit, dass sie vergeht und es ist eine Eigenschaft aller Menschen, dass sie Fehler machen. Freilich: wer gar nichts tut, der macht auch keine Fehler. Paula nach Bolivien mitzunehmen war eine Dummheit gewesen, aber um das einzusehen, musste ich diesen Fehler zuerst machen. Alles, was du neu anfängst, ist begeisternd und aufregend, aber mit der Zeit wird auch das Neue zur Routine und die Normalität des Alltags hält Einzug.

Sorata hatte für uns seinen Glanz verloren und die Farben wurden matter. Die Nachteile einer völlig anderen Lebensweise erkennst du erst, wenn du die rosa Urlaubsbrille weglegst. Was einen Touristen begeistern konnte, der ein paar Tage hier blieb und dann wieder weiterzog, um an neuen Orten neue Oberflächlichkeiten zu konsumieren, interessierte uns längst nicht mehr. Paula hatte genug von Südamerika und wollte nach Hause. Nicht ich, sondern die Angst von ihren Freunden als Versagerin verlacht zu werden, hielt sie noch in Sorata. Trotzdem vermisste sie ihre deutschen Freunde und Freundinnen. Diese Sehnsucht wurde allmählich so schlimm, dass sie im Schlaf von ihnen sprach. Als Hotelfachfrau war sie ständig von Menschen umgeben gewesen, und gut aussehende Jungs hatten ihr mit Komplimenten geschmeichelt.

Ich sehe weder gut aus noch werfe ich jeden Tag mit Komplimenten um mich. Das entspricht nicht meinem Charakter. Weil ich oft in den Bergen zu tun hatte, war Paula ziemlich viel allein und ihr Hauptproblem, nämlich dass sie immer noch kaum spanisch verstand, machte ihr schwer zu schaffen.

Wir versuchten, gemeinsam spanisch zu lernen, aber Paula sah in mir eher einen Pausenclown als den geschulten Sprachpädagogen, der ich ja auch nicht war. Statt ernsthaft und regelmäßig zu lernen alberten wir. Irgendwann war es soweit, dass Paula schon zu lachen anfing, wenn ich ein Spanischbuch in die Hand nahm.
So blieb ich ihre einzige Bezugsperson, die auch herhalten musste, wenn sie schlechte Laune hatte oder einfach nur zickig war. Im Großen und Ganzen kamen wir sehr gut miteinander aus, aber ohne es zu wollen oder anders zu können, hatte ich einen Zaun um sie herum aufgestellt, Paula war abhängig von mir und in vielerlei Hinsicht unfrei. Zu den Leuten aus dem Dorf blieb sie nicht allein wegen der schwierigen Verständigung auf Distanz.
Oft schon habe ich das hohe Lied von den edlen Naturvölkern gehört: naiv, anständig, stark, gesund, ständig glücklich und über alle Maßen hilfsbereit. Barer Unsinn. Solche Übermenschen existieren allenfalls in den Köpfen romantischer Schwärmer, denen jeder Bezug zur Realität abhanden gekommen ist. Ohnehin wäre es für einen normal fehlbaren Menschen unerträglich, mit solchen Halbgöttern – wenn es sie denn irgendwo gäbe – zu leben und sich an ihnen messen zu müssen.
Was es gibt, sind zwei Sorten von Menschen: Kleinkarierte, engstirnige Hausmeistertypen, die im Treppenhaus spielende Kinder anbrüllen und eine Erektion bekommen, wenn die sich vor ihnen fürchten. Direkt daneben findet man die andere Sorte: weltoffen, sympathisch und interessant. Hausmeister und Weltmänner findet man bei den Eskimos, in Bolivien, in Deutschland, überall auf der Welt.
Mancher Tourist glaubt, er habe das Paradies gefunden. Ursache dafür ist fast immer, dass er die Leute nicht versteht. Je besser

du aber eine fremde Sprache sprichst, umso mehr kommst du dahinter, dass die Einheimischen genauso banal sind wie du selbst. Wenn man einmal die exotische Faszination, die alles Neue auf uns ausübt, beiseite lässt, dann bleiben hinter der Fassade auch nur Menschen, unter denen es gleichermaßen Dorfdeppen und außergewöhnliche Weise gibt.
Soweit kam Paula nicht, sie hatte sich vorher selbst ausgeschlossen. Wenn man sich aber vor guten wie vor schlechten Menschen wegsperrt, dann fehlt der Zugang zu beiden Sorten. Es gab gute und schlechte Seiten in Sorata, die einen hin- und herreißen konnten.
„Es ist herrlich hier, man kann so richtig abkeimen. Wenn du dich statt dreimal am Tag nur einmal alle drei Tage wäschst, dann rümpft auch keiner die Nase", stellte sie erfreut fest. „Ich bin so fürchterlich einsam", konnte sie sich zwei Stunden später selbst bemitleiden und den Tränen nahe sein.
Mit einem Bus fuhren Paula und ich mit Gästen von Sorata nach Copacabana, einem berühmten Wallfahrtsort, der in einer Bucht am Ufer des Titicacasees liegt. Im Vergleich zu diesem riesigen, glasklaren Gletschersee, dessen Ufer auf einer Höhe über Normal-Null liegen, in die bei den meisten hohen Gipfel der Alpen nicht einmal das Gipfelkreuz ragt, ist der Bodensee eine Pfütze.
Die Grenze zwischen Peru und Bolivien verläuft im See und beide Nationen haben Flottenstützpunkte dort. So kommt es, dass Bolivien eine Marine mit Zerstörern und U-Booten hat, obwohl dieses Land nirgends einen Zugang zum Meer besitzt. Silbern glitzerte die dunkle Wasserfläche des Sees im Gegenlicht der Sonne, als wir mit dem Bus längere Zeit an einem seiner Ufer entlangfuhren. In Copacabana angekommen, holten wir unsere Reisetaschen aus dem unteren Stauraum des Busses

und staunten nicht schlecht, als sechs an den Beinen gefesselte, um Hilfe blökende Altiplanoschafe zum Vorschein kammen. Der Busfahrer musste sie irgendwo unterwegs eingeladen und zwischen unser Gepäck gezwängt haben. Sie hatten vor Angst alles vollgeschissen und unsere Taschen rochen frisch nach Altiplano. Meine Gäste waren sauer und rümpften beleidigt die Nase.

Paula gefiel es in Copacabana immer recht gut, denn wir mussten nie sonderlich weit gehen, es liefen scharenweise Touristen aus aller Herren Länder herum, mit denen man sich unterhalten konnte, und wir schliefen in gepflegten Hotels.

Wir besichtigten zusammen mit den Gästen die sehenswerten Touristenattraktionen, danach ging's auf den Marktplatz zum Souvenireinkauf. Es war immer wieder erstaunlich, mit welch kindlicher Freude Touristen den unglaublichsten Kitsch einkauften. Es musste die Urlaubsfreude sein. Die Verkäufer, die mich bereits kannten, freuten sich, die Gäste freuten sich – und wir freuten uns auch. Alle Beteiligten hatten etwas von diesem harmlosen, unnützen Vergnügen, auf dem in Copacabana längst ein wichtiger Erwerbszweig basiert.

Am Abend schauten wir von einer Klippe der Sonne zu, wie sie glutrot im See ertrank. Inti-Kjarka, Platz der schlafenden Sonne, ist der ursprüngliche Name des Sees. Die Spanier konnten ihn nicht aussprechen und machten aus Inti-Kjarka Titicaca. Ein Sonnenuntergang vor der Kulisse des Titicacasees sagte mir viel mehr als die schwarze Madonna in der Kirche von Copacabana oder der Inkagalgen oder irgendein Museum, in dem aus altem Gerümpel eine große Sache gemacht wird. Die Fremdenführer, die davon leben, redeten viel und sagten dabei meist doch nur wenig. Ich hatte ihnen einiges abgeschaut und erzählte bei Bedarf den gleichen Dreck und machte mich selbst fürchterlich wichtig, um Eindruck zu schinden, doch ich tat das nicht gern. Das wirkliche Mysterium des Sees waren seine geographische Lage, seine gigantischen Ausmaße und die Sonne. Nur ganz wenige Menschen verstanden das wirklich, vielleicht war das den meisten einfach zu einfach. Die tote, starre Vergangenheit übte auf mich weitaus weniger Faszination aus als das mächtige, allgegenwärtige Jetzt mit seinem pulsierenden Leben. Wir waren im Gasthaus „Die Kuppel" einquartiert, dort aßen wir auch zu abend. Die Gäste luden mich zum Rotwein ein, und Paula war beleidigt, weil ich schon bald einen sitzen hatte und immer alberner wurde, je mehr ich soff. In der Früh stand ich zeitig auf, damit ich den Rausch, der mich immer noch heftig beutelte, rechtzeitig vor Tagesanbruch los wurde. Hin- und herschwankend wie ein Leuchtturm auf hoher See erreichte ich das Bad ohne Sturz, mein Kopf brummte und mein Magen war beleidigt. Nachdem ich geduscht und gekotzt hatte, bildete ich mir ein, nüchtern zu sein.

„Ich fliege sobald wie möglich zurück nach Deutschland, diesmal steht mein Entschluss fest", hörte ich Paula, während ich mich an der Badezimmertür festhielt, um nicht hinzufallen.

„Wenn das Ding mit dem Hotel in Sorata geklappt hätte, dann stünden wir jetzt anders da", erwiderte ich und versuchte erfolgreich stehenzubleiben. Ich war nicht überrascht, weil ich schon seit geraumer Zeit damit gerechnet hatte und weil ich mit meinem hämmernden Brummschädel beschäftigt war.

Paula war ihr Entschluss nicht leichtgefallen, das sah ich ihr an.

„Es ist wahrscheinlich das Beste so", versuchte ich Paula zu trösten, denn sie war niedergeschlagen.

„Mehr fällt dir dazu nicht ein, du besoffenes Scheusal?", erwiderte sie.

„Es kommt alles so, wie es kommen muss", fiel mir als Ausrede für meine Unzulänglichkeit ein, indem ich mich auf das Schicksal berief. „Mit mir hast du auf einen Verlierer gesetzt, naja, ich wünsche dir alles gute und so, und dass du niemals mehr so einsam bist wie mit mir, und dass dein Weg leichter ist als meiner, und dass du alle deine Freunde wiedertriffst, und dass sie alle noch deine Freunde sind."

Paula seufzte, dann herrschte Stille. Gegen 9 Uhr ging es mir wieder besser und wir tuckerten mit einem Motorboot zur Sonneninsel hinüber, einem wichtigen Ort der untergegangenen Inka-Kulturen. Der Sage nach wurden die beiden ersten Menschen Manco Kapac und Mama Ocllo dort geboren. Wer weiß, vielleicht liegt dort wirklich die Wiege der Menschheit, so wie die Überlieferung es behauptet. Der frische Wind während der Überfahrt fegte den Rest meines Rauschs weg und mir ging es halbwegs gut.

Die Eisgiganten Ancohuma und Illampu, beide über 6.000 Meter hoch, schienen direkt aus dem Wasser in den Himmel zu ragen. Diese Insel zu besuchen war immer wieder ein Erlebnis. Berge, Wasser, Wind und Wellen bilden hier eine perfekte Einheit. Dass dieser Ort den Inkas heilig war, ist kein Zufall. Nachdem wir nach Copacabana zurückgekehrt waren, verabschiedeten wir uns von unseren Gästen, die ins peruanische Puno weiterreisten.

Nachdenklich lag Paula in einer Hängematte. Was sie dachte, konnte ich nicht erraten, ich wusste es auch sonst nie. Wir kannten uns mittlerweile gut und blieben uns dennoch fremd. Am darauffolgenden Morgen nahmen wir einen Bus nach La Paz, am Nachmittag waren wir dort. Den Flug für Paula hatten wir schnell gebucht, er ging in zehn Tagen.

In La Paz ist immer was los. Als ich mir auf der Plaza San-Francisco einen Orangensaft kaufte, fand ich zwischen Krokodilledertaschen und Alpakahausschuhen ein Exemplar von Hitlers „Mein Kampf“ mit Originaleinband. Wie mochte der Bestseller von Adolf dem Letzten wohl hierher gekommen sein? Das musste eine lange, wilde Geschichte sein. Auf dem Platz wurde ein Schachturnier mit ausschließlich blinden Spielern ausgetragen, ein Zauberer führte Tricks vor und verriet sie an Interessierte gegen Geld, eine Band spielte Indio-Musik und ein Schlangensalbenverkäufer führte mit Betäubungsmitteln vollgestopfte lebende Würgeschlangen von beachtlicher Länge und Dicke vor. In La Paz waren wir schon zu oft gewesen und wir wollten gerne Paulas letzte Tage hier noch irgendwo verbringen, wo es warm war, gefroren hatten wir in letzter Zeit genug.

Im La Pazer Ortsteil Villa Fatimah stiegen wir in einen Minibus. Ein großer Bus wäre billiger gewesen, ein kleines, wendiges Gefährt bot dafür mehr Sicherheit. Es lohnte sich, auf Sicherheit bedacht zu sein, fanden wir.

Die Straße schraubte sich zunächst auf 4.600 Meter Höhe hinauf zum Pass La Cumbre. Oben war es neblig, frischer Schnee lag am Fahrbahnrand. Von der Passhöhe ging es nur noch steil bergab. Rechts zweigte ein Weg nach Chulumani ab, wir hielten uns links, in Richtung Coroico-Caranavi. Auf einem Bergsattel änderte sich schlagartig die Vegetation, Bambusdickichte und großblättrige Pflanzen lösten das harte Punagras der Hochgebirgsregion ab, die Bäume waren dicht mit Bromelien und Flechten bewachsen.

Von da ab ist die Piste ungeteert und einspurig, das Verkehrsaufkommen relativ groß. Auf einem schmalen Band inmitten einer teils senkrechten Wand gelegen, ist diese Strecke eine der aufregendsten und gefährlichsten in Bolivien, Hunderte von Kreuzen entlang des unbefestigten Fahrbahnrandes sprechen eine deutliche Sprache.

Unser Fahrer fuhr langsam, um Gegenverkehr rechtzeitig zu bemerken und ihn auf den wenigen Ausweichplätzen passieren zu lassen. Bei Gegenverkehr begann jedes Mal eine wilde Kurbelei kanpp am Fahrbahnrand. Der Abwärtsverkehr fährt links, die von unten kommenden Lastwagen und Busse fahren innen. Großartige Ausblicke in die üppige, feuchte Vegetation hoch über den kilometertiefen Tälern hinterließen unvergessliche Eindrücke, aber auch weiche Knie, ein Kribbeln im Bauch und feuchte Hände.

Die Nebelwaldzone begann, feuchte Luft wurde von Passatwinden aus den Ebenen des Amazonas gegen den Hauptkamm der Kordillerenberge getrieben und kondensierte zu Wolken. Zwischen Nebelfetzen blickten wir über weglose Talgründe, aus der Tiefe vernahmen wir das Rauschen unsichtbarer Flüsse. An den senkrechten Wänden über der Straße bildeten Baumfarne und Bambus ein grünes Dach, Azaleen und Margerithen blühten. Der Weg wurde teilweise in die steilen Felswände hineingesprengt, der Minibus unterquerte einen rauschenden Wasserfall, der sich in eine bodenlose Schlucht ergießt. Paula hatte keine Angst mehr vor schwindelerregenden Tiefblicken, gleichgültig schaute sie aus dem Fenster. Je tiefer wir kamen, desto mehr wurde der Nebelwald von Ackerflächen, Bananen-, Coca- und Kaffeeplantagen abgelöst, rot blühende Bäume verbreiteten einen betörenden Duft. Schließlich erreichten wir Yolosa, einen Rastplatz für die Fernfahrer und Busse aus dem Alto Beni. Viele der Lastwagen hatten Mahagonistämme von derart gewaltigen Ausmaßen geladen, dass ein einziger Stamm mehr als genügend Ladung für einen großen Sattelschlepper lieferte.

Mir tat es um jeden dieser wunderschönen, Tausende von Jahren alten Bäume leid. Der Regenwald war ihr Platz, nicht irgendein Sägewerk. Aber diese auf der Welt so selten gewordenen Bäume bedeuten Geld. Je seltener sie werden, umso mehr. Ihr Schicksal ist so gut wie besiegelt, sie werden aussterben. Schwarzhäutige Jambos, dren Vorfahren einst als afrikanische Sklaven nach Bolivien gekommen waren, boten in kleinen Bretterbuden neben der Straße frisches Obst, Erfrischungsgetränke und Cocablätter an. Im Fluss wurde gebadet und Wäsche gewaschen.

Noch 20 Minuten Fahrt, und wir erreichten Coroico. Um das Städtchen wächst üppiges Grün, überall blühte und duftete es. Es war warm, alle überflüssigen Kleider wanderten in die Reisetasche. Nur drei Stunden hatte die Fahrt von La Paz hierher gedauert – was für ein klimatischer Unterschied in so kurzer Zeit.

Außer guten Bars und einer schönen Aussicht auf tiefer liegende Täler bot Coroico nicht sehr viel Aufregendes. Wir hingen einen Tag dort rum, lagen auf Liegestühlen in einem Garten unter schattenspendenden Bäumen und lehnten uns abends in einem Musikcafé gemütlich in unseren Stühlen zurück. Danach zog es uns weiter. Über Caranavi erreichten wir in 18-stündiger Rüttelbusfahrt Rurrenabaque am Ufer des Rio Beni. Die Busse dorthin fuhren alle nachts, dann war es kühler und angenehmer zu reisen. Wenn der Bus in einem Schlagloch oder Wasserlauf steckenblieb, mussten alle Fahrgäste aussteigen und schieben. Und wir stiegen oft aus. Etwas zerknittert von der langen Fahrt erreichten wir unser Ziel.

Rurrenabaque hat eigentlich nichts zu bieten, was einen irgendwie vom Hocker reißen könnte, es ist ein ganz normales Tropenstädtchen. Es müssen, wohl die Wärme und der lockere südländische Charakter sein, die die vielen Touristen, die dort herumlungern, in Scharen anziehen. Niemand, den du auf der Straße siehst, hat es eilig, jeder schlurft in Sandalen bedächtig seines Wegs. Wer sich in der dumpfen, brütenden Hitze zu schnell bewegt, der kommt schnell ins Schwitzen. Die verträumte Langsamkeit der Einheimischen scheint die optimale Anpassung an das Klima. Überall gibt es nette Bars, in denen wir lange auf unsere Bestellung warten mussten. Aber wir hatten ja nichts Besseres vor, also warten wir und aßen dafür mehr und länger. In Bretterverschlägen gab es Privatkinos, die Raubvideos zeigten: schlechte amerikanische Gewaltfilme und noch schlechtere Pornos.

Für einige Zeit hatten wir beide völlig vergessen, dass der eigentliche Anlass für diese Reise eine andere, noch viel weitere Reise war: Paulas Rückkehr in die Bundesrepublik.

„Bist du traurig, dass ich bald gehe?“, fragte mich Paula ganz unvermittelt.

„Überhaupt nicht“, log ich.

In der Abenddämmerung ging ich allein zum Rio Beni, setzte mich ans Ufer und schaute den lehmigbraunen Wassermassen nach, die träge an mir vorbeizogen. Im Gletschereis der Andenberge geboren, wandert der Rio Beni, immer größer werdend, dem Strom aller Ströme, dem großen Amazonas zu. Gedankenversunken warf ich einen Kieselstein ins Wasser. Ein Gefühl tiefer Verlassenheit überkam mich und schüttelte mich durch. Wer nicht einsam ist, der ist nie wirklich frei. Wer die Freiheit wählt, der wird einsam sein. „Es ist Flucht, wenn du abhaust, und es ist feige“, hatte man mir bei meiner Abreise vorgeworfen. Doch es war keine Flucht gewesen, sondern genau das Gegenteil. Es ist einfach, tagaus, tagein, sein ganzes Leben lang in eine verhasste Arbeit zu gehen, die man nur mit äußerstem Widerwillen tut. Weil man für Geld und Sicherheit eben alles macht. Es ist keine Kunst, in einer gutgehenden Firma eine Nummer mit dreizehntem Monatsgehalt und Rentenanspruch zu sein. Da kannst du deinen eigenen persönlichen Wirrwarr getrost in der Ecke liegen lassen, du brauchst weder nachzudenken noch Verantwortung zu übernehmen, das tun andere für dich. Die ganzen geschwollenen neunmalklugen Reden von Fleiß, Pflicht und Vaterlandstreue bis zum Tod werden nur geschwungen, damit sich ja niemand von seiner eigenen Kleinkariertheit befreien muss. Am Wochenende trifft man sich dann im flippigen, teuren Freizeitlook, macht auf cool und kotzt seine ganze komplexbeladene Mittelmäßigkeit aus. Redet über schlechte Filme, Dope, Ekstasy, Alkohol, über die Arbeit. Und über die Macken derer, die gerade nicht da sind. Dabei tut man fortschrittlich, intelligent und aufgeschlossen. Doch was nützt das neueste trendsettige Outfit und die insidigste Insiderfrisur, wenn darunter dieselben Köpfe gleich weiterticken? Das alles ist eigentlich nicht schlimm, und das ist das Schlimme daran. Es ist einfach nur unendlich öde.

Ich hatte mit all dem nichts mehr zu tun und eigentlich gar keine andere Wahl mehr, als meinen eigenen Weg zu verfolgen. Das fiel mir nicht leicht und meine Zukunft war ungewiss, aber ich würde hier in Bolivien bleiben, denn mein Weg führt über das Altiplano. Mit den Folgen meiner Taten würde ich leben müssen und eure Taten werden andere Konsequenzen haben. So muss jeder seinen eigenen Weg gehen und letztendlich kann ihm dabei keiner helfen.

Schwach, hilflos und klein kam ich mir vor, das Wasser des Beni-Flusses zog an mir vorbei und ich wusste nicht, wohin mein Weg mich führen würde. Ich hatte Angst – vor der Gegenwart, vor der Zukunft. Wenn ich doch auf der Flucht wäre?

Am anderen Ufer des Rio Beni wachsen undurchdringliche Mangrovenwälder, dahinter breitet sich dichter Dschungel aus. Wilde Tiere leben dort, vor denen du dich in Acht nehmen musst. Was würdest du tun, wenn plötzlich ein Leopard hinter

dir her wäre und du hättest kein Gewehr? Du würdest davonrennen! Für mich war Deutschland zu einem Leoparden geworden. Schlimmer noch, denn ein Raubtier tötet und frisst dich auf, weil es Hunger hat. Der Staat aber lässt dich leben und macht eine ferngesteuerte Puppe aus dir. „Es kann nicht jeder aus der Realität in eine ländliche Idylle flüchten – dann ist es aus“, hatte man mich belehrt, nur: Was wäre aus? Es gäbe keine Handys, keine Banken, keine Fußballstadien, keine Oberbosse und keine Lohnsklaven mehr.
Gegenüber, im Montes, leben Indianer, die weder Autos und Telefon kennen, weder Banken noch Kontoauszüge. Aber sie wissen, wie man einen Papagei mit dem Blasrohr schießt. Sie leben in und von der Natur, ohne ihr Schaden zuzufügen. Wer wollte sich anmaßen, einen Bankdirektor, einen Indianerhäuptling und mich zu vergleichen? Ein wertendes Urteil über so verschiedene Menschen abzugeben? Ich schwamm gegen den Strom, das war für mich in dieser verrückten, widersprüchlichen Zeit die einzige Möglichkeit, mich als Individuum zu behaupten. Nur tote Fische schwimmen mit dem Strom. Wohin mich mein Weg führen würde, wusste ich nicht. Das würde sich erst mit der Zeit zeigen. Vielleicht befand ich mich in einer Sackgasse oder war dabei, mich in einem Labyrinth aus Widersprüchlichkeiten zu verirren, vielleicht bewegte ich mich schnurstracks auf einen Abgrund zu. Ich hatte meinen Weg gesucht und gefunden. Nun muss ich ihn auch gehen, egal was passieren wird.
Am folgenden Vormittag starteten wir mit sieben weiteren Touristen zu einer geführten Tour in die Pampas. Auf einem Nebenfluss des Rio Beni schwammen wir mit zwei Einbäumen mit Außenbordmotor langsam flussabwärts, dösten in der gnadenlosen Hitze vor uns hin, erschlugen Moskitos oder beobachte-

ten die zahlreichen Wildtiere. Tausende von Alligatoren lagen faul und scheinbar teilnahmslos am Ufer, doch sie konnten sich blitzschnell ins Wasser werfen und untertauchen. Es waren große, schöne Tiere, im Wasser waren sie unglaublich flink und wendig. Sie ließen sich oft reglos treiben, dabei ragten nur die Augen und ein kleiner Teil vom Rücken aus dem Wasser heraus. Sie sahen aus wie ein Stück Treibholz. Mit dieser Tarnung konnten sie sich nahe an eine Beute heranschleichen, sie plötzlich mit den gewaltigen Kiefern packen, unter Wasser ziehen und ertränken oder erdrücken. Langsam trieb das Boot dahin, das Wasser war undurchsichtig lehmigbraun und unser Führer, ein Mestize, manövrierte das Boot zwischen Mangroven und Treibholz hindurch. Zeternde Affen hingen in den Bäumen, Wasserschildkröten saßen in kleinen Gruppen auf langsam treibenden Aststücken und ließen sich plumpsend ins Wasser fallen, wenn sie unser Boot bemerkten. Ab und zu ließ sich eine Tapiwarafamilie blicken, meistens flüchteten sie nicht vor dem Boot, sondern schauten nur neugierig herüber. Bunte Papageien hingen hoch über uns in den Ästen großer Bäume und storchengroße Sekretärvögel saßen in den Baumkronen auf ihren Nestern. Bei einem kurzen Ausflug zu Land entdeckten wir ein Faultier in einem Baum.
Spätnachmittags angelten wir Piranhas, nicht besonders große, aber gefräßige Raubfische mit großem, respektablem Gebiss. Ein Piranha für sich allein ist vorsichtig und scheu, aber wenn sie sich zu Schwärmen zusammenrotten, um zu jagen, dann fürchten sie sich vor nichts und niemandem mehr. Sie können ein ausgewachsenes Schwein in völliger Raserei binnen Minuten bis auf die Knochen abnagen, blutende Wunden riechen sie auf große Entfernung. Negro, unser Guide, planschte mit einer Machete im Wasser. Es dauerte nicht lange und Piranhas kamen,

um nachzusehen, was da so hilflos zappelte. Sie schwammen so dicht, dass ein Hieb mit der Machete jedes Mal einen oder zwei der Fische erwischte, man brauchte dabei nicht zu zielen. Die Piranhastücke hängten wir als Köder für ihre Artgenossen an die Angel, sie bissen gut, und so holten wir einen nach dem anderen aus dem Wasser, im Rumpf des Bootes verendeten sie zappelnd.
Kurz vor der Dunkelheit gingen wir vor einer Insel in der Mitte des Flusses vor Anker, wo ein bereits vorbereiteter Lagerplatz auf uns wartete. Das Abendessen war schon fertig, ein extra Koch hatte das besorgt. Dieser Trip war wirklich gut vorbereitet, alles klappte bestens, wir genossen es, uns bedienen zu lassen und nicht selbst kochen zu müssen. Im Kreis saßen wir gemeinsam um ein Lagerfeuer und brieten die gefangenen Piranhas am Spieß. Wir, das waren drei einheimische Führer, zwei Neuseeländerinnen, zwei Israelis, zwei weitere Deutsche und ein Norweger. So viele Nationen um ein Lagerfeuer vereint, da war was los, jeder hatte andere Geschichten von unterwegs zu erzählen. Um die kleine Insel herum trieben überall Alligatoren im Wasser, an Land schienen sie nicht zu kommen, solange wir hier verweilten. Zikaden zirpten und die Moskitos hatten sich bereits schlafen gelegt, als wir nochmal mit dem Boot hinaustuckerten. Sobald der Führer den Motor abstellte war es ganz still. Langsam trieb der Einbaum dahin, nichts außer dem Plätschern des Wassers am Rumpf des Bootes war zu hören. Unser Führer leuchtete die Ufer mit einer starken Akkulampe ab, dunkelrot leuchteten Dutzende von phosphoreszierenden Alligatorenaugen aus der Dunkelheit zurück. Langsam und geräuschlos trieben wir dahin, ab und zu knackten Äste im Unterholz neben dem Ufer, die Nacht war lau, romantisch und ein bisschen unheimlich. Dann gab Negro einem von uns die Lampe, griff

sich seine Gitarre und spielte ein Lied. Nachdem wir zum Lagerplatz zurückgekehrt waren, saßen wir noch lange um das knisternde Feuer und unterhielten uns. Spät in der Nacht krochen wir unter die Moskitonetze, als Dach waren Plastikplanen aufgespannt und die Decken lagen schon aufgeschlagen da.
Am Vormittag schipperten wir erneut den Fluss hinauf und hinunter und sahen dabei Süßwasserdelphine mit rosanem Rücken, die neugierig das Boot begleiteten. Später legten wir am Ufer an und suchten zu Fuß Würgeschlangen in der Nähe eines Sees. Dazu schwärmten wir in alle Richtungen aus, jeder war mit einem Stock mit Astgabel ausgerüstet. Die Boas und Anacondas, die wir mit den Stöcken fingen, waren zwischen 1,50 und 2 Metern lang, es waren die Kinder der bis zu 20 Meter langen ausgewachsenen Tiere, die imstande sind, einen Menschen mit einem einzigen Ruck das Genick zu brechen. Sie können einen tonnenschweren Büffel packen, ihn in kürzester Zeit erwürgen und ihn dann mitsamt Hörnern, Schwanz und Haaren am Stück verschlingen. Die richtig großen Schlangen habe ich nie lebendig gesehen, nur solche mit 5 bis 6 Metern Länge. Gut 15 Meter lange Häute, die zum Verdecken von Rissen in Hauswänden beliebt sind, sah ich öfter. Die ausgewachsenen Würgeschlangen sind an Land nicht besonders schnell, deshalb legen sie sich wie ein lebendiges Lasso an einem Wildwechsel auf die Lauer. Wenn es sein muss für Wochen. Sie bewegen sich kaum, sparen Energie und brauchen nur alle paar Monate etwas zu fressen. Kommt etwas Essbares vorbei, dann wissen sie augenblicklich, wo der Hals ist und drücken mit ihrem geschmeidigen Körper, der ein einziger gewaltiger Muskel ist, mit irrsinniger Zugkraft zu. Diese Art zu jagen ist äußerst effektiv, die Schlange braucht keiner Beute nachzulaufen, sie wartet, bis sie von selbst kommt. Bis die Anaconda eine große, schwere

Beute an einem Stück in ihren Schlund hineingepresst hat, können Wochen vergehen und anschließend dauert es Monate, bis der „Happen“ verdaut ist. Während dieser Zeit liegt die Beute wie ein schwerer Mühlstein in ihrem Magen, die Verdauungssäfte lösen die Nahrung nur langsam auf und die Anaconda ist fast wehrlos. Anschließend braucht die Schlange lange nichts zu fressen. Bis sie wieder Hunger bekommt, döst sie vor sich hin. Eigentlich führt so ein Tier ein beschauliches, ruhiges Leben, die meiste Zeit über schläft es. Es ist an den Haaren herbeigezogen, dass Anacondas oder Boas böse und heimtückisch sind. Sie töten nicht aus Spaß, sondern aus der Notwendigkeit heraus, sich mit Nahrung versorgen zu müssen.
Auf dem Rückweg mit dem Boot fing Negro mit einem Lasso einen Alligator, der nichtsahnend und sorglos am Ufer lag und nicht aufpasste. Er wurde solange durch das Wasser hinter dem Boot hergezogen, bis ihm die Luft ausging, dann hievten wir ihn gemeinsam an Land, wo er reglos dalag und, halb erwürgt, kaum mehr einen Mucks machte. Sobald wir die Schlinge lockerten, erholte er sich schnelll wieder, sprang schließlich mit einem verzweifelten Satz ins Wasser, streifte die Schlinge ab und tauchte augenblicklich unter. Eigentlich war das eine kindische Tierquälerei, zu der gar keine Notwendigkeit bestand, aber es kam halt bei Touristen gut an. Niemand, mich eingeschlossen, beschwerte sich darüber.
Am späten Nachmittag waren wir wieder zurück auf unserem Inselchen. „Ihr könnt jetzt baden gehen“, sagte Negro, und fünf von uns Gringos sprangen augenblicklich ohne zu überlegen ins Wasser und schwammen planschend etwa hundert Meter weit hinaus. Von den Touristen war es dumm und von Negro, der wusste, dass dies sehr wohl gefährlich sein konnte, war es verantwortungslos gewesen, den Vorschlag zu machen. Niemals

später sah ich einen Einheimischen, der so einen Unsinn machte. Selbst wenn jemand sich am Ufer wusch, gab er immer Acht, ob Treibholz zu nahe an ihm vorbeischwamm, es konnte ebensogut ein Alligator sein, der auf der Suche nach seinem Frühstück war. Das hier war kein Kurpark, das waren die Pampas. Sie waren schön, aber auch gefährlich und alles was sich ins Wasser begab, wurde von abschätzenden Raubtieraugen beobachtet. Es lauerten Piranhas, und die großen Anacondas hielten sich gern im Wasser auf, wo sie viel schneller waren als an Land. Negro fuhr den Badenden mit dem Boot nach und zog ununterbrochen in voller Fahrt Kreise um sie, legte gewissermaßen mit dem Lärm des Motors eine Schallschutzmauer um sie herum, seinen Arsch hätte er hundertprozentig unter keinen Umständen ins Wasser gehalten, auf seine eigene Sicherheit war er bedacht.

Nach vier Tagen Zeltlager und Wildlife-Sightseeing kehrten wir zurück nach Rurrenabaque, wo jeder wieder seiner eigenen Wege ging. Noch ein paar Tage faules Hängemattenleben, Speisekarte rauf- und runterlesen, Eisessen – dann mussten wir wieder zurück nach La Paz, das wir nach einer 22-stündigen Marathonbusfahrt morgens um 8 Uhr erreichten.

Die Zeit des Abschieds war gekommen, endgültig und unausweichlich. Irgendwie hatten sich die Wege von Paula und mir gekreuzt, ein kleines Stück weit waren wir miteinander gegangen, jetzt liefen sie wieder auseinander.

„Pass auf dich auf", war das letzte, was ich von ihr hörte. Kurze Zeit später heiratete sie in Las Vegas einen Berufskollegen und zog mit ihm nach Bremen.

Sapiri

Zurück in Sorata drang es mir erst so richtig ins Bewusstsein, dass Paula endgültig aus meinem Leben verschwunden war. Sie würde nicht in zwei Tagen, nicht in drei Tagen, auch nicht in einer Woche wiederkommen. Die erste Zeit krampfte sich mir das Herz vor Einsamkeit zusammen, wenn ich an sie erinnert wurde, und eine graue Leere machte sich breit. Mit der Zeit fand ich mich damit ab, es blieb mir auch gar nichts anderes übrig. Wenn mir Paula anfangs auch mehr fehlte als ich vermutet hatte, so war ich andererseits zugleich von einer schweren Last befreit. Jetzt musste ich nicht mehr ständig auf noch jemanden außer mir selbst aufpassen und konnte die Energie, die dazu nötig gewesen war, für andere Dingen verwenden. Ich kundschaftete die Umgebung Soratas in weitem Umkreis systematisch aus und überzog das ganze für mich erreichbare Territorium mit einem imaginären Spinnennetz von mir geläufigen Wegen und Zeltplätzen. Je mehr ich kennen lernte, umso dichter wurden die Kreuz- und Querverbindungen auf meiner unsichtbaren Landkarte, die ich auswendig lernte und die nirgendwo sonst als in meinem Hirnkasten archiviert war. Statt alle diese zum Teil sehr weiten Strecken mit großem Zeitaufwand selbst abzuschreiten, wäre es einfacher gewesen, die Indios nach versteckten Pfaden und Handelsverbindungen zu fragen. Das erwies sich jedoch als unmöglich, da die Ein- heimischen sich meist nur in einem eng begrenzten Territorium auskannten, das sie ohne zwingenden Grund nicht verließen, manchmal in ihrem ganzen Leben nicht. Wenn sie einfach nur höflich sein wollten, dann konnten sie einen ebenso in die falsche wie auch

zufällig in die richtige Richtung schicken und sämtliche Zeitangaben stimmten ohnehin nie, denn ein Indio ist es nicht gewöhnt, eine Marschstrecke in Tagen oder gar Stunden auszudrücken. Für ihn ist viel wichtiger zu wissen, wie groß der Beutel Cocablätter sein muss, den er für eine Wegdistanz braucht, denn gegessen wird unterwegs fast nichts, das macht das Gepäck leichter. Coca in beachtlichen Mengen gekaut vertreibt Hunger, Durst und Müdigkeit. Auf das Lotteriespiel, mich auf die Auskünfte von Indios zu verlassen, konnte ich mich also nicht einlassen, wenn ich seriöse Touren anbieten wollte. So begab ich mich auf Entdeckungsreise und erforschte das Land bis in die verborgensten Winkel. Oft nahm ich mir dafür einen Indio als Weggefährten mit, aber ich war auch wochenlang mutterseelenallein unterwegs.
Es gibt Tausende von möglichen Lebensformen. Sich auf Wanderschaft zu begeben war eine von vielen, sie entsprach meinem Wesen ganz und gar. Nicht mehr und nicht weniger als der Weg an sich war das Ziel, ich kam eigentlich niemals irgendwo an. Wenn ich einen Schritt vor den anderen setzte, dann hatte ich dabei den Horizont vor Augen, der vor mir zu fliehen schien. Ich konnte soweit gehen wie ich wollte, vor mich oder hinter mich blicken: die Distanz zwischen dem Horizont und mir blieb immer gleich. Dieses gnadenlos harte Land drang in mich ein und machte mich immer weicher, ich wurde so empfindsam, dass ich all die Feinheiten, die sich voll Ehrfurcht mit den Dingen der Schöpfung befassen, viel bewusster als je zuvor wahrnahm. Es waren Kleinigkeiten, die mir Freude machten: Über einen bunten Schmetterling, eine rot blühende Fuchsie oder an ein paar Schluck Wasser konnte ich mich einen ganzen Tag lang freuen. Die Liebe zur Schöpfung, das war der Reichtum, mit dem das Land mich für die Mühsal der Wanderschaft

belohnte. Der Zweck meines Unterwegsseins war, das Land ganz genau kennen zu lernen, in der Hoffnung, mit meinem erworbenen Wissen Geld zu verdienen.
Je länger ich unterwegs war, umso unwichtiger wurde der Vorsatz, oft vergaß ich den Zweck meiner Wanderung. Die Forderungen und Bedingungen der „alten Welt" kamen mir in der Wildnis allesamt pervers und verkehrt vor. Für Verstellung und Entgegenkommen gab es auf meinen einsamen Wegen keinen Grund, hier draußen musste ich nicht mit einer Maske herumlaufen, um irgendjemandem zu gefallen, und so konnte ich mich selbst erkennen, bis in die verborgensten Gegenden meiner Seele. Morgens, wenn es einen schönen Sonnenaufgang oder etwas Gutes zu essen gab, fehlte mir ab und zu ein lieber Mensch, mit dem ich das hätte teilen wollen. Dann konnte ich ganz plötzlich in einen Abgrund der Verlassenheit fallen und innerhalb von Sekunden kamen mir die Tränen, ohne dass ich genau hätte sagen können, warum. Im nächsten Moment konnte ich schon wieder lachen. Meine Gefühle wechselten so schnell wie die eines naiven Kindes.
Auf dieser Wanderschaft setzte ich meinen Fuß auf den kargen Boden am Rande des ewigen Eises der Gletscherberge, stieg hinab in den üppigen Blumenzauber tropenheißer Tieflandregionen und begab mich wieder zurück in die kühle Frische des Hochlands, wo sich in der Kälte nur noch Ichu-Gras und einige Steinbrecharten behaupten können.
In jeder dieser klimatisch so unterschiedlichen Zonen traf ich in allen Farben schillernde Kolibris, die im Schwirrflug mit filigranem Schnabel und langer Zunge Nektar aus den Blüten saugten und sie dafür bestäubten. Wo immer ich diese wunderschönen, blitzenden, flink fliegenden Diamanten erblickte, erfreuten sie mein Herz und machten meine Schritte leicht.

So flossen die Tage dahin und waren von Milch und Honig, genauer gesagt: sie bestanden aus Anstrengung und Schinderei. Der Indio des Altiplano nennt diese ewige Wanderschaft, die mit dem Tod nicht aufhört, Sapiri: Aus der Erde wirst du geboren und kehrst nach einer weiten Reise wieder in ihren Schoß zurück. Zu Pachamama, der Erdmutter, Inkarnation einer leidenschaftlichen Verehrung. Die Erde ist nicht tote Materie, sondern ein lebendiger Organismus. Wenn man sie missachtet, dann wird sie böse, ihr Zorn kann verheerende Folgen nach sich ziehen. Sie hat jedem von uns einen kleinen Funken eingehaucht, unser Leben, das Pachamama – wenn es Zeit ist – wieder zurückfordert. Mag sein, dass dies etwas ausgefallen klingt, in einer von technischen Errungenschaften aufgeblähten Welt, in der die Masse den Ton angibt und über Gefühle hinwegtrampelt, deren Inhalte ihr unbequem sind.
Je länger ich unterwegs war, umso mehr von der europäischen Unrast fiel von mir ab wie eine alte Schlangenhaut, und ich erinnerte mich an eine längst verloren geglaubte Zeit auf meinem Weg zurück nach gestern und vorwärts nach morgen. Die Tage und die Erde begannen mit mir zu sprechen und viele Jahrhunderte lehrten mich ihre Weisheit.
Dreh- und Angelpunkt aller Unternehmungen blieben meine zwei schäbigen Zimmer in Sorata. Dort war das Nest, in dem ich mich von den Strapazen des Unterwegsseins ausruhen und neue Kräfte sammeln konnte. Abends zündete ich zwei Kerzen an und fand ein Zuhause. Ich hatte ein Stück Brot und eine halbe Flasche Wein. Ich hatte ein Bett, zwei Stühle, einen Tisch und ein Dach über dem Kopf. Hier war mein armseliges Paradies, mehr wollte ich nicht. Mehr brauchte ich nicht. Keiner braucht mehr, aber in Deutschland kann sich niemand mehr daran erinnern. Es ist zu lange her.

Reise nach Ixiamas

Wieder einmal zog ich los. Mit José und zwei Maultieren. Diesmal war unser Ziel das in einem tiefen, trockenen und heißen Flußtal gelegene Ixiamas, eine Obstplantage, auf der an die zwanzig Menschen vom Anbau von Tropenfrüchten leben. Wegen der geringen Niederschläge wächst dort von alleine gar nichts, nicht einmal ein Grashalm. Dass Mangos, Feigen, Chirimoyas und Avocados von guter Qualität gediehen, wurde erst durch eine Hand voll Menschen ermöglicht, die dem Boden das zum Wachstum unverzichtbare Wasser seit Jahrhunderten über weiläufige Bewässerungskanäle zuführen.

Wir hatten vor, Mandarinen und Bananen einzukaufen und sie bei unserer Rückkehr in einer Pension in Sorata zu verscherbeln, um unsere mageren Finanzen ein bisschen aufzubessern. Ich wollte Ixiamas aber nicht schnurstracks, sondern über ein paar Umwege erreichen, um einen mir noch unbekannten Landstrich zu erkunden, der sehr interessant zu sein schien. Zunächst stiegen wir hinter San Pedro hinab zu einem Fluss. Danach erklommen wir den steilen Hang auf der gegenüberliegenden Seite. Hinter einer Wegbiegung endete der schmale Pfad plötzlich, auf einer Länge von 300 Metern war er von Regengüssen weggespült und seither nicht wieder ausgebessert worden. José und ich hätten hinüberklettern können, aber die Maultiere wären uns dabei abgestürzt und weit unten im Talgrund zerschellt. Wir drehten um und gelangten mittels eines Umwegs von etwa einer Stunde zu einer Estancia, die aus acht Lehmhütten bestand, wo wir nach einem anderen Pfad fragten, der uns nach Porobaya bringen könnte. Eine Familie gab uns zwei

ihrer Töchter mit, die uns den schwierig zu findenden Pfad weisen sollten. Wir staunten nicht schlecht, als wir die beiden jungen Mädchen sahen: Die Augen der Älteren waren grün und ihre Haare kastanienbraun, ihr Gesicht hell mit einem Hauch von bronzefarbener Tönung. Die Gestalt ihrer Schwester war die einer Indianerin, ihr schönes Gesicht verriet uralte Herkunft und den harten Daseinskampf, der das Aymara-Volk geprägt hat. Ihre Arme waren ganz böse von Maisfliegen zerstochen und vernarbt, das tat aber ihrer Anmut keinen Abbruch. So wie sie ihr Vater von der Feldarbeit geholt hatte, in Sandalen und mit verschlissenen Kleidern, begleiteten sie uns. Er gab uns noch eine unmissverständliche Warnung mit auf den Weg: Wenn es uns einfallen sollte, uns gewaltsam an den beiden Mädchen zu vergreifen, dann würde er uns finden und mit der Machete in Stücke hauen. Diese Drohung war in unserem Falle unnötig, denn auch wenn wir vielleicht nicht danach aussahen: Wir wussten, was sich gehört. Für alle Fälle gab er seinen Töchtern zwei lange Messer zur Selbstverteidigung mit, er traute uns ganz offensichtlich nicht so recht und war von den Beteuerungen unserer völligen Harmlosigkeit nicht recht überzeugt.
Die Mädchen begleiteten uns bis zu einem Punkt, von dem wir den weiteren Weg wieder selbst finden konnten. Dort bezahlten wir ihnen den abgemachten Lohn, rasteten und plauderten ein wenig. Die mit den grünen Augen erwähnte beiläufig, dass sie ab und zu auf den Markt in Sorata käme. Wir verabredeten, uns dort einmal zufällig zu treffen. Dann sprangen sie, die Messer vor sich herhaltend, in langen Sätzen bergabwärts. Unsere Richtung war bergauf. Von weit unten winkten die Mädchen noch einmal mit ihren bunten Stoffschlapphüten, dann sahen wir sie nicht mehr. Der Pfad war schmal, manchmal wurde er so eng, dass wir die Maultiere abladen und einzeln hinüberführen mus-

sten. Sobald ein Tier Angst bekam, zog einer von uns vorne, der andere hielt es hinten am Schwanz fest. Das Ziehen zwang das Muli weiterzugehen, und das Halten am Schwanz gab ihm ein Gefühl der Sicherheit. Wenn ein Tier ernsthaft sein Gleichgewicht verloren hätte, dann hätten wir beide loslassen müssen und es wäre abgestürzt. Aber weil die Mulis uns vertrauten und sich in Sicherheit wähnten solange wir sie hielten, traten sie nicht daneben. Wenn wir uns zu zweit mit einem Tier befassten, kam es hin und wieder vor, dass das andere unterdessen stiften ging. Dann musste ihm einer von uns nachrennen, um es wieder einzufangen. Das kostete Kraft und Nerven.

Am späten Nachmittag erreichten wir Porobaya auf 3.400 m Höhe wo wir uns mitsamt den Mulis im Innenhof des Rathauses einquartieren durften. Genau als wir von der Straße über den gepflasterten Hausgang in den Hof wechselten, schiss einer unserer vierbeinigen Begleiter plötzlich und unverhofft auf den gekachelten Boden. Platsch – schon wars geschehen.

„Du Schwein, hast wohl den Arsch offen", schimpfte José und zog dem verdutzten, unschuldigen Maultier mit dem Stock eins über den Hintern, dass es vor Schreck beinahe auf den Fliesen ausrutschte. Dabei trat es in seinen eigenen Mist und verteilte ihn auf dem Boden. Ein Muli ist nun mal nicht stubenrein, es wüsste mit einem Perserteppich auch nicht mehr anzufangen als draufzukacken. Der zwergenwüchsige, breitschultrige Mann, der uns die Tür aufgesperrt hatte, lachte laut und zeigte dabei auf die grüne, matschige Scheiße. „Eure Cholitas (Bauernfrauen) sind aber keine feinen Damen", meinte er und schmiss sich dabei fast weg vor Lachen.

Sein Gesicht war kantig und von tiefen Falten durchpflügt, die braunen Augen leuchteten lebhaft. Wenn er auch klein von Statur war – Hände hatte er riesengroße, die dicken platten Daumen kamen mir vor wie Schraubzwingen. Er half uns dabei, die Mulis abzuladen, die sich augenblicklich über das hohe Gras im Innenhof hermachten, dabei bewegte er sich wieselflink, während er immer noch weitergrinste. Seine unsymmetrische Figur ließ mich gleichfalls lachen, dieser Mensch wäre der geborene Komiker gewesen, fand ich. Als nächstes beseitigten wir die Bescherung im Gang, von den glatten Kacheln war das Zeug schnell abzuwischen. Der Komiker sah uns dabei zu und lachte. Als wir unser Zelt im Hof aufstellten, hörte er auf zu lachen. Er war beeindruckt, sein Maul stand vor Staunen auf wie ein Scheunentor. Er wollte unbedingt wissen, wie viel das Zelt kostete und hätte es mir wohl gerne abgekauft. Ich hütete mich davor, den Preis auszuplaudern, denn das wäre unklug gewesen, hätte mich doch schon eine kleinere Summe in den Augen der Bauern, die fast nichts besaßen, zum schwerreichen Kapitalisten abgestempelt.

„Das habe ich schon so lange, ich kann mich an den Kaufpreis nicht mehr erinnern. Verkaufen kann ich dir das Zelt deshalb nicht, weil ich es noch brauche", war meine diplomatische Antwort, die etwas aussagte und doch gar nichts verriet.

Gegen 8 Uhr abends legten wir uns in die Schlafsäcke, das gleichmäßige Schmatzen der grasfressenden Mulis begleitete mich hinüber ins Land der Träume. Am Morgen fraßen die Mulis schon wieder, oder immer noch. Wir holten Wasser, kochten uns Tee und tränkten anschließend die Tiere mit Wasser aus den Kochtöpfen. Es war ein schöner Platz. Über Nacht war Scheiße vom Himmel, genauer vom Muliarsch auf die Erde gefallen. Wir sammelten sie ein und steckten diesen Beweis unserer Anwesenheit in einen Rupfensack, um den Platz sauber zu hinterlassen, denn wenn wir irgendwann wieder hier vorbeikommen sollten, wollten wir möglichst wieder hier nächtigen.

Bald hatten sich ein paar Neugierige, dann das ganze Dorf eingefunden, um mich, den weißen Gringo, zu sehen. Wir packten die Lasten auf die protestierenden Mulis und verließen das Dorf.

Porobaya war von grünen Weiden umgeben, die Aprikosenbäume blühten rosa, auf den Wiesen grasten gut genährte Schafe, ein Wurf junger Schweine tollte ausgelassen herum und spielte Fangen. Weit sah man von hier hinunter in grotesk zerfurchte Täler, die den furchigen Gesichtern der überwiegend aus alten Männern bestehenden Einwohner Porobayas glichen. Die Weiden waren deshalb so grün, weil sie mit Hilfe von zwei kleinen Bächen bewässert wurden. Die dürftigen Niederschläge, die in dieser Gegend zudem über die Hälfte des Jahres ausbleiben, reichten für die Landwirtschaft nicht. Manchmal ließ der Regen auch mehr als ein Jahr lang auf sich warten und die Menschen sorgten sich, dass die Bäche versiegen könnten. In dem Fall müssten Mensch und Tier flüchten oder verdursten, die Felder würden verdorren. Trostloses Ödland würde zurückbleiben, wo einst saftiges Leben beheimatet war.

Die Industrie lässt ihren ganzen vergifteten Rotz in die Flüsse rinnen und sauberes Wasser wird immer rarer. Die Leute in der Stadt wissen bestimmt, dass diese an einem Fluss liegt, aber sie haben keinen direkten Bezug mehr zu ihm. Das Wasser, das sie brauchen, kommt aus dem Wasserhahn, doch seine Herkunft kennen wir nicht, und nur was man kennt, kann man lieben. Was du nicht kennst, das achtest du auch nicht. So machen wir in kurzsichtiger und sorgloser Arroganz unsere Lebensgrundlagen kaputt und treiben in dem Chaos einer entfremdeten Gesellschaft, in der die Kontinuität der Naturkreisläufe unterbrochen ist. In wie vielen Flüssen der „hoch entwickelten“ Welt könnten wir wohl noch unsere Kinder waschen? In einer so urtümlichen Weise mit dem Wasser verbunden zu sein wie die Menschen in Porobaya, bedeutet, dass man dafür verantwortlich ist. Für derart elementare Voraussetzungen des täglichen Lebens haben die indianischen Bauern ein sehr viel besseres Verständnis als wir.

Ein paar Kilometer hinter Porobaya gab es die Farbe Grün nicht mehr. Wo kein Bach floss, hatte die regenlose Zeit das Land in eine Wüste verwandelt. Es kam mir vor, als könnte ich die dürre, aufgerissene Erde nach Wasser lechzen hören. Wir bewegten uns im Regenschatten der Andenkordilleren, wo es bedeutend weniger regnet als in vom Schicksal begünstigteren Gebieten. Nachdem wir den bleichen Schädel eines verdursteten Ochsen gefunden hatten, gab es lange Zeit nur noch Staub und Steine. Nach Stunden der Trostlosigkeit hellte das Grün von mit langen Stacheln bewehrten Dornenbüschen die Einöde auf. Wir entdeckten zwei runde, braungrüne Flecke: ausgetrocknete Wassertümpel, die aus der Regenzeit noch etwas Feuchtigkeit für anspruchslose Pflanzen herübergerettet hatten. Von kleinen Gegensteigungen abgesehen, ging es stetig bergab und mit jedem Schritt hinunter wurde es heißer. Allmählich bekamen wir so großen Durst, dass alle unsere Gedanken sich nur noch um Wasser drehten. Während einer Rastpause erzählte mir José, wie er einmal vor Durst seinen eigenen Urin getrunken hatte. Wie lauwarmes Bier mit Kotze habe es geschmeckt, meinte er und schüttelte sich dabei vor Ekel. Aber es hatte gegen den Durst geholfen.

Am Nachmittag erreichten wir den Illica-Fluss und tränkten als erstes die Mulis, die es kaum erwarten konnten zu saufen. Dann zogen wir uns nackt aus und stürzten mit Freudenschreien in das reißende Wasser. José konnte nicht schwimmen, deshalb achtete ich darauf, dass er nicht plötzlich abtrieb und womöglich ersoff, das wäre nach all dem Durst, den wir erlitten hatten, ein unrühmliches Ende gewesen. Es war herrlich, wir steckten einfach den Rüssel ins Wasser und tranken soviel wir tanken konnten. Gleichzeitig seiften wir uns ein und nahmen ein erfrischendes Vollbad. Vorsorglich hatten wir unsere ganze schmutzige Wäsche aus Sorata mitgenommen, die wir nun optimal waschen konnten. In der knalligen Hitze trocknete meine Bluejeans in einer rekordverdächtigen Viertelstunde, bei T-Shirts und Hemden ging es noch viel schneller. Was wollten wir denn mehr? Wir hatten alles was wir brauchten und noch mehr. Soviel Wasser – wir waren glücklich. Nachdem wir die Mulis ein zweites Mal ausgiebig getränkt und im Schatten von Avodadobäumen angebunden hatten, kochten wir, geschützt vor der Sonnenglut, neben unseren vierbeinigen Kameraden ein schmackhaftes Mittagessen, dem ein ausgiebiger Mittagsschlaf folgte, an dessen Ende uns die Dunkelheit überraschte. Es wurde Zeit, zu einer der drei Oasen zu gehen, wo wir so viel Obst einkaufen wollten, wie die Maultiere und wir schleppen konnten. Unglaublich, aber wahr: Mitten in der trostlosesten Wüste findest du einen dichten, grünen Wald aus Obstbäumen aller nur erdenklichen Sorten, eine mit Hilfe von Wasser und Fleiß geschaffene paradiesische Insel überschwänglichen Reichtums und blühenden Lebens.

Eine taubstumme Frau, die zusammen mit ihrem Mann auf der Plantage lebte, machte uns einen sehr guten Preis für ihre ausgezeichnete Ware. Ihr Hund bellte nach Kräften und wir mussten unsere Tragtiere festhalten. Die Alte hörte uns nicht reden und konnte auch den Hund nicht jaulen hören, als José ihn mit einem Stein in die Flanke traf, worauf er mit eingezogenem Schwanz das Weite suchte und fand. Der Mann der Alten kam von der Reparatur einer Wasserleitung zurück und gesellte sich zu uns. Mit ihm fiel uns eine Unterhaltung leichter, da wir uns besser verständlich machen konnten. Nachdem wir so viele Früchte beisammen hatten, wie wir tragen konnten, gingen wir zum Flussufer und schlugen unser Zelt auf einer Sandbank auf. In unserer Behausung war es schnell so warm, dass wir nur mit Unterhosen schlafen konnten. Den Zelteingang verschlossen wir hinter uns, damit kein Ungeziefer hereinkam. „Alles was keine Miete zahlt muss raus“, befahl ich ein paar Moskitos, die mit uns hereingeschlüpft waren. Da sie nicht freiwillig abhauten, jagten wir sie so lange, bis alle erlegt waren. Einen der Blutsauger konnten wir nicht dingfest machen, ohne Gnade brachte er uns zahlreiche juckende Stichwunden bei und rächte so seine auf der Strecke gebliebenen Artgenossen.

Am Morgen waren wir wegen der Wärme ganz früh wach und packten unsere Habe zusammen. Ich bestand darauf, einen weiteren Umweg entlag des Flusses zu machen, um die sagenhaften Tuscanwaya-Ruinen zu suchen, die irgendwo flussabwärts stehen mussten. Diese Ruinen stammten von der Mollo-Kultur, aus einer Zeit zwischen den Inkas und der Tiwanaco-Kultur. Die Erbauer der heutigen Ruinen sollen der Überlieferung nach blauäugige Weiße mit roten Haaren und langen Bärten gewesen sein. José protestierte zwar, aber er ging mit. Am frühen Vormittag marschierten wir im Schatten, ein kühlender Wind wehte und die Hitze war erträglich. Später brannte die Sonne unbarmherzig in das Flusstal und verwandelte es in einen Backofen. Auf dem schottrigen Untergrund war schlecht zu laufen, und der kühlende Wind hörte schließlich ganz auf. Das Tal wurde links und rechts von steilen Kieswänden begrenzt und der Fluss wechselte ständig die Seiten, floss mal am linken Talrand, dann wieder am rechten. Das zwang uns laufend dazu, ins Wasser zu steigen und den Fluss zu überqueren, der hüfttief und reißend war. Da es uns bald zu dumm wurde, laufend unsere Hosen an- und auszuziehen, gingen wir nach kurzer Zeit in Unterhosen weiter. Mit den schwer beladenen Mulis und unseren gewichtigen Rucksäcken waren die Flussquerungen kein Spaziergang, die Tragtiere fürchteten sich vor dem reißenden Wasser und wir mussten jedes Mal kräftig ziehen, damit sie durch den Fluss gingen. Wenn ein Maultier stürzt und den Kopf unter Wasser bekommt, dann kann es in Panik geraten, sich nicht mehr auf seine Beine besinnen und selbst in flachem Wasser jämmerlich ersaufen.

Die Hitze machte nicht nur uns schwer zu schaffen, auch unsere Tiere waren fix und fertig, zumal wir nur Steine fanden, mit denen wir sie schlecht füttern konnten. Irgendwann mochte José einfach nicht mehr, er streikte und wollte heim. Die Mulis schlossen sich dem Aufstand an. Ich war schuld, José sagte das nicht direkt, aber er ließ es mich spüren. Um am selben Tag zurück nach Ixiamas gehen zu können, waren wir schon viel zu weit, es gab nur noch ein vorwärts. José sah das wohl ein, aber Stunde um Stunde sägte er mit seiner Jammerei an meinen Nerven. Plötzlich, ich wusste selbst nicht, wie mir geschah, platzte mir der Kragen, ich drehte mich um und blickte José voll Jähzorn in die Augen.

„Jetzt reicht's mir von deinem Geflenne, das ist ja nicht zum aushalten, du Jammerlappen!", herrschte ich ihn an, weil es mir einfach zum Hals heraushing, und weil ich besorgt war. Um die Mulis und um José, der nicht schwimmen konnte. Der Fluss wurde immer tiefer, weil er von zahlreichen Bächen, welche die Steilhänge herunterrauschten, ständig neue Nahrung bekam. Es war schon verrückt, in einer verdammten, trockenen Wüste aufpassen zu müssen, dass man nicht ersoff.

„Tut mir leid, es ist nicht, weil ich müde bin, das spielt keine

Rolle. Dass die Maultiere so leiden, besorgt mich. Stell dir vor, was meine Frau dazu sagen würde, wenn eins der Tiere draufgeht. Diese Viecher sind alles, was wir haben“ entschuldigte sich José.

„Es wird uns nichts geschehen, ich habe mit solchen Dingen immer unwahrscheinliches Glück“ versuchte ich ihn aufzumuntern. Mein Zorn war so schnell verraucht wie er entflammt war. Es wäre dumm gewesen, sich ausgerechnet dann zu streiten, wenn einer auf den anderen angewiesen ist.

Wir setzten uns einen Moment in den dürftigen Schatten eines Felsbrockens, um zu verschnaufen. Ich legte eine Hand auf Josés Schulter, das hatte ich bisher nie getan. Irgendwie öffnete diese Geste eine Schranke zwischen uns, stellte auf nicht erklärbare Weise eine Verbindung, eine Brücke her, auf der der eine zum anderen hinübergehen konnte.

„Weißt du, dass dieser Canyon der ideale Ort für einen Hinterhalt wäre? Wer sich oberhalb des Tals in böser Absicht auf die Lauer legt, der sieht uns kilometerweit“, teilte mir José ganz überraschend seine Bedenken mit.

Er hatte völlig recht, wir liefen wie auf einem Schießstand, der schottrige Untergrund und der sperrende Fluss hätten jeden Fluchtversuch unmöglich gemacht, nirgendwo gab es ein Versteck. Hier jemanden niederzuknallen wäre wirklich ein Kinderspiel gewesen. Jetzt, wo ich darüber nachdachte, machte mich unsere Lage nervös und ich suchte den Canyon nach Anzeichen von Wegelagerern ab. Zu Beginn der Schlucht hätten wir ohne weiteres umdrehen können. „Warum hast du mir von deinen Sorgen heute morgen nichts mitgeteilt?“, fragte ich.

„Ehrlich gesagt, ich habe mich nicht getraut, weil du der Boss bist. Obwohl ich meine, dass es falsch war, tat ich, was du für richtig hieltst“, antwortete José.

So aus sich herauszugehen fiel ihm schwer, ich sah es ihm an. Das ermutigte mich, jetzt brach aus mir heraus, was ich schon so lange mit mir herumtrug, ich schüttete mein Herz aus: „Warum behalten die Indios alles in sich drinnen, niemals reden sie über etwas. Es ist so unsäglich schwer, euch zu verstehen. Ich grüße die Menschen, die ich täglich in Soratas Straßen treffe, doch die meisten grüßen nie zurück. Ist ein Weißer, der grüßt, verdächtig? Ich habe Angst. Meine Angst liegt in der Einsamkeit. Wie finde ich aus dieser Isolation heraus? Selbst Tiere brauchen Liebe und Zuwendung. Warum verweigert man mir, einem Gringo, die Zuwendung, die ich brauche, um nicht vor die Hunde zu gehen. Warum versagt man mir mein Recht auf Liebe?", fragte ich und vermied dabei José anzusehen. Stattdessen starrte ich auf den hitzeflirrenden Horizont.
José überlegte lange, er fand die Worte nicht, die er brauchte. „In unseren Geschichten ist der Teufel weiß und hat rote Haare, das war immer so gewesen. Es ist dein Pech, dass du ihm verdammt ähnlich siehst. Eure Rasse hat die meine geknechtet und gedemütigt, die Berge von Toten, die sie zurückließen, würden sich bis zum Himmel auftürmen, wenn man sie sehen könnte. Wir sehen sie, auch wenn wir niemals darüber reden. Ihr habt uns unseren Stolz geraubt, den Glauben an unser Recht und das Vertrauen an unseren Wert. Dafür kann man keine Liebe erwarten. Aber die Leute hassen dich nicht. Du hast mehr Sympathien als irgendein anderer Gringo von Sorata. Es gibt Leute, die haben etwas zu sagen und mögen dich nicht. Der Grund ist: Sie misstrauen dir, weil du ein Gringo bist. Sie sind das Gesetz. Deshalb getrauen sich alle anderen nicht, allzu freundlich zu dir zu sein. Jedes Bergdorf ist ein Kreis, der die Bewohner in seine Mitte zwingt. Niemand, der sich zu weit außerhalb dieses Kreises begibt, kann wieder zurück in seinen Schutz, er wird ausge-

stoßen. Der Tod kann nicht viel schlimmer sein als das. Wer sich eines schlimmen Vergehens schuldig gemacht hat, der wird gesteinigt. Frauen dürfen sich selbst über eine Felswand stürzen. Wenn sie das nicht tun, dann muss sie ihr Mann mit einem Beil erschlagen. Das Gesetz ist streng, die Polizei sind wir selbst. Die Indios können nicht von heute auf morgen aus dem Zwang ihres Kreises ausbrechen. Lass uns Zeit, das ist das einzige, was du tun kannst. Ich nahm an, dass du frei von alledem seist, was mich bedrückt, weil du in keinen Kreis gezwungen bist. Allmählich beginne ich zu begreifen, wie schwer du es hast, denn du musst dir selbst genügen. Ich bitte dich, um Himmels willen, behalte unser Gespräch für dich, andernfalls bekomme ich große Schwierigkeiten mit der Dorfgemeinschaft", murmelte José so leise, dass ich es kaum verstand. Er hatte gesprochen ohne es zu wollen. Sein Verstand sagte: „Sei vorsichtig und schweige." Es war sein Herz, das zu mir sprach.

Er hatte das Schweigen gebrochen und damit einen Stein aus der Mauer der Unsicherheit und des Verdachts herausgenommen, die mich umgab. Die Leute sagten, er sei ein Schwätzer. Aber wer waren schon die anderen? Ein einziger wirklicher Freund war mir mehr wert als all die Menschen, unter denen man trotzdem immer nur allein war.

„Tut mir leid, natürlich ist es meine Schuld, dass wir durch diesen blöden Canyon kriechen müssen. Das ist eine Entschuldigung, du Mistkerl", erwiderte ich, nach Worten und um Fassung ringend.

Hatte ich, Angehöriger einer „edleren und besseren Rasse", mich wirklich dazu herabgelassen, mich bei einem Unberührbaren zu entschuldigen? Es kam mir vor, als wäre das nicht ich gewesen und ein anderer hätte es an meiner Stelle getan. Aber da war sonst niemand. Ich musste das Schweigen brechen, was mir nur gelang, wenn ich redete und von meinem hohen Ross auf den schlüpfrigen Boden der Tatsachen hinunterstieg. Ich konnte und wollte mich nicht hinter einem schützenden Zaun der Arroganz verbarrikadieren, das wäre feige gewesen und hätte meinen Prinzipien widersprochen.

Hinter dem dürftigen Schatten eines Steines sitzend, begann mir zu dämmern, wie empfindlich und zerbrechlich eine Indio-Seele war. Ich ahnte auch, dass sich hinter dieser Sensibilität das jahrhundertealte Unrecht verbarg, das den Indios durch meinesgleichen widerfahren war. Es war lediglich ein Gefühl, ich hatte dafür keine Beweise.

Die Indios sind von der Außenwelt isoliert, duch hohe Bergketten von äußeren Einflüssen weitgehend getrennt, fristen sie ihr karges Dasein der absoluten Selbstgenügsamkeit in mönchischer Abgeschiedenheit, vergessen vom Rest der Menschheit. Es ist ein hartes Los, wenn man verriegelt ist. Die Menschen leiden unter ihrem Ausgegrenztsein. Die Sage von „glücklichen Wilden“ ist ein Märchen, das sich für die Fremdenverkehrswerbung gut ausnimmt und eine hervorragende Ausrede bietet, wenn Indios einmal wieder dringend Hilfe von der Regierung bräuchten. Wenn die Bergmenschen leiden, dann leiden sie still unter ihrem Joch, sie haben es nie gelernt, laut zu protestieren. Und wenn sie zu Tausenden in den Minen sterben, dann hört die Welt ihren stummen Ruf nach Befreiung nicht.

„Ich werde mich nach einer Frau für dich umsehen, sonst wirst du mir noch trübsinnig“, riss mich José aus meinen Gedanken und gab mir einen Rempler mit dem Ellenbogen. „Eine fette – auf der man schwimmt wie auf einem Wasserbett, wenn man sich auf sie drauflegt. Nach dieser Dürre hier möchte ich was üppiges“, wünschte ich mir. „Schnell vergeht die Zeit. Komm, lass uns gehen, wir haben noch einen weiten Weg vor uns“, sagte José und stand auf. Wortlos trotteten wir hintereinander her, die Mulis im Schlepptau. Wir fanden tote Vögel am Flussufer und wagten es daraufhin nicht mehr, unseren Durst mit seinem Wasser zu stillen. Irgendein zufließender Bach konnte mit Quecksilber aus einer Goldmine vergiftet sein, wir wussten nicht, woher das Wasser kam (Quecksilber wird in Minen zum Binden des Goldes verwendet und gelangt so ins Wasser). Bald wurde unser Durst so groß, dass wir uns an den Mandarinen in unserem Rucksack vergriffen, die eigentlich für den Verkauf vorgesehen waren.

50 Kilometer hinter Ixiamas wurde das Tal weiter und wir trafen auf die verlassene Zinnmine Cascabel. Rechter Hand zog eine schmale, halb verfallene Schotterstraße den Hang hinauf, sie musste wohl grob in Richtung Tacacoma führen. Das Skelett von einem Hund lag am Fluss, das Wasser musste giftig sein. Die Maultiere litten schwer an Durst, doch auch sie ließen wir nicht mehr trinken. Die Ruinen mussten weiter flussabwärts liegen. „Lass uns doch nach Hause gehen", bat mich José inständig. Der Fluss war jetzt tief, durch neue Zuflüsse bekam er ständig mehr Wasser, und bei der nächsten Überquerung hätten wir schwimmen müssen. José, unser Gepäck und die Mulis waren Nichtschwimmer, ich als Kaumschwimmer wäre auch nicht viel besser dran gewesen. „Parole heißt Heimat", gab ich José zu verstehen. Er freute sich trotz der Müdigkeit, dass es nach Hause ging. Bei unserem Abstieg bot sich uns ein Bild der Zerstörung: Verrottende Fördertürme und Verarbeitungsanlagen sowie die Ruinen der Häuser für die Arbeiter der Mine wurden an diesem trostlosen Ort von Wind, Rost, Wetter und Zeit in eine Geisterstadt verwandelt. Das kleine Städtchen hatte einst zwei Schulen und dürfte schätzungsweise 1.000 Arbeitern nebst Familien und Kindern als Wohnstätte gedient haben. Wasserleitungen und

Häuser waren zerstört, dafür sahen die Strommasten noch leidlich gut aus.
Zu unserem großen Erstaunen trafen wir auf eine Aymara-Familie, einem Mann, einer Frau und ihren fünf Kindern. Sie lebten inmitten der sie umgebenden Trümmer. Mit allem nur irgendwie brauchbaren Material aus der Geisterstadt hatten sie sich ein kunterbuntes Haus zusammengebastelt, das mich unwillkürlich an einen Flickenteppich erinnerte. Das lebenswichtige Wasser kam aus einer kleinen Quelle und wurde in alten Ölkanistern aufgefangen, kein Tropfen wurde verschwendet. Vor dem Haus war durch emsige Bewässerung ein Obst- und Gemüsegarten herangewachsen, eine Hand voll Schafe und ein paar Schweine wurden auf engstem Raum gehalten. Endlich wieder Trinkwasser. José, ich und die Mulis saugten uns voll wie trockene Schwämme.
„Wisst ihr, es ist einfach toll hier, in der Hitze gedeiht alles was du pflanzt prächtig. Es regnet fast nie, aber wenn meine Pflänzchen Wasser brauchen, dann lasse ich es aus der Quelle regnen. Ich liebe diesen Ort, ja verdammt, das tue ich“, erklärte uns Bernardo mit dem Stolz eines waschechten Pioniers. Ein Europäer würde an einem so schrecklichen und unheimlichen Ort nach kurzer Zeit wahnsinnig werden, der Wind klappert in den Geisterhäusern und von dem mühsam bepflanzten und bearbeiteten Garten abgesehen gibt es nur Dürre, Tod und Leere. Die Indios sind Meister der Askese und geben sich selbst mit einem Minimum an Lebensgrundlage noch zufrieden. Ich konnte kaum die Bewunderung verbergen, die ich für das, was diese Familie mit unglaublicher Zähigkeit und ameisenhaftem Fleiß zu leisten imstande war, empfand. Vergessen vom Rest der Welt hatten sie nichts zu sagen und wollten es auch gar nicht. Vielleicht hätte ihre von Bescheidenheit geprägte Überlebensstrate-

gie die bedrohte, im abnippeln begriffene Welt retten können. Stattdessen hört die Welt auf die Krachmacher und Dampfplauderer – wer am lautesten auf den Putz haut, der hat gewonnen. Die Stillen auf diesem Planeten, die haben meistens Recht, sie berufen sich aber nicht darauf. Bernardo erklärte uns, wo das Quechua-Territorium auf der anderen Seite des Flusses beginnt und versicherte uns, dass dieser Volksstamm mit eigener Sprache und Kultur im Allgemeinen nicht aus hinterhältigen Schurken besteht, wie von den Aymaras öfters behauptet wird. Er musste es schließlich wissen, seine nächsten Nachbarn waren Quechuas. „Passt auf Klapperschlangen und Skorpione auf und richtet meinem Bruder einen schönen Gruß aus", verabschiedete uns Bernardo.

Je höher wir kamen, desto frischer wurde die Luft. Ganz allmählich gelangten wir aus dem Regenschatten in eine regenreichere, grüne Vegetationszone. Über 2.000 Höhenmeter stiegen wir bergauf, es wurde dunkel und wir gingen weiter, später leuchtete uns der Mond den Weg. Oben am Grat fuhr uns ein schneidend kalter Wind durch Mark und Bein, es war sehr ungemütlich und wir freuten uns, dass wir bei Norberto, dem Bruder Bernardos auf dem Fußboden schlafen durften. Wir kamen gerade rechtzeitig zum Abendessen und wurden ohne weitere Umstände und Fragen mit der vielköpfigen Familie mitversorgt. Norberto schien intelligent und pfiffig zu sein, redselig war er auch. „Sieben Töchter habe ich und keinen einzigen Sohn, du meine Güte, womit habe ich das verdient?", rief er lachend und haute sich dabei mit den flachen Händen auf die Oberschenkel, dass es klatschte. Seine Töchter waren sehr scheu, doch ihre natürliche Neugier auf andere Menschen und Gesichter konnten sie dennoch kaum verbergen. Auf die Frage, wie viel denn Quartier und Abendessen kosteten, erwiderte

Norberto, fast ein bisschen beleidigt, „Wir sind kein Kaufladen, also gibt es bei uns auch nichts zu kaufen – oder habt ihr ein Schild bei mir gesehen?"

Am folgenden Morgen trotteten wir auf einem Fahrweg Richtung Sorata. Alle drei, vier Stunden überholte uns ein Landrover, doch wegen der Maultiere konnten wir nicht mitfahren und waren weiterhin auf unsere Füße angewiesen. Bei Tintillaya stellten wir nochmals unser Zelt auf. Der Benzinkocher gab den Geist auf und wir konnten uns nichts zum essen zubereiten. Aber Wasser hatten wir in Hülle und Fülle. Ein Geschenk des Himmels – wenn du weißt, wie kostbar Wasser ist. Tags darauf erreichten wir über einen Gegenanstieg Laripata, es wehte ein kalter Wind und wir konnten in der Ferne Quirambaya, Josés Dorf sehen. Er war gerührt. „Schau mal, bei uns regnet es immer, es ist grün, es ist kühl. Meine Ziegen stehen da und die Kartoffeln und die Bohnen. Diese Dürre auf der anderen Seite ist doch furchtbar", redete José schnell und unbeherrscht auf mich ein. Die Worte sprudelten aus ihm heraus wie ein Sturzbach. Mitten im Satz stockte er und die Augen wurden feucht. Er ging weg, ich sollte nicht sehen, wie er weinte. Da drüben war der enge Kreis, das Gefängnis, in dem José lebte. Er würde nie aus dem Teufelskreis des landwirtschaftlichen Unterproletariats und der tief verwurzelten Tradition der bolivianischen Bauern herauskommen. Vielleicht war ihm noch nie so bewusst geworden wie zu dem Zeitpunkt, als wir aus der Wüste kamen, wie sehr er sein Dorf liebte, mit der ganzen Scheiße, die dazu gehörte.

Am frühen Nachmittag erreichten wir Sorata – müde, gesund und wohlbehalten. Die Reise hatte nicht viel mehr als meine Unkosten eingebracht, die erkundete Route war zu schwierig für Touristen, es wäre eine Zumutung und gefährlich gewesen,

Erholungssuchende zur Cascabel-Mine (Klapperschlangenmine) zu führen. Vorher wusste ich nicht, wie der Weg war, jetzt war ich um einiges an Wissen reicher. Erfahrung ist ein vom Leben teuer erkauftes Gut, es gibt nichts umsonst. „Wissen ist Macht", erklärte ich dem schmatzenden José, den ich ins Restaurant „La Terrassa" eingeladen hatte. „Das ist mir egal, ich habe Hunger", beendete dieser das Gespräch. Mercedes, eine Bedienung mit frechem Busen und Oberarmen, um die sie so manche Bodybuilder beneidet hätte, brachte mir mein Essen, ich haute rein, was rein ging und war still. Wir hatten beide recht, jeder auf seine eigene Weise.

Nach Ixiamas gingen wir über eine viel kürzere und einfachere Route noch öfters und kauften ein, ganz allmählich verkauften wir das Obst mit Gewinn und fanden heraus, welches Obst zu welcher Jahreszeit geerntet wurde. Gute Dinge brauchen eine lange Zeit, um zu wachsen. Was zu schnell geht, bringt auf Dauer kein Glück.

Auf dem Zahnfleisch durch das Paradies

„Lasst einfach die Hälfte von eurem Kram hier, dann habt ihr immer noch zweimal zuviel“, riet ich den Gästen, die nicht wussten wie sie es anstellen sollten, ihr Gepäck für unterwegs leichter zu machen. Der Verzicht auf scheinbar wichtige, tatsächlich aber nutzlose Utensilien war für viele ein schweres Opfer, gleichzeitig aber auch ein großer Genuss und ideeller Gewinn. Für manchen die wichtigste Erfahrung, die er von Südamerika mit nach Hause nahm.

Ich war es gewohnt, meinen Rucksack leicht zu packen und loszutrotten, es war mir so selbstverständlich geworden wie für jemand anderen der Gang zum Supermarkt.

Wieder ging ich allein los, um einen neuen Weg zu erkunden. Die Bewegung trieb mir den Schweiß auf das Gesicht, eine innere Uhr gab mir den Takt meiner Schritte und die Anzahl der Pausen vor. Diese Uhr tickte nicht, aber sie ging trotzdem nie falsch. Wenn ich den ganzen Plunder, der für einen modernen Menschen wichtig ist, mitgeschleppt hätte, dann wäre ich unter meiner Last zusammengebrochen. Sobald ich mich auf Wanderschaft begab, ließ ich einfach alles los, an was sich mein zweites habgieriges Ich klammern wollte. Diese Trennung vom Haben und die Hinwendung zum Sein gab mir die Freiheit, beinahe jedes gesteckte Ziel zu erreichen und es wieder loszulassen, ohne ihm einen Stempel aufdrücken zu müssen. Mein Bestreben auf Wanderschaft ging nicht dahin, schnelle Begehungszeiten aufzustellen oder Rekorde zu brechen, ich wollte die Kunst der Selbstbeschränkung erlernen und es diesbezüglich allmählich zur Meisterschaft bringen. Es machte mir dabei

nichts aus, langsam zu lernen, ich wollte nur nicht stehenbleiben, und so blieb ich ständig in Bewegung.
Ein Bauer, den ich kannte, kam mir entgegen und winkte mir schon von Weitem. Wir setzten uns gemeinsam auf den Boden und plauderten. In der Einsamkeit des Altiplano geht kaum jemand achtlos am anderen vorbei, jedes zufällige Zusammentreffen von Menschen bringt willkommene Abwechslung in den monotonen Tagesablauf und unterbricht die Einsamkeit des Einzelnen für kurze Zeit.
Am Nachmittag näherte ich mich meinem Zeltplatz unterhalb des Illampu-Passes und 1.600 Höhenmeter über Sorata. Die gigantische Aussicht rührt mich immer wieder aufs Neue. Als ich um die Ecke bog, erblickte ich eine menschliche Figur, die hoch droben im steilen Hang eine Lamaherde vor sich hertrieb. Flink bewegte sich das Mädchen zwischen ihren Tieren, die Lamas und das Hütermädchen kamen rasch auf mich zu. Sie hieß Roberta, war vierzehn Jahre alt und ihre Herde bestand aus 40 Tieren, die sie alle auseinanderkannte. Lamas sind zähe und genügsame Tiere, die als Woll- und Fleischlieferanten den lebenswichtigsten Besitz der Hochland-Indios ausmachen. Sie sehen aus wie kleine Kamele und bleiben als Herdentiere stets dicht beieinander. Werden sie wütend, dann können sie einen mit großer Treffsicherheit anspucken, ein Treffer riecht ziemlich übel. Wenn ein Lama aufsässig wird und einen Indio anspuckt, dann spuckt dieser solange zurück, bis es aufgibt.
Roberta hatte Angst vor mir, aber der natürliche Drang des abgeschieden lebenden Menschen, neue Gesichter sehen zu wollen, überwog das Misstrauen, schließlich war die Neugier doch stärker als die Vorsicht. Nachdem ich mich auf den Boden gesetzt hatte, setzte sie sich neben mich. Wäre ich auch nur eine Handbreit näher gerückt oder gar aufgestanden, dann hätte sie

die Flucht ergriffen, also ließ ich es sein. Wir unterhielten uns über ihre Lamas, über das Wetter und meine blauen Augen, von denen offensichtlich eine starke Faszination ausging. Sie wollte nicht recht glauben, dass sie echt waren. Roberta war klein, von athletischer Statur mit breiten Schultern und starken Armen. Auf eine Art und Weise, die man erst auf den zweiten Blick sah, war sie schön. Ein Vogel flog ins Tal herein, zog langsam herunter und ließ sich auf dem glitzernden Wasser eines kleinen Sees nieder. Wir unterhielten uns mit der Intensität von zwei Menschen, die den größten Teil des Tages allein mit sich selbst waren und nun viel auf einmal loswerden wollten. Schnell vergeht so die Zeit, die Sonne verschwindet und schwarz zieht die Nacht vom Talgrund herauf, die Kälte fährt in die Knochen und unbemerkt fließt Melancholie in die Gemüter, das Reden wird schwerfälliger, man beginnt zu schweigen und lässt die Stille auf sich einwirken. Das Schweigen ist erdrückend wie die hohen Berge, die sich gegen den Himmel abheben.

Plötzlich sprang Roberta auf und trieb die Lamas zusammen, sie war spät dran und würde wohl mit den Tieren, für die sie verantwortlich war, auf dem Heimweg in die Dunkelheit kommen. Sie drehte sich noch einmal um und winkte, dann war sie verschwunden. Ich stellte mein winziges Zelt auf und kochte mir Tee, der mich wärmen würde. Roberta wurde von ihrer Familie erwartet. Ich hatte niemanden. Nirgends.

Ich schlüpfte in meinen dünnen Steppdeckenschlafsack, der zwar leicht zu tragen war, dafür aber nicht sonderlich warm. In dieser Nacht fror ich entsetzlich, es musste eine der kältesten des Jahres gewesen sein. Gegen Morgen zu kam es mir vor, als läge ich in einem Eisschrank und es kostete mich einige Überwindung, zähneklappernd aufzustehen. Sobald ich mich aus dem Schlafsack schälte, war ich der Kälte noch mehr preisgegeben.

Die ersten Schritte auf meinem Weg waren steil und unlustig, doch bald wurde mir durch die Bewegung warm. Von weit oben erblickte ich Roberta, die mit den Lamas auf die Weide kam, als die ersten Sonnenstrahlen das Hochtal trafen. Aus der Entfernung war Roberta nur ein farbiger Punkt zwischen ihren Tieren, nach dem ich mir fast den Hals ausrenkte, um ihn besser sehen zu können. Sie hatte mich entdeckt, pfiff zu mir herüber und winkte.

Auf der Passhöhe, in 4.800 m Höhe, rastete ich, die Berge reichten bis zum Horizont. Keine Menschenseele begegnet einem hier, alles ist Schweigen und Einsamkeit. Ich raffte mich auf und stieg auf der anderen Seite des Passes ab. Die Landschaft war unwirklich wie ein sonderbarer Traum, der Gestalt angenommen hat, das Unbekannte und das Wahrnehmbare treffen sich und fließen in der Erfahrung des Zufälligen zusammen. Schicksale, Träume und Visionen, die nichts anderes als von der Natur geschriebene Geschichten sind, erfüllen sich hier. Hinter einer Kurve erblickte ich, weit unter mir, die aus Steinen erbauten Hütten von Ancohuma, nach denen von den Tropen aufsteigender Nebel griff. Das Dorf sah aus wie eine Erscheinung aus uralten, längst vergangenen Zeiten in einer zeitlosen Landschaft. Der Weg führte durch Viehweiden, die durch kilometerlange Steinmauern voneinander abgegrenzt sind. In den schattseitigen Felshängen schimmert bläulich das Eis von im Frost der Nacht erstarrten Wasserläufen. In der Hochlandsprache Ayamara bedeutet Ancohuma gefrorenes Wasser – ein treffender Name. Und die Leute, die hier leben, sind wie dieser Ort: frostig und abweisend.

In Ancohuma angekommen begab ich mich schnurstracks zum einzigen kleinen Kaufladen. Die fensterlose Steinhütte war verschlossen. Ich suchte die Besitzerin in ihrer Kochhütte. Aus der

Tür und durch das Strohdach quoll dicker Qualm, das offene Feuer erhellte den Raum nur dürftig. Im Inneren der Hütte war es dunkel, die Innenwände waren schwarz, vom Rauch der Jahre imprägniert. Der Boden festgestampfter Lehm.
Ich trat nicht ein, sondern blieb am Eingang stehen und rief: „Donia Elisa, ich will dir was abkaufen, bist du hier drin?“ Sie erschien an der Eingangstür, in ihren langen braunen Lamaponcho so eingewickelt, dass von ihrem Gesicht nur noch ein schwarzer Haarschopf und die lebhaften braunen Mandelaugen hervorlugten. Wie sie so in der Tür stand, sah sie aus wie eine Hexe. Gemeinsam gingen wir hinüber zum Laden, dessen Tür Elisa mit einem riesigen Schlüssel aufsperrte. Ich kaufte Kartoffeln und Kekse. Nachdem ich bezahlt hatte, grüßte ich zum Abschied, Elisa kramte gedankenversunken in einer Kiste und würdigte mich keines Blickes mehr. Als ich ins Freie trat, kam mir der überdimensionale Schlüssel, der im Schloss der windigen Holztür steckte, ziemlich deplaziert vor.
Ich wanderte ein tief eingeschnittenes Tal hinab, das in die Tropen führte, für die Nacht wählte ich einen Zeltplatz unweit des kleinen Weilers Suai. Er lag am Rande einer wärmeren Klimazone und versprach eine angenehme Nacht. Zwei Dorfjungen verkauften mir ein paar noch ziemlich kleine Forellen, die sie im Bach gefangen hatten, der neben dem Zelt vorbeifloss. So konnte ich mir ein fürstliches Abendessen zubereiten, bei angenehm lauer Temperatur auf einem Stein sitzen und müde vom Weg meine Gedanken schweifen lassen.
Unter mir begannen die Tropen, hoch über mir und in einiger Entfernung lugten vergletscherte Sechstausender aus den Wolken. Wo hätte es schöner sein können? Ich war so allein wie irgendjemand nur sein konnte, doch ich konnte etwas mein eigen nennen, das andere in dieser extremen Intensität niemals

erleben durften: Mein Leben, das ich hier draußen tausendmal mehr liebte, als wenn ich, vollgefressen und meiner selbst überdrüssig, in einer überheizten Stube gesessen hätte, deren Enge mich in ihrer Ereignislosigkeit allmählich aufreiben und zermürben würde. In Deutschland hätte ich wenigstens zwanzigmal mehr verdienen können und wäre dabei langsam aber sicher seelisch verkrüppelt – was hätte ich davon?

Meine bolivianischen Träume hatten sich in Nichts aufgelöst. Weder aus dem eigenen Hotel noch aus einem geregelten, hohen Einkommen war etwas geworden und in gewisser Hinsicht besaß ich weniger als jeder noch so arme Bauer, der zumindest ein Stück Land sein eigen nennen konnte, während ich auch das nicht besaß. Doch die Erfüllung von Wünschen macht das Leben nicht aus. Wenn uns erfüllt, was das Leben von uns fordert, dann ist das die Erfüllung des Lebens. Dann kommt es nicht darauf an, wo man ist und was man tut. Weit musst du gehen, um solche einfachen Dinge zu begreifen, schwer muss sich eine schreibende Hand abmühen, um dieses Gefühl dem Leser nahebringen zu können.

Es wurde Nacht, erneut schloss sich ein Tageskreislauf, in zeitloser Abfolge wechselten hell und dunkel. Ich machte mir ein kleines Feuer, setzte mich nahe an die Flammen und verbrachte die Zeit damit, mich vieler Dinge aus der Vergangenheit zu erinnern, die aus der Distanz oft viel klarer und leichter zu verstehen sind. Mit einem wohligen Seufzer schlüpfte ich in den Schlafsack, diesmal ohne kalte Füße. Vor dem Einschlafen betete ich, das hatte ich schon lange nicht mehr getan.

Am Morgen kam ich schnell vorwärts, bis auf wenige Streckenabschnitte führte der Weg bergab, das Hochgebirge hatte ich hinter mir und betrat tiefere, wärmere Gebiete. Alle warmen Kleider wanderten in den Rucksack. Durch grüne Regionen mit üppiger Flora und Fauna schlängelte sich der gut ausgebaute Weg, der einst von den Inkas angelegt und bis heute eifrig benutzt wurde. Ich kam an einer kleinen Goldgräbersiedlung vorbei. Die primitiven Wohnhütten der Mineros waren ganz aus rohen Holzbrettern zusammengezimmert. Dort bekam ich ein Mittagessen. Zwei Wanderer, deren Ziel ebenfalls Sorata war, saßen bereits an der Kochstelle, als ich in den überdachten, nach allen Seiten hin offenen Unterstand eintrat. Sofort kam ein Gespräch in Gang. Zwei Indios warnten mich davor, meinen Weg allein weiterzugehen, doch woher hätte ich einen Begleiter nehmen sollen? Die beiden Wanderer hatten weite Trainingshosen an und waren ebenso unrasiert wie ich. Eine Cholita aus dem Camp brachte jedem von uns eine Schüssel Reis mit Gemüse. Das Essen tat gut und die Gesellschaft war angenehm. Schnell verging die Zeit und wir mussten wieder aufbrechen. Zum Abschied wünschten wir uns viel Glück und den Segen Gottes, dann machten wir uns in entgegengesetzter Richtung davon.

Der Weg war gut und verlaufen konnte ich mich kaum, jeden steilen Hang hatten die Inkas mit Granitstufen ausgebaut und die Brücken über den Bach machten einen guten Eindruck. Irgendjemand hatte an mehreren Stellen neben dem Bach Schilder aufgestellt: „Fischen mit Dynamit verboten“, stand darauf, die Handschrift war ungelenk. Wer hätte dieses Verbot kontrollieren sollen?

Kilometerweit führte der Weg wie ein Tunnel durch hohes und dichtes Bambus- und Baumfarndickicht, dann stieg er wieder an und verlief hoch über dem Bach weiter, der zu einem ansehnlichen Fluss geworden war.

Ich wusste nicht weshalb, aber bereits seit Stunden ging ein unruhiges Gefühl in mir um. Einen schönen Zeltplatz ließ ich

links liegen und ging weiter. Gegen Ende des Nachmittags begleitete mich unverhofft ein Indio, ich vermochte nicht zu sagen, woher er plötzlich, wie aus dem Nichts, aufgetaucht war. Meistens war ich froh um Gesellschaft und schloss mich gerne anderen Reisenden an, aber dieser Typ war mir zuwider, wenngleich ich keinen besonderen Grund dazu hatte. Nach Chussi wolle er gehen, genau wie ich, erzählte er mir leutselig, doch irgendwie fand ich seine Gesprächigkeit aufgesetzt. Seine Freundlichkeit war unecht und ich gab ich ihm auf keine seiner neugierigen Fragen eine Antwort. Gerne wäre ich den Fremden wieder losgeworden.
Plötzlich rannte mein Begleiter an mir vorbei und verschwand bei der nächsten Wegbiegung aus meinem Blickfeld. Mein Herz klopfte laut, ich fühlte mich unwohl und wurde das Gefühl nicht los, dass dieser Kerl noch nicht mit mir fertig war.
Zum Campieren war dieser Weg denkbar ungeeignet, weil das Gelände überall steil abfiel oder anstieg, zudem gab es nirgends Wasser. Es verging vielleicht eine halbe Stunde, dann sah ich, nachdem ich um eine Kurve gebogen war, eine Gestalt mitten auf dem Weg sitzen.
Unsicher blieb ich stehen und suchte das steile Gelände mit den Augen ab. Als ich den schlecht versteckten Begleiter über dem Weg hinter einem Busch sitzen sah, zuckte ich vor Schreck zusammen. Wie soll ich mich verhalten, in welche Richtung davonrennen? Um Hilfe zu schreien, war völlig aussichtslos, niemand, außer den Wegelagerern hätte mich gehört. Bergauf zu laufen, in die Richtung aus der ich kam, hatte auch keinen Zweck. Die Gauner hätten mich schnell eingeholt.
Zwei Männer, es konnten aber auch viel mehr sein, hatten auf ein wehrloses Opfer gewartet. Mein Herz pochte bis zu den Schläfen hinauf, eine Scheißangst machte sich breit. Ich ver-

suchte, so gut es ging, meine Panik zu verbergen. Hunde beißen dich ganz sicher, wenn sie Anzeichen von Angst erkennen. In einem Anfall von entschlossenem Trotz ging ich direkt auf die Zwickmühle zu und rief den Hang hinauf: „Du verdammter Sohn eines verkrüppelten Esels bist als erster dran." Dabei öffnte ich meine am Gürtel hängende Kameratasche und ließ mein Klappmesser wie den sich spannenden Hahn einer Schusswaffe klicken.

„Ihr Hundearschlöcher!" zischte ich den auf dem Weg sitzenden Banditen an, war total außer mir vor Wut und fluchte was das Zeug hielt. Ich wunderte mich selbst darüber, wie viele Schimpfwörter mir auf Spanisch geläufig waren und welche Bosheit in mir steckte. Dabei wäre ich vor Angst am liebsten im Boden versunken und hätte nach meiner Mutter gerufen.

„Was für ein blödsinniges, unrühmliches Ende", schoss es mir durch den Kopf.

Der auf dem Weg sitzende Mann stand auf, der andere Bandit kam den Weg herunter, er hielt ein Gewehr in der Hand und blieb in zwanzig Metern Entfernung stehen. Er legte noch nicht auf mich an, ich sah das Zögern in seinen Augen. Das machte mir Mut und gab mir Hoffnung. Ich machte eine halbe Drehung, ging seitwärts auf den Komplizen zu und stellte mich dabei so, dass er in die Schussbahn geriet. Anscheinend war er nicht bewaffnet, ein Gewehr hate er jedenfalls nicht. Der Sauhund mit dem Gewehr wusste nicht was tun, zögerte immer noch, mein linkes Auge zuckte in der Erwartung einer auf meinen Körper aufklatschenden Kugel, ganz nahe war ich dem zweiten Ganoven. Ich musste irgendwie an ihm vorbei und überlegte mir, wie ich das anstellen sollte. Ihm mit meinem Klappmesser in den Hals stechen, bevor er mich mit seiner Machete in zwei Teile schneiden würde?

Es ging um Bruchteile von Sekunden, wer würde schneller sein, fiel doch noch ein Schuss? Dann geschah etwas Unerwartetes: Der Mann sprang in den Graben und gab mir den Weg frei. Ich, ein harmloser, völlig wehrloser Haufen Elend hatte ihm Angst eingejagt. Quer über sein Gesicht lief eine hässliche Narbe von links oben nach rechts unten, jemand musste ihm irgendwann die Nasenflügel aufgeschlitzt haben. Ich drehe mich ganz um und ging rückwärts auf die nahegelegene Kurve zu, wobei ich beide Ganoven im Auge behielt. Würde ich hinfallen, dann wäre mein Leben vorbei. Ich schimpfte auf Deutsch weiter und hoffe, dass der unheimliche, blecherne Klang dieser Sprache furchteinflößend wirken könnte.
„Lauf!“, rief ich mir selbst zu, als der Gewehrmann seine Waffe hochriss und auf mich anlegte. Hakenschlagend erreichte ich die Kurve, ein Schuss fiel und ging weit vorbei. Das altmodische Gewehr musste nach jedem Schuss umständlich nachgeladen werden, dadurch gewann ich wertvolle Zeit, diese Zeit bedeutete weiterleben.
Etwa 100 Meter rannte ich hakenschlagend auf dem Weg, dann ließ ich mich nach links ins Gebüsch fallen, wo ich einen steilen Hang hinunterrannte, dessen dichte Vegetation mich vor jedem Blick verbarg. Im Dickicht zerriss ich mir meine Kleider an spitzen, rosenähnlichen Dornen und schrammte mir das Gesicht blutig. Stürzte, rappelte mich wieder auf, hetzte weiter, ohne Rücksicht auf Verletzungen. Nach geraumer Zeit traf ich wieder auf den Weg, von dem ich ein großes Stück abgekürzt hatte. Ich war am Ende meiner Kräfte, trotzdem lief ich weiter, so schnell mich meine Füße trugen.
Meine Verfolger musste ich wohl abgehängt haben, trotzdem erschrak ich bei jedem Rascheln im Unterholz und blickte mich gehetzt um. Die Wegelagerer waren mir nicht weit gefolgt, für

sie ging es bei dem Überfall nur um leichte Beute, für mich um mein Leben, deshalb kämpfte ich mit mehr Einsatz. Ich hatte die Verbrecher dadurch überrascht, dass ich mich, wenn auch nur scheinbar, wehrhaft zeigte. Wie für ein Raubtier ist es für einen Räuber auf Dauer eine Überlebensfrage, vorsichtig zu sein und sich nur auf wehrlose Opfer zu stürzen. Je krimineller jemand ist, umso vorsichtiger wird er, umso mehr ist er darauf bedacht, sein eigenes Verletzungsrisiko auf ein Minimum zu beschränken. Auf meinen Bluff mit der „Superwaffe" waren die Räuber nur hereingefallen, weil sie noch nie zuvor eine Kamera gesehen hatten. Ich hatte den Hals aus der Schlinge gezogen, weil es das Schicksal so gewollt hatte und weil meine Lebensuhr noch nicht abgelaufen war. Mit richtigem Verhalten hatte das nichts zu tun.

Die Ganoven mussten aus einem Dorf der Umgebung stammen, denn die Leute aus der Stadt kannten sehr wohl den Unterschied zwischen einer Kamera und einem großkalibrigen Revolver. Ich war ungeschoren davongekommen, weil sie ohne weiteres auf den nächsten, leichter zu kassierenden Fremden warten konnten. Hätten sie Hunger gehabt oder wären sie sonst irgendwie in Verzug gewesen, dann hätten sie sicher öfter auf mich geschossen. Mit welchen Mitteln hätte ich mich dann wehren sollen? Ich hätte allenfalls noch ein Foto aus der Hüfte schießen können, bevor ich umgelegt worden wäre. Meine Leiche hätte man verschwinden lassen, niemals hätte jemand auch nur einen Schuh von mir gefunden.

Als es dunkel wurde, stolperte ich weiter und wagte es nicht, meine Lampe einzuschalten. In einem Tunnel, den die Sklaven der Inkas mit Meißeln in eine Felswand gehauen hatten, schlug ich mir im Finstern die Birne an. Daraufhin holte ich meine Lampe aus der Tasche. Das Blut rann mir vom Schädel, mein

Gesicht war zerschrammt und die Hose fast in zwei Teile zerrissen. Meine Güte, ich musste erbärmlich aussehen. Vor einer Hängebrücke über einen tiefen, reißenden Bach, der in den Hauptfluss mündet, fand ich eine große ebene Lichtung. Sie war mit kurzem Gras bewachsen, ein idealer Zeltplatz. Kannten die Wegelagerer diesen Platz auch? Ich hatte immer noch Angst, dass sie mir vielleicht doch gefolgt sein könnten und fürchtete mich davor, von ihnen beobachtet zu werden, ohne dass ich es bemerkte. Ich litt unter Verfolgungswahn, die Dunkelheit der Nacht mit ihrer Undurchsichtigkeit verstärkte dieses Gefühl noch. Die nervliche Anspannung und der Schock, den der versuchte Raubüberfall verursacht hatte, ließen allmählich nach. Jetzt registrierte ich erst, dass ich bei meiner panischen Flucht die allerletzten Kraftreserven aus meinem Körper herausgeholt hatte. Solche Energien freizumachen ist unter normalen Umständen unmöglich. Um die letzten Reserven mobilisieren zu können, muss man in verzweifelte Bedrängnis und höchste Not geraten.

Nach der Aufbietung aller Kräfte musste zwangsläufig ein Einbruch kommen. Ich fühlte mich hundemüde, so erschöpft und abgespannt, dass es mir auch egal gewesen wäre, wenn noch ein Gewehrlauf auf mich gerichtet würde, ein zweites Mal würde ich nicht imstande sein zu flüchten. Am Rand der Lichtung setzte ich mich hinter einem Busch auf meinen Rucksack und schloss für einen Moment die Augen, vielleicht schlief ich auch ein paar Minuten. Dann meldete sich der Durst mit Gewalt, ich nahm mein Kochgeschirr und ging zum Bach, dessen Ufer steil und glitschig war. „Es wäre ein Witz, wenn du am Ende dieses Scheißtages in den Bach fallen und ertrinken würdest, also reiß dich gefälligst zusammen und pass auf, wo du hintrittst", befahl ich mir selbst. Daraufhin befolgte ich diese Anordnung, als hätte sie mir irgendwer anderes gegeben und suchte mir geduldig eine günstige Stelle, wo ich an Felsbrocken und Wurzelwerk vorsichtig hinunterklettern konnte. Mit einer Hand hielt ich mich fest, mit der zweiten schöpfte ich Wasser in die Gefäße und brachte sie einzeln die Böschung hinauf. Müde wie ich war strengte mich diese Tätigkeit ziemlich an, doch schließlich konnte ich mit reichlich Wasser zum Rucksack zurückgehen. Dann packte ich meinen Rucksack aus, verstreute seinen Inhalt ziemlich wahllos um mich herum auf den Boden. Was immer auch in der Nacht geschehen würde, ich musste hierbleiben. Die kleine blaue Flamme, die am Kochtopf emporzüngelte, konnte nicht weit zu sehen sein. Um das Feuer noch besser zu tarnen, richtete ich ein Mäuerchen aus Steinen um die Feuerstelle auf. Eigentlich fühlte ich mich ganz sicher, trotzdem starrte ich ständig angstvoll und gehetzt in die Nacht. Jedes Blatt, das von einem Baum fiel, jagte mir einen Schrecken ein, und das, obwohl ich mich längst mit meinem Schicksal, ob es nun Tod oder Leben hieß, abgefunden hatte.

Die Nacht war lau, Zikaden zirpten, Glühwürmchen schwirrten mit ihren Laternen gespenstisch in der Nacht umher. Ich trank mehrere Liter Tee, dann aß ich, auf meiner Matte liegend, ein paar zerbröselte Kekse und blickte hinauf zu den Sternen. Das Leben war so schön. Noch viel begehrenswerter und lebenswerter kam es mir vor im Bewusstsein, dass dieser heutige Tag mein letzter hätte sein können. Ich ahnte, dass in der Stunde des Todes die Maske von jedem von uns abfallen würde, der Tod war der Moment, in dem die Wahrheit über uns siegen würde und wir, unseren nutzlos gewordenen Körper zurücklassend, ins Universum zurückgingen. Der Mensch hat keinen Körper, er ist ein Körper, vor allem aber ist er Geist, ist er Seele. Am Ende unseres Lebens würde die Wahrheit über uns herauskommen, dann waren alle Lügen hinfällig. Was einer ist und was einer war, wird im Tod erst offenbar. Doch der Tod stellt einen nicht mehr auf die Probe, das Leben ist die schwere Prüfung, die ein Mensch zu bestehen hat.

Ich hatte zwei Eier in einem Teekännchen in der Hand getragen, die ganze Zeit über. Als ich die Räuber erblickt hatte, erschrak ich dermaßen, dass ich das Kännchen fallen ließ. Erst jetzt, während ich langsam zur Ruhe kam, besann ich mich darauf. Ich hatte mir die Eier aufgespart, um mich umso mehr daran zu freuen. Jetzt hatte ich Hunger auf gekochte, weiche Eier, aber die besten Dinge taugen nichts, wenn man sie nicht hat. Es genügte mir für den Moment, dass ich mit dem Leben davongekommen war.

Falls ich mich nicht irrte, musste heute ein Montag sein. Mir fiel diese Geschichte wieder ein, in der ein Rebellenhauptmann am Montag früh zu seiner Hinrichtung geholt wurde. „Die Woche fängt ja schon gut an", soll er gesagt haben. Schläfrig, aber immer noch aufgekratzt von den Ereignissen des Tages starrte ich in die Finsternis. Plötzlich reißt es mich hoch, ein leuchtendes Augenpaar starrt mich aus der Dunkelheit an. Sie sind wieder da und holen mich jetzt, war mein erster Gedanke, mir graute vor diesem Anblick. Aber ein menschliches Auge leuchtet nicht solchermaßen, fiel mir ein. Eine geraume Zeit blickten mich die Augen an, unbarmherzig und kalt waren sie direkt auf mich gerichtet, auf mich, der ich nichts als Gnade wollte. Was habe ich verbrochen, dass ich so gequält werde, kam es mir in den Sinn. Kaum wagte ich zu atmen, die Hände zitterten, als ich den Spirituskocher ausmachte. Die Augen leuchteten nicht mehr, aber ich spürte ihren Blick. Ein Alligator konnte es nicht sein, dazu war ich zu hoch, was aber war es dann, das mich anglotzte? Wenn das die ganze Nacht geht, dann werde ich wahnsinnig, dachte ich mir. Ich musste also unter allen Umständen herausfinden, was es mit diesen Augen auf sich hatte, selbst wenn es der Teufel war, der da draußen auf mich lauerte. Ich nahm den ganzen jämmerlichen Rest Mut zusammen, leuchtete mit der Taschenlampe genau auf das Augenpaar, das mich unentwegt fixierte und ging geradewegs darauf zu – und sah einen Ozelot, eine kleine Raubkatze von etwa doppelter Hauskatzengröße. Er saß da und blinzelte in das grelle Licht, ein schönes, geschmeidiges Tier, das gelbe Fell war mit schwarzen Streifen gesprenkelt. Ganz nah ließ mich das kleine Raubtier heran, ich konnte fast schon mit einer Hand nach ihm greifen, ließ es aber bleiben, denn ein Ozelot ist zwar klein, aber wehrhaft und bisweilen angriffslustig. Plötzlich verschwand er mit einem gewaltigen Satz in der Dunkelheit. Jetzt hatte ich endlich Ruhe und konnte mich schlafen legen.

Schlampig hatte ich mein Zelt aufgestellt, für Sorgfalt war ich einfach zu müde, kaum konnte ich noch die Augen aufhalten. Ich deckte mich mit meinem Schlafsack zu, um ganz hineinzukriechen war es zu warm. Obwohl es lächerlich war, fühlte ich mich im Inneren des Zeltes geschützt, als läge ich in einem Schlafzimmer mit verschlossener Tür. Einige Male wachte ich in der Nacht auf, von Alpdrücken und Verfolgungswahn geplagt, doch meist schlief ich tief und fest.

Am Morgen schmerzten meine Knie heftig, ich hatte sie während der Flucht rücksichtslos misshandelt, das schnelle Abwärtslaufen, die Sprünge und Stürze hatten ihnen nicht gut getan. Der Schock, den ich erlitten hatte, ließ sie mich erst jetzt spüren. Doch wenn sie weh taten, dann waren sie noch dran. Darüber freute ich mich. Ich zog mir sorgfältig alle Dornen, derer ich habhaft wurde, aus dem Fleisch, dazu leistete mir mein über der Kocherflamme zum Glühen gebrachtes Messer gute Dienste. Plötzlich standen mir, ich wusste nicht wie und warum, Tränen in den Augen. Das Leben war so schön und wertvoll, die nervliche Anspannung war abgeklungen und ich war unendlich dankbar, diesen heutigen Tag erleben zu dürfen. Nachdem ich mich halbwegs ausgeheult und beruhigt hatte, kletterte ich zum Bach hinunter und holte mir Wasser, um mir das verkrustete Blut aus dem Gesicht zu waschen. Bei näherer Betrachtung stellte ich fest, dass ich nur oberflächliche, leicht verheilende, Schnitte abbekommen hatte, ich war auch damit gut weggekommen. Die Hose flickte ich notdürftig mit Klebeband, das ich eigentlich für Blasen an den Füßen dabei hatte. Jetzt konnte ich mich wieder halbwegs unter Menschen trauen. Sonderlich schön war ich noch nie, doch wenn ich jetzt in meinen Taschenspiegel blickte, man verzeihe mir die Arroganz, fand ich mich einfach wunderschön. Ich betastete meine Arme und Beine und fühlte mich, als würde ich auf Wolken schweben, meine Ängste waren wie weggeblasen. Würde man es tatsächlich fertigbringen, jeden Tag so zu leben, als wäre es der Letzte, man wäre der reichste und glücklichste Mensch der Welt. Wahrscheinlich muss einem erst der Tod die Hand drücken, damit einem klar wird, wie viel das eigene und demzufolge jedes andere Leben tatsächlich wert ist.

Der Platz, auf dem ich die Nacht verbracht und mich von einem Kätzchen hatte erschrecken lassen, war wunderschön. Eine von hohen, Schatten spendenden Bäumen umstandene Lichtung, auf der die Blumen so üppig blühten wie in einem gepflegten Garten. Die suptropischen Regionen sind ein unerschöpflich scheinender Hort von Leben und Wachstum, die Welt muss zu Urzeiten einmal überall so schön wie im Paradies gewesen sein. Aber der Mensch hat sich ja sogar dort gegenseitig die Fresse eingeschlagen und ist rausgeflogen.

Doch war das Grund genug, zur Sau zu werden? Der Luxus, sich eine gewisse Moral und die Achtung vor dem Leben zu bewahren, auch wenn das nur mit Verlusten möglich war, der brachte einem ja auch was. Dagegen musste es doch einen endgültigen und katastrophalen Verlust des Gewissens bedeuten, sich die schwere Schuld eines Mordes oder schweren Betruges aufzuladen. Diese Gedanken drehten sich in meinem Kopf herum, als ich weiterzog. Mein traumatisches Erlebnis hatte mich für kurze Zeit brav wie ein Lamm und furchtbar sensibel gemacht, meine Nervenenden lagen völlig blank, ich registrierte alles um mich herum mit scharfer Auffassungsgabe und großer Freude, selbst meine stark schmerzenden Knie waren Anlass für mich, froh zu sein.

In wenigen Stunden erreichte ich Chussi, ein Goldgräberstädtchen hoch über dem Fluss, wo ich in der Schule Nachtquartier bekam. Dort, unter all den Minenarbeitern, fand ich die Sicherheit wieder, die ich für mein verschrecktes Gemüt brauchte. Die Mineros versorgen sich so gut es geht selbst mit Nahrung, bauen Maniok und Bananen an. Die Arbeit in den Minen ist hart, gefährlich und ungesund. Die Stollen werden in jederzeit einsturzgefährdete Konglomeratfelsen gesprengt und, so gut es eben geht, mit Holzbalken abgestützt. Im Inneren der Stollen entwickelt sich Gas, das Kopfschmerzen und Übelkeit verursacht. Wenn die Gaskonzentration zu hoch wird, dann ist das lebensgefährlich. Täglich riskieren die Arbeiter für ein paar Gramm Gold mit großer Selbstverständlichkeit ihr Leben. Ein blutjunger Indio aus Caranavi sagte mir frei heraus, dass er diese Arbeit hasse, aber er war dennoch froh um sie, denn es gab für ihn keine andere Möglichkeit, eine Anstellung zu finden. Den Wert seines eigenen Lebens schätzte er etwa so hoch ein, wie den einer Flasche Bier. Er schien mir aufgeweckt und intelligent zu sein und war vielleicht 16 Jahre alt. Schade fand ich es, dass er hier sein Auskommen finden musste. Die Goldgräber sahen wild und abgerissen aus, zu mir waren sie jedoch offenherzig und freundlich. Ein paar schwarze Nutten trieben sich herum, die wahrscheinlich mehr am Gold verdienten als die Schürfer selbst. Jeder Junggeselle, der Gold fand, erfüllte sich zuerst den Traum von einer handvoll Arsch und ein paar warmen, griffigen Brüsten.

Ich ging in eine der zwei Bars. Ein schwules Pärchen saß händchenhaltend in einer Ecke und schaute sich frisch verliebt in die Augen. Der eine war ein großer weißhäutiger Kerl mit Händen wie Bratpfannen, sein Freund war klein, dunkel und drahtig. Er hatte seinen Minenhelm mit der Grubenlampe noch auf, das Gesicht war staubbedeckt. „Wer von euch ist das Mädchen?", fragte jemand und ein paar andere grölten vor Lachen, die meisten der Anwesenden nahmen keine Notiz davon. Schwule waren wohl ziemlich normal hier. Ich gönnte den beiden ihr Glück, Liebe ist doch was Schönes und die Frauen sind knapp draußen bei den Goldgräbern. Ich setzte mich zu einem großen, muskulösen Schwarzen, der mit einem löchrigen Unterhemd und Boxershorts bekleidet war. Sein breiter, dicklippiger Mund war zahnlos, er hatte einen riesigen Schädel mit Kraushaar und spielte mit zwei kleinen, breitschultrigen Indios Karten. Natürlich ging es um Geld, wahrscheinlich wurde auch beschissen. „Wie siehst du denn aus?", fragte mich der Schwarze, ohne von seinem Blatt aufzuschauen. Ich erzählte ihm, was mir passiert war, daraufhin wussten zwei Bolivianer von einer ganzen Serie von Morden, Vergewaltigungen und Überfällen in genau dem Wegabschnitt zu berichten, den ich ihnen beschrieb. Es musste eine größere Bande sein, davon waren sie überzeugt.

Ich bestellte mir ein Bier und fragte nicht nach dem Preis, er war mir total egal. Es war auch im Schatten der Bar heiß. Über die Bananenstauden des kleinen Marktplatzes konnte ich weit ins Tal hinab sehen, ganz unten glänzte der Fluss im Sonnenlicht wie ein silbriger Faden. Nach dem ersten Bier bestellte ich mir ein zweites, danach ein drittes und blieb sitzen. „Was für ein herrlicher Tag“, rief ich begeistert aus. „Genau“, meinte der Schwarze. „Ich habe heute meinen halben Monatslohn verspielt.“ „Was für ein herrlicher Tag“, sagte ich betrunken zu dem Kerl, der mir das Bier gebracht hatte und bat um die herrliche Rechnung, die ziemlich saftig war. „Das Bier muss mit Maultieren hier heraufgetragen werden, jede verdammte einzelne Flasche“, entschuldigte er sich, ohne dass ich ihn um eine Erklärung gebeten hatte. „Ist schon gut, es hat jedenfalls geschmeckt“, entgegnete ich darauf, stand auf und ging zur Schule, wo ich mich im Zimmer des Lehrers häuslich einrichtete. Ich hängte mein Zelt zum Trocknen auf und machte ein Nickerchen. Als ich gegen Abend aufwachte, war mein auf der Brüstung des Balkons hängendes Zelt von Schulkindern umringt.
Der Lehrer war ein sympathischer 18-jähriger Bursche aus La Paz, der sich für ein Jahr auf diesen abgelegenen Posten hatte versetzen lassen, weil er dort das Doppelte verdiente als anderswo. Ganz begierig fragte er mich über die Welt draußen aus, in der er wegen des weiten Fußmarsches schon lange nicht mehr gewesen war. Natürlich wollte er auch über Europa einiges wissen und löcherte mich mit unzähligen Fragen über diesen unvorstellbaren, weit entfernten Kontinent. Es war mir nicht unangenehm, ich genoss die Unterhaltung, genau wie er. Dass in Europa so gut wie jede Straße geteert war, glaubte er mir allerdings nicht, er hielt das für einen Scherz. Sein großer Zeh war schwarz und geschwollen. Im Schlamm lauern Schmetterlings-

larven, die sich einen Gang durch die menschliche Haut bohren, sich ins Fleisch fressen und sich dort, nachdem sie sich fett gemästet haben, verpuppen, um später als Schmetterling auszuschlüpfen. Der lebende Fremdkörper verursacht Schmerzen und kann einen schon durch sein bloßes Vorhandensein seelisch fertigmachen. „Papp einen Kaugummi drauf", riet ich ihm. Diesen Quälgeistern ist auch mit Skalpell und Diesel kaum beizukommen. Sie atmen durch die Haut des Opfers. Klebt man einen Kaugummi flächig auf die Stelle unter der sie sitzen, dann schneidet das ihre Sauerstoffversorgung ab und sie versuchen, nach Luft japsend, einen neuen Gang an die Oberfläche zu bohren. Im zähen Kaugummi bleiben sie stecken, man zieht ihn ab und ist den schmarotzenden Untermieter los.

Eine Schülerin klopfte an die Tür, ihre Eltern hatten sie zum Haare schneiden hergeschickt. Ein Lehrer ist gescheit, also kann er auch Haare schneiden. Sie hatte ihre Freundinnen mitgebracht, die zuschauen wollten. Die Schere war stumpf und der junge „Professor" ein miserabler Friseur. „Du musst rechts noch ein Stück abschneiden, die Seiten sind total ungleich", riet ich ihm. Da schnitt er auch rechts zuviel ab und fing wieder links an, auf diese Weise wurden die Haare immer kürzer. Anfangs lachte das Mädchen noch, dann nicht mehr, die zwei Freundinnen auf den billigen Plätzen flüsterten und kicherten dafür umso mehr. Zum Glück kam uns die Idee mit der Richtschnur, die wir unserem wehrlosen Opfer um den Kopf banden. Mit dieser Hilfe kriegten wir den Schnitt doch noch halbwegs hin, retteten unsere Ehre und begrenzten den bereits entstandenen Schaden. Etwas arg kurz und asymmetrisch geriet die Frisur schon, für einen Brillenträger ohne Brille aber halbwegs ansehnlich. „Na ja", meinte unser Opfer, als wir ihm einen Spiegel brachten. Die zwei Zuschauerinnen klatschten Beifall und fan-

den, ihre Freundin sähe super aus. „In Europa trägt man das Haar auch so, das ist modern zur Zeit", redeten wir uns heraus und schickten die Mädchen nach Hause.
„Feierabend habe ich eigentlich nie, denn ich bin nicht nur Schullehrer, sondern gleichzeitig Hausmeister und Seelsorger", meinte der „Professor", der selbst so aussah, als würde er noch die Schulbank drücken. Es konnte schon sein, dass ihn dieser extreme Außenposten manchmal überforderte, doch da musste er durch.
„Mit diesem verdammten Zeh kann ich nicht Fußball spielen, das ist hart für mich", meinte der „Professor", als wir schon beide im Bett lagen. „Papp einen Kaugummi drauf und das Elend hat ein Ende", riet ich ihm nochmals. So ratschten wir noch eine Weile, dann schlief ich ein und erwachte erst am Morgen wieder. Ich hatte es nicht eilig, deshalb besichtigte ich noch die Sehenswürdigkeiten von Chussi: den Marktplatz, das Fußballfeld und den tiefsten Stollen. Eine kleine Förderbahn, mit Eisenschienen und aus Maderaholz selbst gefertigten Bahnschwellen, führte aus dem Schacht. Ohne Schienen waren es nach Llipi zu Fuß sechs Stunden.
„Habt ihr das alles auf dem Rücken hier heraufgetragen?", fragte ich ungläubig einen Minero. „Klar, wie die Ameisen", ließ mich dieser lachend wissen. „Respekt, ehrlich", erwiderte ich, mehr fiel mir dazu nicht ein. Unzweifelhaft hat sich vieles im Leben des Menschen geändert, man holt bereits Steine von fernen Planeten herunter und es gibt Waffen, die den Menschen zu Schleim zerfließen lassen, nur der Anzug bleibt dabei ganz. Wenn es in der heutigen Zeit Menschen gibt, die es fertigbringen, sackschwere Eisenbahnschienen im Schweiße ihres Angesichts hier heraufzutragen, dann bewundere ich das ebenso wie sagenhafte technische Errungenschaften. Vor allem kann ich

damit etwas anfangen. Ich weiß, wie weit und mühsam eine Gehstrecke von sechs Stunden, wie schwer eine eiserne Schiene und wie belastbar eine menschliche Schulter ist. Die Kriege und der Mars dagegen sind für mich zu weit weg. Ich konnte noch nie einen persönlichen Bezug zu ihnen herzustellen.

Ich verabschiedete mich vom „Professor", dessen freundliche und bescheidene Art ich bereits nach kurzer Zeit liebgewonnen hatte, und wünschte ihm von ganzen Herzen viel Glück, dann wanderte ich hinaus nach Unutulluni, wo ich im einzigen Hotel des Städtchens Quartier bezog. Das einzige Zimmer bestand aus einem Schlafraum mit zehn Betten und ebenso vielen Nachttöpfen, eine Toilette gab es nicht. Zum Waschen und Rasieren stand ein Blecheimer mit fünf Litern Wasser bereit. „Bitte nicht stehlen, ich werde noch gebraucht", stand auf dem verbeulten Eimer, den ich selbst geschenkt nicht mitgenommen hätte. Ich zahlte Miete, wenn auch wenig. Die Moskitos wohnten und verköstigten sich umsonst, und zwar bei mir. Am Spätnachmittag wurde ein Volleyballnetz über die Straße gehängt und die Stadtschönheiten zeigten in einem spannenden Faustballmatch, was sie konnten. Die großwüchsigen Mestizinnen hatten lange Beine und waren mit kurzen Hosen und dünnen T-Shirts bekleidet. Ich lehnte mich an eine Hauswand und sah nur noch nackte Beine, pralle Ärsche und hüpfende Titten. Die Zivilisation hatte mich wieder.

Tags drauf fuhr ich mit einem Pickup-Geländewagen nach Guanay, hinten auf der Ladefläche zwängte ich mich zwischen Benzinfässer, die Schlaglöcher der ungeteerten Straße rüttelten mich unterwegs ordentlich durch. In Guanay verstaute ich meinen Rucksack im Hotel und kaufte mir auf dem Markt schnellstens ein paar billige Sandalen, denn bei 40 Grad im Schatten wurden meine Bergschuhe zum Backofen, in dem die Füße im eigenen Saft zu schmoren begannen. Nach einer ausgiebigen erfrischenden Dusche war der Gestank verflogen und mein Haar roch nach Shampoo.

Abends besuchte ich die Familie des Bruders eines Bekannten und richtete ihnen die versprochenen lieben Grüße aus. Lange saß ich mit den Leuten noch auf einer Bank vor ihrer Bretterhütte in der lauen Luft und plauderte mit ihnen. Später ging ich zurück zu meiner Pension, in der ich mich endlich wieder in ein Bett legen konnte, das diesen Namen tatsächlich auch verdiente. Ich versuchte einzuschlafen. Dicke, feuchte Luft hing wie zäher Brei im Raum. Am Moskitonetz summten blutgierige Angreifer, hörbar darüber erbost, dass die engen Maschen des Schleiers ihnen den Sturm auf ein wehrloses Opfer verwehrten. Mund und Kehle wurden trocken, Schweiß rann vom Gesicht über Hals und Brust, lief kitzelnd von den Oberschenkeln in den Bettbezug. Kaum zu glauben, dass es mich beim ersten Biwak so jämmerlich gefroren hatte. Dann diese Begegnung mit den Räubern. Irgendetwas in mir hatte sich verändert, ich hatte einen Teil meiner Unbefangenheit eingebüßt. Aber ich änderte mich ständig, war laufend in Bewegung. Genau wie auch dieses verrückte Land keinen Stillstand kannte und sich doch nur immer wieder in immer gleicher Abfolge um die eigene Achse drehte, im selben Tempo und ohne Ergebnis. Man müsste den Fluss seiner Gedanken willentlich anhalten können. Die Welt war rund und drehte sich im Kreis, wie die Jahreszeiten, wie ein Leben, das am Ende wieder seinen Beginn traf und damit einen Kreis beschrieb, dessen Vollendung den Tod bedeutete. Auch meine nächtlichen Gedanken drehten sich wie ein Karussell im Kopf herum und bewegten sich im Kreis, so lange, bis die Müdigkeit mich wegraffte und den bewussten Gedankenfluss unterbrach.

Früh morgens packte ich meine Habe zusammen und ging zu dem kleinen Hafen am Fluß, wo sieben Motorkanus vor Anker lagen, von denen sechs für die Fahrt den Fluss hinunter nach Rurrenabaque bereitlagen. Ich stieg in den motorisierten Einbaum mit Ziel Mapiri, er schien schon ablegebereit zu sein. Dann stieg ich wieder aus, denn es war doch noch nicht soweit. Zehn Passagiere konnte das Boot befördern, wir waren aber erst zu sechst und bevor nicht zehn zahlende Fahrgäste zusammenkamen, legte der Kapitän nicht ab. Die sechsstündige Fahrt flussaufwärts sollte sich für ihn so gut es irgend ging lohnen. Schließlich mussten Boot, Mannschaft, Passagiere und Gepäck bis zum Bestimmungsort 300 Höhenmeter zurücklegen, das bedeutete eine starke Strömung und hohen Benzinverbrauch. Außerdem eilte es nicht, niemand regte sich auf, keiner schaute auf die Uhr, solche Verspätungen bringt der Alltag eben mit sich. Wenn die zehn Passagiere heute nicht zustandekamen, dann konnte morgen oder übermorgen damit gerechnet werden, dass wir losfuhren, inzwischen übte man sich in Geduld, plauderte, schlief, ging in eine Bar, um einen zu heben, spielte Karten oder starrte Löcher in die Luft. Wenn du in Bolivien eine Tugend von Grund auf lernst, dann ist es die der Geduld. Die Hälfte des Lebens besteht aus Verzögerungen und das muss hingenommen werden, denn es ist nicht zu ändern. Wer die Ordnungspartisanen der Bundesrepublik, deren erklärte Todfeinde der Zufall und die Zeit sind, woanders vermisst, der tut sich in Südamerika schwer, denn das Leben dort besteht aus einem allgegenwärtigen, kaum organisierbaren Chaos.
Mein Ziel war es, inmitten dieser Zufälligkeiten einen Kreislauf einzubauen, der nach von mir erfundenen und geschaffenen Ordnungsprinzipien funktioniert, und dieses System in das Chaos einzubauen, ohne dass es mit diesem kollidiert. Kein

Kampf, sondern ein friedliches Miteinander und Ineinander. Eine Symbiose also und nicht ein Umkrempeln der Voraussetzungen, was auch weder wünschenswert noch möglich wäre. Grundvoraussetzung hierfür war, dass ich Wege, Verkehrsmittel und Menschen persönlich kennen lerne. Ich bin kein tatscheuer Schwärmer, sondern jemand, der für seine Ziele schwer arbeitet und, wenn es sein muss, dafür Opfer, Entbehrungen und Gefahren auf sich nimmt. Mit wie viel Geld würde ein vergleichbarer Einsatz woanders belohnt? Ein sinnloser Gedanke.

So verging Stunde um Stunde geduldigen Wartens. Hinter dem „Fahrplan“ der Kanus von Guanay steckte schon eine Methode, sie war für den Laien nur nicht auf den ersten Blick erkennbar. Der Plan richtete sich nicht nach starren Abfahrtszeiten, sondern nach der Nachfrage, die in einem guten Verhältnis zum Platzangebot und dem Fahrpreis stehen musste. Das war ökonomisch sinnvoll, weshalb hätte der Kapitän zweimal mit fünf Passagieren die Stromschnellen hinauf fahren sollen, wenn das mit einer einzigen Fahrt zu bewerkstelligen war? Für die umgekehrte Strecke füllte er das Boot erneut mit Ladung oder Menschen. Leer oder nur so zum Spaß fuhr er nicht. Ich fand es immer wieder erstaunlich, wie viele scheinbare Zufälle bei näherer Betrachtung doch wieder auf irgendeiner Methode basierten, die ich zuerst als solche nur nicht erkennen konnte, weil sie einfach nicht in mein Denkschema passte.

Plötzlich wurde das Boot proppenvoll, 13 Passagiere samt Gepäck mussten sich in das enge Boot zwängen. Wer gehörte zu welchem Arm? Das Menschenknäuel im Boot kam mir vor wie ein Puzzle, die Augen des Kapitäns leuchteten begeistert, er rechnete sich wohl schon den Gewinn aus. Endlich legten wir ab, tief drückte die schwere Ladung das Boot ins Wasser, doch der Außenbordmotor tuckerte brav stromaufwärts, ohne Zicken zu machen. Die Enge im Boot war mir nicht sonderlich unangenehm, ich genoss es, bewegt zu werden, ohne mich selbst bewegen zu müssen. Hin und wieder standen Plastikzelte von Schürferfamilien am Ufer, die mit Hilfe von Quecksilber Gold aus dem Schlamm zu waschen versuchten. Dazwischen kleine Dörfer von Tieflandindio-Sippen, deren Lebensgrundlage der Fang quecksilberverseuchter Fische und die Jagd war. Um Geld verdienen zu können, versuchten auch sie sich als Goldwäscher. Unser Bootsführer und sein Gehilfe kannten den Fluss gut. Immer wenn eine gefährliche Stromschnelle kam, ließen sie die Passagiere aussteigen und zu Fuß weitergehen. Das war jedes Mal eine willkommene Gelegenheit, sich die Füße zu vertreten und wurde mit Hallo und Gelächter begrüßt. Ab und zu begegneten wir einem häufig benutzten, praktischen und billigen Verkehrsmittel: Schläuche von Lastwagenreifen. Stromaufwärts wurden sie im Gepäck mitgenommen, für die Reise stromabwärts aufgeblasen – fertig war das Schwimmreifenfloß. Die Kleider wurden, bis auf die Unterhose, in eine wasserdichte Plastiktüte gesteckt, man machte es sich auf dem Reifen bequem und ließ sich in rasend schneller Fahrt abwärts treiben. Es sah kühn aus, wenn die Schwimmreifen blitzschnell durch die starke Strömung trieben. Das Risiko zu ertrinken war dabei sicher nicht gering, doch die Menschen, die hier zu Hause waren, kannten ihren Fluss und wussten vermutlich, was sie sich zutrauen konnten und was nicht.

Als wir gegen Abend in Mapiri anlegten, war ich ein bisschen enttäuscht, ich hatte mir etwas Besseres unter dieser Stadt vorgestellt. Den Flugplatz, der in meiner Karte eingezeichnet war, fand ich nicht, die Rollbahn musste zugewachsen sein. Die Häuser um die Plaza machten einen heruntergekommenen Eindruck und ich fand kein Restaurant, in dem es etwas Gescheites

zum Essen gegeben hätte. Ich quartierte mich in einem Bordell schäbigster Sorte ein, das bei Bedarf auch als Hotel diente. Es gab nichts anderes und so war ich damit zufrieden. Mein Zimmer im zweiten Stock bot einen malerischen Blick auf den Rand des Urwalds, war billig und und eine halbwegs sichere Bleibe. Der Innenhof war das Revier von Lorenzo, einem großen, bunten Papagei mit gestutzten Flügeln, wie er in diesen Regionen gerne als Haustier gehalten wird. Er konnte sprechen, besser gesagt, er fluchte auf so gemeine Weise, dass auch jemand abgebrühteres als ich von dem, was er da zu hören bekam, überrascht gewesen wäre. Von den Huren wurde er geliebt und mit Leckerbissen aus der Küche verwöhnt, von ihnen hatte er wohl auch das Sprechen gelernt. Sein Umgang ließ sich nicht verleugnen. Bis auf seine schlechten Manieren, für die er nichts konnte, war Lorenzo ein lieber Kerl. Er setzte sich auf meine Schulter, als wären wir alte Bekannte, ahmte dabei Wirtshausgelächter und die würgenden Geräusche sich erbrechender Zecher nach oder stöhnte wie die Mädchen bei der Arbeit und rief: „Ich liebe dich, steck ihn mir noch tiefer rein!". Über Lorenzo wurde ich auch mit ein paar Frauen bekannt, die hier arbeiteten, so verging die Zeit schnell und in geselliger Runde. Am folgenden Morgen kraulte ich Lorenzo noch einmal im Genick, genüsslich verdrehte er dabei die Augen. Als ich auf die Ausgangstür zuging, watschelte er hinter mir her und rief mir nach: „Lorenzo ist ein Terrorist." Ich hob ihn hoch und sagte: „Ciao Lorenzo, machs gut."
„Du Fransenarsch", war sein Abschiedsgruß. Dann gab er mir noch ein Küßchen, unter seiner harten Schale steckte ein weicher Kern. Es juckte mich überall, ich hatte mir in Lorenzos Höhle ein paar Flöhe eingefangen.

Gewissenskonflikt

Es hatte sich in Bolivien irgendetwas in den Köpfen verändert, Gewalttaten wurden häufiger. In der Nähe von Achacachi geriet ein bolivianischer Trekkingführer mitsamt seiner Gruppe in einen Hinterhalt von Wegelagerern und wurde durch einen von einer Felswand herabgeschleuderten Stein schwer am Kopf verletzt. Eine halbe Autostunde von der Hauptstadt entfernt wurde das Taxi einer schwedischen Touristengruppe von Räubern gestoppt, die Touristen beraubt und alle Frauen vergewaltigt. Der Fahrer, der vermutlich die Täter kannte, wurde durch einen Kopfschuss getötet. Die Polizei tat das, was sie gewohnt war: nichts. Die Bolivianer schoben diesen Vorfall peruanischen Profis in die Schuhe. Diese Schutzbehauptung beruhigte das kollektive Gewissen.

Ich war oft ganz allein weit draußen und hatte manchmal Angst, obwohl ich Bolivien insgesamt immer noch für ein sehr sicheres Land hielt. Ich muss leben, was will man machen? Ich dachte über eine Bewaffnung nach, etwa eine offen getragene Pumpgun, die durchaus problemlos zu besorgen gewesen wäre. Ich wusste ganz genau, dass ich, um glaubwürdig zu sein, seelisch darauf vorbereitet sein musste, eine Waffe ohne zu zögern zu benutzen, wenn es darauf ankam, sonst würde sie mir gar nichts nützen. Die Tötungspotenz, die von einer Schusswaffe durch ihr reines Vorhandensein ausging, war einerseits beruhigend für die Nerven, andererseits eine permanente Bedrohung. Bereits während meiner Militärzeit wurde mir klar, dass Panzer und Kanonen völlig ungeeignete Mittel sind, wenn es darum geht, Frieden zu stiften oder zu erhalten. Damals nahm ich mir vor, niemals, unter gar keinen Umständen, ein Gewehr auf lebende Menschen zu richten, wer immer sie sein mochten. Sollte ich diesen Entschluss verwerfen? Wäre eine Bewaffnung Feigheit oder Notwehr? Emotionen steigen hoch, keiner rät mir, was ich tun soll.

Ein erschütterndes negatives Beispiel für die permanente Lebensbedrohung, die von einer Schusswaffe ausging, war für mich stets der Tod des amerikanischen Spitzenbergsteigers Gary Hemmings, der während einer depressiven Krise in der Hitze eines Streits seine geladene Pistole gegen zwei schockierte Bergkameraden richtete, die zusammen mit ihm nachts in einem Zelt saßen. Als er entsetzt erkannte, welche ungeheuerliche Tat zu begehen er im Begriff war, trat er vor das Zelt und jagte sich selbst eine Kugel durch den Kopf.

Ich kam zu dem Schluss, dass die einzige Möglichkeit, mich als einzelnes, schwaches und angreifbares Individuum gegen eine so extreme und fremde Kultur wie die der Aymara-Indios zu behaupten darin bestand, Konflikte weiterhin friedlich zu lösen. Dabei wäre ein Schießeisen ganz erheblich im Weg gewesen und so verzichtete ich weiterhin darauf. Die Möglichkeit, meine Meinung zu ändern, blieb mir immer noch offen.

Die Erde und die Zeit

Ich geriet in einen heftigen Regenguss und wurde nass bis auf die Haut. Am Ende des langen Tages ging ich auf ein abgelegenes Dorf hoch über den Wolken zu, die Beine schmerzten und mich fröstelte in meinen feuchten Kleidern. Der Weg war mir zuviel geworden, ich hätte langsamer gehen und bei dem Unwetter einen Unterstand suchen sollen. Im trüben Licht des wetterwendischen Abends tauchte die Sonne das Nebelmeer tief drunten im Tal und die Bergspitzen in ein undefinierbares, verschwommenes Rot. Die Szene war unwirklich und gespenstisch, wie das Dorf, dessen Hütten sich trotzig in einen steilen Hang krallten. In diesem Landstrich glitt das haltsuchende Auge vergeblich über steile Flanken: Es gab keine einzige flache Stelle, an der sich der Blick hätte ausruhen können.
Als ich das Dorf betrat, war keine Menschenseele zu sehen, ich fragte mich, ob diese Hütten nicht in längst vergangener Zeit Hals über Kopf verlassen worden waren und nur noch die Erinnerung an den Menschen wie ein unwirklicher Tagtraum verblieben war. Ich nahm meinen ganzen Mut zusammen und rief, ob jemand zugegen wäre. Gespannt und ein wenig ängstlich wartete ich auf Antwort, obwohl ich eigentlich keine erwartete. Auf meine Rufe erschien ein alter Mann, der mich mit Zurückhaltung, aber dennoch beinahe aristokratischer Vornehmheit begrüßte. Ich erwiderte den Gruß mit dem Respekt des Jüngeren und spürte, dass ich jemand ganz Besonderen vor mir hatte. Nachdem sich der Alte von meiner Harmlosigkeit überzeugt hatte, holte er zwei Familien samt Kindern aus ihren Verstecken. Dem Namen und der Beschreibung nach war ich ihnen

bekannt. Mein Ruf war gut und gereichte mir so gut wie immer zum Vorteil. An welchen Merkmalen die Leute mich stets schon von Weitem erkannten, war mir nicht geläufig. Es erstaunte mich immer wieder, in welch weitem Umkreis mir meine Beschreibung vorauseilte, durch die ich anscheinend immer zweifelsfrei als „Roberto von Sorata“ identifiziert wurde.

Wo war der Rest der Dorfbevölkerung geblieben? „Sie haben ihre Sachen gepackt und sind nach La Paz gegangen“, sprach der Alte. Seine Augen verdunkelten sich, es schien, als füllten sie sich mit Tränen. Irgendeine Tragödie hatte sich hier abgespielt, die wie ein Fluch auf dem Dorf lastete, das spürte ich. Der alte Mann wollte mir den Grund dieser Landflucht nicht nennen, deshalb quälte ich ihn nicht weiter mit neugierigen Fragen, ich musste schließlich nicht alles wissen. Viele Indios wandern in die Städte ab, wo sie zumeist die Slums vergrößern und wenig Chancen für einen gesellschaftlichen Aufstieg haben. Durch Not und Repressalien begründete Landflucht schien mir ein weltweites Problem zu sein, die kleinen Bauern in Europa waren vielleicht sogar noch benachteiligter. Zuhauf gaben sie ihre Höfe auf und wanderten in die Städte, weil sie für sich auf dem Land ihrer Väter keine Zukunft mehr sahen.

„Ich habe keine Wahl, ich muss hier oben bleiben, die wenigen Jungen, die hier geblieben sind, wollten das Land ihrer Vorfahren unter keinen Umständen verlassen, weil hier, so schwierig unsere Situation auch sein mag, ihre Heimat ist.“ Der Alte redete weiter, ohne dass ich ihn gefragt hatte. Seine Worte hatten Gewicht, er sagte nichts leichthin und unbedacht, wusste genau, wie viel er mir anvertrauen und was er für sich behalten wollte. Ich ließ ihn einfach reden, wenn er es für richtig hielt und erfuhr auf diese Weise mehr, als wenn ich ihn mit Fragen misstrauisch gemacht hätte.

Ich durfte in einer verlassenen Hütte übernachten, die mir der Mann aufsperrte. Ihre einstigen Bewohner konnten noch nicht länger als ein Jahr weg sein, alles war tipptopp, auch das kleine Zwergenbett mit der Strohmatraze, auf das ich meinen Schlafsack legte. In einer Ecke lagen ein Bündel Pferdehaare und ein Säckchen mit Cocablättern, daneben stand eine offene Plastikflasche mit Schnaps. „Nichts berühren, diese Sachen sind für Pachamama!", bat mich der Alte eindringlich, das Licht einer Petroleumfunzel beleuchtete das kantige Gesicht schemenhaft. Auf dem Altoplano bedeutet Pacha die Erde und die Zeit. Die Erdmutter Pachamama wird zornig, wenn jemand trinkt, ohne ihr etwas anzubieten. Bei Geburten vergräbt man den Mutterkuchen unter Blumen, damit das Kind lebt. Und damit die Liebe lebt, vergraben Liebespaare ineinander verknotete Haare. Die Erdgöttin nimmt die Müden und Gebrochenen in die Arme, aus denen sie hervorgegangen sind, und am Ende ihrer Reise tut sie sich auf, um ihnen Unterschlupf zu gewähren. Wenn sie dann unter der Erde liegen, helfen die Toten ihr zu blühen.

Der Alte würde bald sterben, er sehnte den Tod herbei, weil er ohne seine Verwandten keine Freude mehr fand. Er ertrug sein schweres Los ohne Klage und mit Würde, auch wenn ihn die Gewissheit, dass er in diesem Leben seine Lieben nicht mehr sehen konnte, untröstlich bedrückte.

Junge Menschen sind keine Bäume, sie haben die Freiheit, überall hinzugehen. Dieser Aristokrat, er mochte wohl der Häuptling des Dorfes gewesen sein, war ein alter Baum. Einen alten Baum verpflanzt man nicht. Der alte Baum schickte sich an, zu gehen, drehte sich auf der Türschwelle unvermittelt zu mir um und sagte: „Wir sind alle Kinder des Universums" Dann war er verschwunden wie ein Spuk.

Am Morgen erhob ich mich frisch gestärkt mit den ersten Sonnenstrahlen von meinem Lager und hängte die nasse Kleidung zum Trocknen auf. Dann setzte ich mich in die Sonne, lehnte den Rücken an die Hauswand und trank die warmen Strahlen mit halboffenen Augen. Im hellen Licht des neuen Tages sah das Dorf freundlich aus. Die stille Beklemmung, die am Vortag auf ihm gelastet hatte, war vom hellen Licht und der Sonne weggewischt worden. Die Dorfbewohner rüsteten sich für die Feldarbeit, in ihren Bewegungen lag keine Hast. Die Kinder tollten ausgelassen herum und freuten sich des Augenblicks.

Ein kleines Mädchen schnitt mir frech Grimassen, zuerst von Weitem, dann wagte sie sich immer weiter her, bis sie kurz vor mir stand. In respektvoller Entfernung standen die anderen Kinder und beobachteten, miteinander tuschelnd, was wohl geschehen würde. Zum Spaß blickte ich die Kleine forsch an, da fiel sofort ein finsterer Schatten über ihr Gesicht. Schnell lachte ich über meine Dummheit und sie lachte mit. Dann fing sie zu tanzen an, extra für mich. Ich klatschte in die Hände und sie drehte sich so schnell im Kreis, dass ihr weites Röckchen flog. Sie kam richtig in Rage, ihr Tanz wurde wild. Was für eine Energie und Lebensfreude doch in einem Kind steckte, das noch nichts von der Härte späterer Jahre ahnte. Sie wusste nichts von dem Drama, das hier oben geschehen sein musste, für sie waren die verlassenen Häuser ein großer Abenteuerspielplatz.

Der Alte würde an seinem gebrochenen Herzen sterben, er sehnte das Ende herbei. Doch die Kinder würden erwachsen werden und ihre Kinder würden das Dorf mit neuem Leben füllen. Wenn es diese Hoffnung nicht mehr gäbe, dann wäre alle Hoffnung tot.

Eine kleine Unterschrift und großer Ärger

Die Unterschrift verrät den Charakter des Mannes – manchmal sogar wie er heißt, so sagt man. Auf meiner Reise durch die bürokratischen Sümpfe von La Paz sammelte ich alle Unterschriften, die ich für meine Arbeitsgenehmigung brauchte, nur die meines Rechtsanwaltes fehlte mir noch. Niemand wusste, wo er sich vor seinen privaten Familienproblemen versteckte. War er vielleicht ganz abgehauen? Zusammen mit meinem Reisepass? Wie viel Zeit ich wartend in der Anwaltskanzlei verbrachte, weiß ich nicht mehr, jedenfalls wurde ich Morgen für Morgen von seiner einfältigen Sekretärin und einem angestellten Rechtsanwalt begrüßt. Ich kam mir nach einer Weile schon so vor, als würde ich zum Inventar gehören.

Zwangsläufig bekam ich in dieser Zeit einige Gerichtsfälle mit, die mich im Großen und Ganzen restlos davon überzeugten, dass es in der Welt Gerechtigkeit wohl nur für die Reichen gibt. Wer kein Geld hatte, der hatte auch nicht Recht. Den Bauern wurden große Ländereien geraubt, meist war das alles was sie hatten. Sie unterzeichneten Verträge, die sie nicht verstanden, weil sie sich mit dem Lesen schwer taten: schon waren sie enteignet und ihrer Heimat beraubt. Wenn ein Bauer sein Land zurückforderte, folgten schwierige Prozesse, in deren Verlauf er seine Besitzrechte nachweisen musste. Mittlerweite konnte das Land schon weiterverkauft worden sein, in dem Fall wurde es für die Bestohlenen noch schwieriger, ihr Recht einzufordern. Wenn die Bauern ihr Land wieder zurückbekamen, dann mussten sie ihrem Rechtsanwalt 25% als Honorar abtreten. Die Landbetrüger selbst mussten keine harte Strafe befürchten. Wenn überhaupt, dann wanderten sie für ein paar Tage ins Gefängnis. Die Korruption durchdrang alles, umso erstaunlicher fand ich es, dass ich immer wieder auf vereinzelte charakterstarke Persönlichkeiten traf, die sich nicht bestechen ließen. Natürlich brachten sie es zu nichts.

Das neue Gefängnis wurde auf eine raffinierte und effektive Art der Bestechung gebaut: Jeder Knacki, der die Freiheit wiedererlangen will, muss sich aus dem Gefängnis freikaufen. Dabei war die Freiheit gar keine Frage der Zeit oder der Schwere des Vergehens, sondern eine Frage des Geldbeutels. Während der Bauzeit des neuen Gefängnisses musste ein „Freiheitsanwärter" eine bestimmte Menge Baumaterialien wie Zement, Ziegel und ähnliches besorgen. Mit den kostenlosen Rohstoffen bauten die Häftlinge nach und nach ihr eigenes Gefängnis, zum Nulltarif selbstverständlich. Gefängnisse waren kleine funktionierende Städte in der Stadt. Es gab Supermärkte, Nutten, Eigentumswohnungen. Die Häftlinge konnten mit ihren Familien dort wohnen. Während die Frauen hinaus in die Arbeit und die Kinder zur Schule gingen, blieb der Vater im Knast und arbeitete dort, um sich soviel Geld zusammenzusparen, damit er sich damit herauskaufen konnte. Wer kein Geld zusammenbekam, der wurde nicht entlassen. Ganz einfach. Im Gefängnis wurde produziert, zum Beispiel Kokapaste von guter Qualität. Am Abend wurden die Gefängnisse verriegelt und die Häftlinge sich selbst überlassen. Kein Polizist hätte sich in der Zeit des Terrors und des Verbrechens dort hineingewagt. Jugendliche Heimatlose, die bettelnd in den Straßen aufgegriffen wurden, kamen für ein paar Tage dort hinein: zu Mördern, Vergewaltigern und Perversen.

Ein Streitfall blieb mir besonders in Erinnerung, weil er mir so verrückt vorkam: Ein Mann und eine Frau aus einem Bergdorf heirateten. Nicht aus Liebe, sondern weil die Eltern das für gut und nützlich befanden. Die Familie der Frau steuerte eine Kuh und die Familie des Mannes einen Stier als Aussteuer bei. Auf dieselbe Weise kamen Hühner, Ziegen, Schafe zusammen und was sonst noch alles für die Gründung eines Hausstandes nötig ist. Damit bauten sich die frisch Verheirateten eine Existenz auf. Soweit war alles in Ordnung, es kamen kurz hintereinander drei Kinder zur Welt: alles Mädchen. Der Mann wollte aber Söhne, Mädchen waren nichts wert und so schlug der Mann die Frau regelmäßig, was sein Recht war. Schließlich schickte er sie zusammen mit den Kindern nach Hause zu ihrer Familie. Die Misshandlungen von Frau und Kindern waren kein Thema, der Streit entbrannte um die „Aussteuer", die wieder aufgeteilt werden musste. Das gestaltete sich enorm schwierig, denn der Besitz hatte sich inzwischen vermehrt: Die Kuh hatte Kälber bekommen, die Hühner Eier gelegt, die Saatkartoffeln waren gepflanzt worden und hatten jedes Jahr einen größeren Ertrag an Kartoffeln gebracht, Ziegen und Schafe waren zu einer kleinen Herde angewachsen. Dem Rechtsanwalt fiel nun die schwierige und undankbare Aufgabe zu, diesen Besitzstand einigermaßen gerecht unter den streitenden Parteien aufzuteilen, und schließlich wurde nach langem Hin und Her eine brauchbare Lösung gefunden. Der Leser mag vielleicht bei dieser Geschichte schmunzeln, aber in diesem Fall ging es um nicht mehr und nicht weniger als den lebenswichtigen Besitz beider Familien, schließlich hatten sie sonst nichts. Die beiden Familien besaßen kein Bargeld und so bezahlten sie den Rechtanwalt in Naturalien: Eier, Schafe, Ziegen ...

Aufbruch

Genau nach meinem letzten Trek mit Kunden leitete anhaltendes Prasseln die Regenzeit ein. Der Regen versperrte die Sicht und zerstörte die Straße. Er schlug das Land und duldete keinen Widerspruch, schwemmte alles weg, was sich im trotzig in den Weg stellte. Zwei Wochen schien die Sonne nicht mehr, meine kleinen, unbeheizten Zimmer wurden ungemütlich. Es war mir egal. Mir war so ziemlich alles egal, was mich hätte stören können: die Kälte, die Nässe und der Regen. Was war das schon gegen die graue Rechtwinkligkeit, aus der ich kam, gegen diesen ganzen festgefahrenen Kram in dem Land, das ich verlassen hatte? Gegen das öde Geschwätz von Gleichberechtigung, Rentenanspruch, beschissene Filme, Marihuana, Koks, Alkohol und nagelneue Autos? So nass und kalt konnte es gar nicht sein, dass ich diese vorübergehendes Sauwetter dem nicht vorgezogen hätte.

Ich hatte in dieser Saison das verdient, was ich zum Leben gebraucht hatte, darüber hinaus nichts. Es blieb mir nichts anderes übrig, als nach Deutschland zurückzukehren, um von dort aus mein „Reiseunternehmen“, das noch in den Kinderschuhen steckte, besser zu organisieren. Das war von Anfang an auch so geplant gewesen, doch jetzt stellte sich mir die bange Frage: Werde ich das schaffen? Es würde sich herausstellen, ich war froh, dass ich darauf keine Antwort wusste. Die Zeit des Abschieds nahte mit Riesenschritten, ohne dass ich etwas dagegen tun konnte. Miguel, José, Francisco, Mario und noch ein paar andere kamen trotz des schlechten Wetters die aufgeweichten Wege herunter, um sich von mir zu verabschieden.

„Wir werden im Herbst (also im deutschen Frühling) auf dich warten“, versprach José. In Deutschland war gerade Herbst. Lange steckten wir die Köpfe zusammen und beredeten dies und das. Bei diesen „sit ins“ kam, wie immer, nichts Konkretes heraus, aber sie förderten das Zusammengehörigkeitsgefühl. Die Indios ließen mich auf ihre eigene seltsame Art und Weise spüren, dass sie mich nur ungern ziehen ließen, obwohl wir eigentlich nur über Belanglosigkeiten redeten. Als sich die Männer auf den beschwerlichen Heimweg machten, war es bereits tief in der Nacht. Der Regen hatte aufgehört, hell und klar leuchteten die Sterne. Ich begleitete sie ein Stück, dann blieb ich zurück, Tränen würgten mir die Kehle. Ich hasse jede Art von Abschied. Schnell bewegten sich die flackernden Lichter der Taschenlampen den steilen Hang hinauf. Fassungslos sah ich ihnen nach, bis die Nacht und die nächste Wegbiegung sie verschluckt hatten. Dann war Stille und Schweigen. Nachts legte ich mich angezogen auf mein Bett, fand keinen Schlaf und starrte Löcher in die schwarze Nacht.
Es war schon verrückt: So sehr mich dieses Deutschland nervte, ich brauchte es. Seine Menschen, sein Geld und den ganzen abgefuckten Scheiß, der dort ablief. Fast alle, die weggehen wollen, zieht es wieder in die Heimat, nur wenige schaffen den endgültigen Bruch. Und es war nicht nur die Knete, das ging tiefer. Jeder, der irgendwo lebt, schlägt dort, wo sein Schicksal ihn hingesetzt hat Wurzeln, die er niemals ausreißen kann. In Deutschland herrschte Ruhe und Ordnung, fast wie in einem Gefängnis. Das war es, was ich dort einfach nicht aushielt: diese allgegenwärtige Ordnung. Ich brauchte die Unordnung, das Chaos und die Freiheit. Ohne das alles ging ich kaputt. Das war meine eigene Schuld, aber wer kann schon aus seiner Haut? Ihr nicht und ich auch nicht.

Als ich um 4 Uhr morgens in den Bus nach La Paz stieg, kam es mir so vor, als würde ich zu meiner eigenen Hinrichtung fahren. Ich redete mir ein, dass jeder Abschied auch einen neuen Anfang bedeutet, doch mir graute unsäglich vor dem, was auf mich zukam. La Paz – Buenos Aires – Madrid – Frankfurt – München. Überraschend schnell schleuderte mich die Flugmaschine in die Republik. Zack, da war ich schon. Und alle riefen: Da kommt Robbi! Nein, ganz so war es natürlich nicht. Um die Wahrheit zu sagen: Niemand nahm Notiz von mir. Unsicher betrat ich die Heimatbühne und durfte zur Begrüßung gleich die Hauptrolle in einem Provinztheater spielen: Die Typen von der Flughafenpolizei pickten sich mit traumwandlerischer Sicherheit mich heraus. „Woher, warum, wieso? Machen Sie das mal auf und öffnen Sie dies!“ Bei der Leibesvisitation betrachteten die Beamten mich mit der Geringschätzigkeit, die man einem stinkenden Stück Scheiße widmet, das auf dem Gehsteig liegt. Nein, die Männer vom Zoll waren schon korrekt, da gab es nichts auszusetzen, trotzdem hatten sie mich erschreckt. Als mich die Beamten entließen, war ich wieder „zu Hause“ und kam mir vor wie auf einer Verabredung, bei der mich jemand versetzt hat. In einer Flughafengaststätte bestellte ich Kaffee gegen die Müdigkeit. Es gab nur Kännchen, und das Scheißen kostete eine Mark. Für den Kaffee bezahlte ich ein kleines Vermögen. Er war erheblich teurer als er schmeckte.
Bereits zwei Tage war ich wieder in Sachen Garten- und Landschaftsbau unterwegs, ein Tag war schöner als der andere und die Auftragslage war gut. Ich arbeitete mich nach Feierabend durch Stöße von Aktenblättern, die sich in meiner Abwesenheit angehäuft hatten. Ich arbeitete und das Finanzamt kassierte, alles war so, wie es immer war und niemals anders sein würde. Die Auftragslage war deshalb so gut, weil gerade Hochsaison

war, auf das ganze Jahr gerechnet blieb die Arbeit viel zu wenig, es hatte sich nichts geändert. Es mochte sein, dass ich mich verändert hatte, doch das interessierte niemanden. Mir kam es so vor, als hätte ich mich im Verlauf des Jahres lediglich einmal um die eigene Achse gedreht.
So vergingen Monate, die Arbeit hatte mich gepackt und hielt mich in ihren Klauen, dadurch blieb nicht viel Zeit zum Nachdenken, was ich begrüßte. Der makellos blaue Herbsthimmel machte mir das frühe Aufstehen leicht, nach der Arbeit in der frischen Luft wurde ich abends schnell müde und ging früh ins Bett. Dann, plötzlich, wie mir vorkam, ging es auf Weihnachten zu. Bevor der erste Schnee fiel wurde ich mit der Arbeit fertig und verstaute mein Werkzeug für den Winter. Weihnachtsgelder und dreizehnte Monatsgehälter wurden verteilt, die Menschen düsten auf den Straßen herum wie verirrte Sylvesterraketen und kauften, was ihnen unter die Finger kam.
Der Brauch wollte, dass die Menschen in Scharen und mit aufgesetzter Frömmigkeit in die Kirche liefen. Nicht wenige mehrten nur ihr Brot und ihr Bankkonto, für die Armen und Bloßen blieb nicht viel übrig. Manche suchten ihr Heil in schnellen Autos und teuren Vergnügen. Ihren Nächsten sahen sie dabei gar nicht mehr, sondern hatten nur noch sich selbst im Blick. Sie allein waren ihre Welt und sonst gar nichts.

Freischwimmer

Nach Weihnachten wendete ich mich meinem eigentlichen Ziel zu: Ich wollte in Bolivien etwas erreichen, also musste ich für meine „Abenteuerreisen“ Interessierte gewinnen. Das ging nur über Werbung, am einfachsten wäre es gewesen, über Nacht berühmt zu werden, nur: wie das anstellen? Ich versuchte systematisch vorzugehen: Als erstes entwarf ich ein Konzept für einen ansprechenden Reiseprospekt mit farbigen Bildern, Reiserouten und Preisen. Nach viel zerknülltem Papier war es so weit, das Heftchen konnte in Druck gehen. Ein Jugendfreund, der die Druckerei seines Vaters übernommen hatte, half mir dabei, so hielten sich die Kosten in Grenzen und es kam trotzdem ein brauchbares Ergebnis raus. Der nächste Schritt war, dass ich mich für eine Touristikmesse in Ludwigshafen anmeldete. Die Platzmiete war sündteuer: 1.500 Mark für zehn Quadratmeter, das riss ein großes Loch in meinen ohnehin schon magersüchtigen Geldbeutel. Zur Grundmiete sollten noch die Extras für Standaufbau und Gestaltung kommen, das hätte dann erst richtig fett Geld gekostet. Deshalb, und weil es mir Spaß machte, entwarf und gestaltete ich mir meinen Stand selbst. Christian, ein junger Mittenwalder Freund, half mir dabei und wollte mich unentgeltlich nach Ludwigshafen begleiten. Dafür versprach ich, ihn im kommenden Jahr nach Bolivien mitzunehmen.

Zuerst kam Sylvester, genau um 12 Uhr fing pünktlich ein neues Jahr an. Keiner weiß, wie es ist und keiner weiß, wie es war – hoch lebe das alte und lang lebe das neue Jahr. Es knallte und blitzte an jeder Ecke, nach einer halben Flasche Eisbrecher

knallte und blitzte es auch in meinem Kopf. Der Rausch beutelte mich im alten und im neuen Jahr gleich heftig. Ich ging nicht nach Hause und um 9 Uhr morgens taumelte ich in den Gasthof Stern zum Weißwurstessen, obwohl ich keine Würste mochte. Ich nahm mir vor, mir nichts mehr vorzunehmen. Es würde sowieso anders kommen.
An einem bitter kalten, sternklaren Januarmorgen, um 5 Uhr früh, fuhr ich mit Christian los. Unser Ziel: die Messe Ludwigshafen. Auf der Ladefläche meines Gartenbaulastwagens hatten wir die Messeutensilien verstaut und mit Seilen festgezurrt. Ludwigshafen war weit und mein Laster alt, doch ich holte alles aus dem Motor raus, was noch möglich war. „Gib Gas, sonst kommen wir zu spät!“, feuerte mich Christian an, wenn ich in einer Kurve zu bremsen begann. Die steinbeschwerten Plastikplanen knallten und flatterten im Fahrtwind, ich gab Gas, obwohl die Straßen winterlich glatt waren und Christian trieb mich zu fahrerischen Höchstleistungen an. „Gib Gas, sonst kommen wir zu spät!“, murmelte er mit der Regelmäßigkeit, mit der ein buddhistischer Mönch seine Mantras herunterleiert.
Als wir am Lech entlangfuhren, gerieten wir plötzlich in eine undurchsichtige Nebelbank, die sich uns wie eine Mauer entgegenstellte. Ich hatte Mühe, wenigstens zehn Meter weit zu sehen und konnte nur im Schritttempo weiterfahren, was Christian völlig aus der Fassung brachte. „Gib Gas, sonst brauchen wir nicht einen, sondern zwei Tage, oder wir kommen überhaupt nie an!“, rief er aufgeregt und rutschte unruhig auf dem Beifahrersitz herum. Mir stand bereits der Angstschweiß auf der Stirn und ich schaltete die Heizung herunter. Beim besten Willen, es ging einfach nicht schneller, auch Christian musste sich der Witterung und mir fügen: Wir fuhren entweder langsam

weiter oder schnell in den Graben. Nach geraumer Zeit riss die Nebelbank auf und wir hatten wieder beste Fernsicht. Als wir die Autobahn erreichten, brach der neue Tag an. Die Straßenverhältnisse waren nun optimal, ich drückte das Gaspedal bis zum Anschlag durch und machte die verlorengegangene Zeit wieder wett. Nach acht Stunden Fahrt erreichten wir Ludwigshafen, wo wir uns mit dem sperrigen Lastwagen in ein unübersichtliches Gewirr von Autobahnzubringern, Straßen, Ampeln und Einbahnstraßen stürzten, um ein freies Doppelzimmer in einem bezahlbaren Hotel zu suchen. Nach einigen Stadtrunden wurden wir fündig. Der Lastwagen passte zwar von der Höhe her nicht in die Tiefgarage und wurde ins Parkverbot verbannt, aber wir hatten eine Bleibe, die uns gut gefiel.
Entgegen unserer Befürchtungen waren wir auf der Messe nicht die Letzten, die ihren Krempel aufbauten, und unser Stand lag absolut im Zentrum, direkt neben der Würstelbude. „Da werde ich Stammkunde“, meinte Christian. Dann machten wir uns an die Arbeit. Den kalt wirkenden Betonuntergrund legten wir mit einem erdfarbenen Teppichboden aus, an den Seiten stellten wir unsere Trennwände auf: mit weißen Rauhfasertapeten tapezierten Spanplatten. Als Sitzgelegenheit diente eine massive Eckbank, wie sie die Holzfäller bauen: Links und rechts vier gleich hohe fette Baumstümpfe, darauf wurden zwei dicke, massive Holztramen gelegt – fertig war die rustikale Sitzgelegenheit. Als Tisch benutzten wir eine große Holzkiste, ein gewöhnlicher Tisch hätte nicht ins Gesamtbild gepasst. Mit einem Zelt und Steinen aus den Bergen rundeten wir das Gesamtbild ab, an den Seitenwänden hängten wir Fotos von Bolivien auf, nach einer Seite ließen wir den Stand offen. Alle Materialien stammten aus meinem und Christians Arbeitsumfeld und hatten uns nichts gekostet. Wir waren mit dem Ergebnis zufrieden.

Ich hatte den Stand im Prinzip wie einen kleinen Garten gestaltet, das hatte ich in meinem Beruf gelernt. Eine Funktionärin fragte uns, ob wir einen Telefonanschluss zu unserem Stand bräuchten. „Um Gottes willen, wir brauchen Ruhe", antwortete Christian frech. Wir lachten, die Messeleitung war sauer und von da ab wurden wir von teuren Serviceangeboten verschont. Wir genossen Narrenfreiheit. Am Abend dieses langen Tages fielen wir todmüde in unsere Betten.
Die folgenden Tage verbrachten wir auf der Messe. Wie Ameisen pilgerten die Besucherströme an uns vorbei, viele blieben stehen, weil sich unser Stand von den völlig gleich aussehenden Standardmodellen gewaltig unterschied und unsere ureigene persönliche Handschrift trug. Wir redeten, redeten, redeten, verteilten Prospekte, lobten uns selbst über den Schellenkönig und verteilten wieder Prospekte. Es war anstrengend, aber auch hochinteressant. Von Haus aus wortkarg und verschlossen, war ich hier gezwungen, meinen Mund aufzumachen und wurde darin jeden Tag besser. Abends waren wir regelmäßig fertig wie nach einer langen Bergtour, zudem hatten wir jedes Mal Schwierigkeiten, den Heimweg ins Hotel zu finden. In unserem schnuckeligem Zimmer ließen wir die Heizung 24 Stunden laufen. Wenn wir die Tür aufsperrten, schlug uns bereits eine warme Welle entgegen und der Fernseher mit Fernbedienung wartete schon auf uns. Wir legten uns in die Betten, schalteten die Kiste ein und was kam, das ließen wir laufen: amerikanische Schnulzen, doofes Showmastergewäsch, Hauptsache es bewegte sich was. Meistens guckten wir nur halb hin und redeten über etwas ganz anderes.
Ludwigshafen ist eine exakte, kalte Stadt, in der es mehr Uhren als Bäume gibt. Christian und ich passten überhaupt nicht hierher, aber wir hatten trotzdem jede Menge Spaß, schließlich

kamen wir als Messeneulinge erstaunlich gut zurecht in einer Welt, die mit der unsrigen wenig gemeinsam hatte. Eine Hausfrau wollte uns gegen Ende der Messe ein paar unserer Steine abkaufen. Wir schenkten ihr zwei besonders schöne Exemplare, mehr konnte sie leider nicht tragen.

Müde von vielen neuen Eindrücken fuhren wir nach Hause, Christian hatte eine Woche Urlaub für mich geopfert, die Bezahlung bestand aus einem „Danke“. Auch wenn sich konkret nichts Greifbares ergeben hatte, Ludwigshafen hatte sich gelohnt.

Den Winter über schrieb ich Briefe an Alpenvereinssektionen, Reiseverlage, Reisebüros und andere Adressen. Ich gewöhnte mich daran, an Mauern aus Arroganz zu prallen und versuchte alles, was mir einfiel. Sooft ich einen kostenlosen Saal bekam hielt ich Diavorträge. Eine österreichische Spielbank war an meiner Bildausstellung zum Thema Bolivien interessiert, und zum ersten Mal in meinem Leben sah ich ein Casino von innen. Die Ausstellungsräume waren großartig und die Atmosphäre exotisch fremd, ich betrat eine Welt, die mir unbekannt war. In den drei Wochen, während denen meine Bilder im Casino hingen, lernte ich Groupiers und Spieler kennen, immer lag eine gespannte Athmosphäre von Nervenkitzel und Tragödie in der Luft. Bald konnte ich die wirklich Reichen von denen unterscheiden, die dazugehören wollten. Die Spieltische selbst ließen mich völlig kalt, gegen die schwere Krankheit der Spielsucht war ich immun, ich brauchte diesen Nervenkitzel nicht und hätte ihn mir auch nicht leisten können.

Ich hielt auch einen Diavortrag, den die Werbemanagerin des Casinos in den Medien ankündigte. In den Zeitungen lobte man mich im Vorfeld dermaßen über den grünen Klee, dass ich rot hinter den Ohren wurde.

Der Vortrag wurde von einem in Österreich bekannten und beliebten Fernsehkommentator angesagt, prominente Personen mit Anzug, Schlips und Krawatte waren erschienen und jeder von ihnen redete was ins Mikro. Der Saal war voll und meine Hände feucht. Ich sagte nichts und fing gleich mit den Bildern an. Gegen meine Nervosität half mir ein Trick, den ich mir angewöhnt hatte: Ich suchte mir eine einzelne Person aus der Menge von Zuschauern heraus, den fixierte ich und redete nur mit ihm, die anderen ignorierte ich einfach. Nach wenigen Bildern vergaß ich die vielen Leute, die mir Angst machten, und redete eben so, wie man in einer Kneipe mit seinen Kumpels ratscht. Schließlich vergaß ich „die anderen“ und mit ihnen das Lampenfieber. Beim letzten Bild wollten die Leute einfach nicht aufstehen. „Das ist das letzte Bild, für heute ist Feierabend“, sagte ich, weil mir nichts anderes einfiel. Da klatschten die Leute Beifall und hörten nicht mehr auf. Es war ein tolles Gefühl, auf einer Welle der Begeisterung zu schwimmen. Ein ganzer Steinbruch fiel mir vom Herzen.
Mir war klar geworden: Ich konnte mich nicht selbst bekannt machen, ich würde Leute brauchen, die mich groß herausbringen, weil sie sich etwas davon versprachen. Doch von mir versprach sich niemand etwas. Ich passte nicht in das Bild, das die Medien vom typischen aussteigenden Abenteurer entworfen hatten. Mein eigener Manager zu werden, gelang mir nur schlecht, doch ich war ins kalte Wasser gesprungen und hatte mich dort freigeschwommen. In letzter Konsequenz führte ich kleiner Wurm in einer an Elefantitis leidenden Gesellschaft einen gnadenlosen Kampf um mein Überleben in Bolivien. Jeden Tag musste ich daran denken. Was war aus José und Miguel geworden? Die Schneeschmelze setzte ein und ich arbeitete wieder im Garten. Langsam wurde ich unruhig.

Zurück nach heute

Der Abreisetermin stand schon Monate fest, trotzdem traf mich die Erkenntnis, dass es endlich soweit war, so plötzlich wie ein Hammerschlag auf den Daumen. Ich war in Sorge, dass ich es nicht mehr rechtzeitig schaffen würde, alle Angelegenheiten zu regeln, die noch unbedingt erledigt werden mussten. Es war gut, dass ich unter starkem Druck stand, nur dadurch gelang es mir, doch noch alles zu meiner Zufriedenheit auf die Reihe zu bekommen.

Und schon war der Tag der Abreise da, an dem ich eine Stunde bevor der Wecker klingelte aus tiefstem Schlaf hochschreckte und glaubte, ich hätte verschlafen. Danach stand ich dermaßen unter Strom, dass es zwecklos war, mich noch einmal hinzulegen. Anhand meiner Checkliste ging ich wohl zehn Mal alle wichtigen Sachen durch, damit ich nur ja nichts vergaß. Beim Verlassen meines Zimmers war ich so aufgeregt, dass ich fast die Tür nicht abgeschlossen hätte. Eine Stunde vor der Zeit holte ich Christian ab, den Christian, der mir in Ludwigshafen so uneigennützig geholfen hatte. Er kam mit.

„Es eilt nicht, setz dich hin und beruhige dich, wir haben doch noch über zwei Stunden Zeit“, meinte Christian lässig. Ich beruhigte mich und wir frühstückten ausgiebig, plötzlich hatte ich wieder die Ruhe weg und half Christian beim Trödeln. Am Ende wären wir beinahe noch zu spät zum Bahnhof gekommen. Hätten wir fünf Minuten länger gebraucht, wäre der Zug ohne uns abgefahren. Es gab einen Ruck, die Lok zog an und wir setzten uns in Bewegung. Gleichmäßig stampfend ratterte der Zug über die Weichen.

Christian hatte sich vor der Abreise seine Frisur auf einen halben Millimeter zurückstutzen lassen. Wenn er etwas tat, dann gründlich. Ich ließ noch einen halben Zentimeter meiner Locken dran, das war ungemein praktisch für die weite Reise. „Du langhaariger Bombenleger", zog Christian mich auf. Das was von seinen Haaren übrig war, stand in die Luft wie die Stacheln eines Igels, und einen Kamm würde er in nächster Zeit nicht mehr brauchen. Christian war jung und spontan, es lagen 20 Jahre Altersunterschied zwischen uns. Ich fand es toll, dass es trotz der in Deutschland so verbreiteten Verplanung des Individuums noch Menschen wie Christian gab, die einfach von heute auf morgen leben und trotzdem ganz gut zurechtkommen. Wir ratschten drauflos wie alte Weiber im Waschsalon.
Ein gut gekleideter Farbiger betrat bei einem Halt den Wagon und setzte sich ein paar Sitzreihen vor uns hin. Er kam mir gleich ein bißchen kirre vor und ich vermied es, ihn direkt anzublicken. Christian lehnte lässig in seinem Sitz, streckte die Beine aus und ließ die Arme baumeln. Er blickte den Schwarzen forsch an, wie er es mit jedem tat, so hatten wir beide uns auch kennen gelernt. Er war immer gleich bereit, mit jedermann Freundschaft zu schließen und eine Halbe Bier ging sowieso immer und überall. Vorurteile kannte er keine, dafür war er zu jung und zu optimistisch. Ich war schon zu alt, um keine zu haben.
Irgendetwas musste der stutzerhaft, aber vornehm gekleidete Farbige mit den glänzenden Lackschuhen falsch verstanden haben, er bekam den absoluten Tobsuchtsanfall, sprang von seinem Sitz hoch und rannte brüllend auf Christian zu. „Du kannst in deiner Wohnung so rumlaufen, du Arschloch, aber nicht in einem öffentlichen Zug!", schrie der muskulöse Typ mit dem perfekt sitzenden Nadelstreifenanzug auf Englisch.

Christian verstand nicht, was er sagte, aber was er meinte war nicht zu überhören. Sie standen sich gegenüber und starrten einander in die Augen, keiner der beiden senkte den Blick und mir war klar, dass es gleich krachen würde. Zwei junge Mädchen schüttelten die Köpfe und die eine tippte sich mit dem Finger an die Stirn. Ich packte Christian am Hemdkragen, zog ihn aus dem Abteil und machte die Tür hinter uns zu, der Neger sprang immer noch herum wie Rumpelstilzchen, folgte uns aber nicht. Ich war mir ziemlich sicher, dass das, was sich in seiner Hosentasche ausbeulte, ein Totschläger war. Wenn er uns nachgelaufen wäre, hätte ich einen Schritt zur Seite gemacht und ihm im Notfall mit dem Eishammer aus meinem Seesack eins auf die Mütze gegeben, zu zweit hätten wir ihn schon kleingekriegt. Den Anschlusszug und den Flug hätten wir verpasst.
Haltestelle München-Pasing. Gottlob, wir mussten umsteigen und konnten den schwarzen Giftzwerg mit seinem Zorn im Zug zurücklassen. Als wir mit unserem Gepäck zu einem anderen Bahnsteig gingen, fragte mich Christian verdattert: „Kannst du mir verraten, was ich getan habe?"
„Der Knallkopf hat uns wegen deines Haarschnitts für Rechtsradikale gehalten", antwortete ich. Christian blieb stehen, setzte sein Gepäck ab, fuhr sich mit der rechten Hand langsam über seine Stoppelfrisur und war sprachlos. Unser Zug stand schon da, wir stiegen ein und ein paar Minuten später fuhr er los. Es war nichts geschehen – oder doch?
Christian fühlte sich nicht mehr wohl, er trug das Kainsmal auf dem Haupt, für jedermann sichtbar. „Wenn ich eine Platte bekomme, so haarausfallmäßig, dann bin ich doch noch lange kein Skinhead, oder?"
„Klar, und dieser Trottel war eine Ausnahme, deshalb ist doch nicht jeder so", redete ich beruhigend auf Christian ein.

So war das in Deutschland, aus jedem Scheiß wurde eine Weltanschauung gemacht. Dieser Farbige war doch nur nach außen hin einer, in Wirklichkeit war er langsam, vielleicht ohne es zu merken, zum Deutschen geworden. Jedermann wurde klassifiziert, diagnostiziert, beurteilt, bevormundet, zugeordnet und in eine Schublade gesteckt. Es gab Immerchefs, Bodybuilder, Glatzköpfe, Popper, langhaarige Stirnbandträger vom Stamm der Pseudocoolen und so weiter. Und jeder, der diese Idiotie mitmachte, lief in seiner bescheuerten „Uniform“ rum, durch seine Kluft konnte man ihn in diese oder jene Ecke einordnen. Alle fanden sich megacool und megain, dabei waren sie alle gleich kleinkariert und mies drauf.

Es dauerte nicht lange, bis wir uns erneut in belanglose Gespräche vertieften. Stundenlang redeten wir über die Gorch Fock, das letzte deutsche Segelschulschiff, auf dem Christian seinen Militärdienst abgeleistet hatte. Als sich jemand zu uns setzte, überschlug sich Christian vor lauter Höflichkeit, so als fühlte er sich irgendeines Vergehens schuldig. Ohne weitere Probleme erreichten wir abends den Flughafen Frankfurt, nach 20 Stunden Flug, einer Mütze voll Schlaf und etlichen Gläsern Wein landeten wir in La Paz, wo uns Victor vom Flughafen abholte.

Die Nacht verbrachten wir in seinem feudalen Haus, wo uns seine Diener zu essen brachten. Die Umstellung von Deutschland auf Bolivien war brutal. Das Flugzeug ist zwar ein zeitgemäßes Transportmittel, welches den Passagier innerhalb kürzester Zeit in alle Winkel der Erde schleudert, aber die Seele kommt nicht so schnell nach, man muss ihr Zeit lassen, sich zurechtzufinden. Wir tranken ein paar Bier, spürten schnelle Wirkung und hauten uns bald aufs Ohr. Ich war echt froh, dass Christian mit dabei war.

Am Morgen reisten wir weiter nach Sorata, wo wir mein altes Quartier bezogen. Erleichtert stellte ich nach einem ersten Check fest, dass von meiner Ausrüstung nicht ein einziges Schräubchen fehlte, alles lag so da, wie ich es verlassen hatte. Nun war ich erneut zurück in Sorata, war auf meinem Weg wieder einmal nicht der Vernunft, sondern dem Ruf meines Herzens gefolgt. Meine Rückkehr bewegte mich so tief, dass ich kaum die Tränen zurückhalten konnte. Als pfadloser Traumwandler stand ich irgendwo im Niemandsland zwischen zwei Welten, war in der einen nie richtig zu Hause und gehörte trotz allem nicht so recht in die andere. Hier war Deutschland, wo die Leute für irgendwelche Pläne in der Zukunft lebten, dort war Bolivien, wo die Menschen der Vergangenheit verhaftet waren und nur schwer einen Weg in die Jetztzeit fanden.
Ich wollte in der Gegenwart leben, der einzigen Zeit, in der mir das Leben möglich war. Aus der Zukunft kam ich und war zurück nach heute gewandert.

Auf Schusters Rappen zum Titicacasee

Nachdem wir uns eingewöhnt und in Sorata eingerichtet hatten, brachen Christian und ich Richtung Titicacasee auf, den wir in einer weit ausholenden Rechts-Links-Schleife erreichen wollten. Wir hätten auf einer anderen Strecke mit dem Bus innerhalb eines Tages dorthin gelangen können, aber dabei wären all die feinen Regungen, die sich mit den Ursprüngen des Menschseins, mit der eigenen Geschichte auseinandersetzen, auf der Strecke geblieben.

Der Mensch ist nicht als Autofahrer auf die Welt gekommen, sondern als Fußgänger. Ursprünglich wurden die Füße nicht zum Treten des Gaspedals und die Hände nicht zum Hupen erfunden, der Mensch hat sich selbst aus den Kreisläufen der Natur ausgekoppelt und sich eigene, künstliche Ersatzkreisläufe geschaffen, aus denen er sich nicht mehr befreien kann. Tag, Nacht, Sonne, Mond und Sterne zählen bei dieser Lebensweise nicht mehr, im Computerzeitalter sieht man kaum noch aus dem Fenster. Um einen Sonnenuntergang zu erleben, konsultiert man Cyberspace und Video. Das künstliche Leben aus dem Reagenzglas ist bereits erfunden, führt uns in ein neues Zeitalter oder in den Untergang. Wohin hat uns die Intellektualität geführt, die den Kopf bläht und das Herz aushöhlt? Der natürliche Drang nach Freiheit und ein Weg, den das Herz uns eingibt, führt in andere Kreisläufe und zu neuen Horizonten. Mag sein, dass wir verrückt waren und nicht die anderen. Wenn alle anderen aber ebenso verrückt wären wie wir, dann entsprächen wir wieder der Norm und wären damit wieder normal. Also: Was ist denn schon „Norm“?

Wenn tausend Fliegen Scheiße fressen, dann ist das die Norm der Fliegen. Aber es ist nicht meine Norm, die mache ich mir selbst. Eigentlich war der Grund, weshalb wir zu Fuß gingen, ganz schnell erklärt: Anstatt uns durch das Blechgefängnis eines Autos von echtem Erleben wegzusperren, wollten wir lieber die Erde unter unseren Füßen spüren und die echte Welt um uns herum.

Als wir losgingen, war es kühl, Sorata lag immerhin auf 2.700 Meter, die Zugspitze, der höchste Berg Deutschlands, ist nur 200 Meter höher. Auf einem Pfad stiegen wir hinunter, mit jedem Schritt abwärts wurde es wärmer und bald trafen wir auf erste Bananenstauden. Als ein kleines, sauberes Bächlein den Weg kreuzte, packten wir unsere Kochtöpfe aus, brutzelten uns etwas zu essen und stillten unseren Durst mit Kamillentee, der auf spanisch „Tee aus kleinen Äpfeln" heißt. Ganz weit hinten, in der Richtung, aus der wir kamen, konnten wir den eisbedeckten Gipfel des Illampu sehen.

Nach der Mittagspause stiegen wir ohne Hast in steilen Serpentinen die San-Cristobal-Schlucht hinab. Von 2.700 waren wir auf etwa 1.000 Meter heruntergekommen, aus den kühlen Bergregionen mitten in die brütende Hitze. Am Fuß der Schlucht rauschte der Illica-Fluss, in einer Gumpe mit stehendem Wasser nahmen wir ein erfrischendes Bad. Bei 30 Grad im Schatten war das eine willkommene Abkühlung. Ausgelassen tollten wir nackt im Wasser herum und spritzten uns übermütig gegenseitig an. Die senkrechten Sandsteinfelsen der Schlucht leuchteten in bizarren Farben: gelb, rot, blau, grün, schwarz. Wie Orgelpfeifen strebten filigrane, zerbrechliche Felspfeiler himmelwärts und das Wasser vom Fluss rauschte die Begleitmusik.

Nach ausgiebiger Rast im Schatten eines Felsbrockens stiegen wir den steilen Hang auf der anderen Seite des Flusses hinauf.

Langsam und gleichmäßig setzten wir einen Fuß vor den anderen, trotzdem presste uns die pralle Nachmittagssonne bald den Saft aus allen Poren. Unter jedem Schatten spendenden Baum machten wir ausgiebige Pausen und sparten uns so Kraftreserven für die nächsten Tage. Wir waren nicht in Eile, kein Zeitlimit verfolgte uns und wir hatten die Muße, ohne jeglichen sportlichen Ehrgeiz vor uns hin zu trödeln. Wir beherrschten die Zeit, nicht die Zeit uns, das gab uns ein beruhigendes Gefühl der Unabhängigkeit. Christian hatte seinen Fotoapparat dabei, oft blieb er stehen um Aufnahmen zu machen. Dieser unkomplizierte und schnörkellos denkende junge Mensch besaß ein sensibles Auge für alles Schöne und machte hervorragende Aufnahmen. Welche künstlerische Schaffenskraft und kreative Energie in dem 23-jährigen Burschen steckte, wusste ich längst: Als Schreiner von Beruf fertigte er in seiner Freizeit kunstvoll verzierte Truhen mit eigenwilligen Formen und allerhand andere Dinge, die aus Holz gefertigt werden können. Seine Kreationen waren echt stark, doch kaum jemand wusste von seinem großen Talent, weil er nie etwas verkaufte: entweder schenkte er die Stücke her, oder er behielt sie für sich.
Auf einer Terrasse hoch über dem Fluss gingen wir zwei Kilometer rechtshaltend zu einem Schatten spendenden Platz unter einem einzeln stehenden Dornbaum, dort schlugen wir unser Lager auf. Eigentlich war dieser ebene und kühle Flecken Erde ein idealer Zeltplatz, nur eine ganz entscheidende Kleinigkeit fehlte: Nirgends gab es Wasser. Ich kannte mich gut aus und wusste, wo ein versteckte Bächlein zu finden war. Wir stopften unsere Kochutensilien in meine „Erdgas für Südbayern"-Tragetasche aus Leinen, gingen zurück und stiegen einen steilen Hang zu der kleinen Quelle hinauf. Dort kochten wir uns Tee in rauen Mengen, stillten unseren Durst und hielten eine zünf-

tige Brotzeit im Schatten von Eukalyptusbäumen ab. Zwei Stunden später kehrten wir zum Zelt zurück, das wir solange unbeaufsichtigt gelassen hatten. In Gegenden ohne Tourismus ist Diebstahl kein großes Problem und an jenen stillen Flecken kam nur ich, sonst kannte ihn kein weiterer Gringo. Unser Zelt stand direkt am Rand einer roten Sandsteinklippe, die jäh und senkrecht zum Illica-Fluss abbrach.

Unendlich weit und menschenleer breitete sich das steile Land vor uns aus wie eine plastische Landkarte: Über uns stiegen Hänge in unergründliche Höhen auf, zu unseren Füßen erstreckten sich tiefer liegende Täler und Hügel. Der einzige flache Platz, von dem aus man alles überblicken konnte, war unsere Terrasse. Sie gehörte uns, weil es nirgends Zäune gab. Gehörte nicht jedem Menschen alles, was er sah, auch wenn er es nicht sein Eigentum nennen durfte? Mit welchem Recht beanspruchten ein paar Bonzen ganze Ländereien für sich, während andere auf der Straße schlafen mussten? Jedem gehörte alles, irgendwie. Gäbe es keine Grenzen in unserem Kopf, dann würde die Idee von „mein" und „dein" sterben und alles würde zu „unser". Grenzen gab es nun mal, aber wir konnten wenigstens ab und zu die Schranken aufmachen. Was war denn verkehrt daran, wenn wir uns einfach treiben ließen in dieser Welt, die groß und schön genug für alle war, die dort wohnten?

„Gut ist es heute gegangen", riss mich Christian aus meinen Gedanken. „Warum?", fragte ich, weil ich nicht recht wusste, worauf er hinaus wollte. „Weil wir ein Fachbetrieb sind." Über seine Antwort musste ich schmunzeln. Klar waren wir ein Fachbetrieb, nur peilte niemand, worin und woraus unsere Arbeit bestand. Wie anders, wie einfach das Leben wurde, wenn diese ganze Zivilisation wegfiel, das war unglaublich, es zählte nur der Augenblick. Die Nacht war warm, Zikaden zirpten auch im

Dunkeln noch ihre schrillen Songs, während die Baukolonnen der Ameisen längst in ihren Betten lagen.

Am folgenden Morgen packten wir zusammen, gingen einen Höhenrücken hinauf und stiegen weit zu einem schmutzigbraunen Bach hinunter. Dort räumten wir die Rucksäcke erneut aus und frühstückten. Die lebenswichtige Bedeutung und den Wert von Wasser verstehst du erst, wenn es nicht selbstverständlich in der Küche aus der Leitung kommt und du wirklich darauf angewiesen bist. Wir kochten das ziemlich schmutzige Wasser ab, brühten Cocatee auf und tranken soviel wir konnten. Für den Hunger kochten wir Kartoffelbrei mit Tomatenketchup. Weil wir ein Fachbetrieb waren und darüber hinaus Hunger hatten, schmeckte es uns recht gut, der Satz am Boden war für Pachamama.

Der Plastikkanister, den ich schon seit gestern in der Hand mittrug, sollte uns den Transport von Wasser erleichtern. Wir hatten ihn auf dem Markt von Sorata gekauft, weil ich wusste, dass wir sonst hin und wieder nichts zu trinken haben würden. Christian roch es zuerst: Es musste wohl Nitroverdünnung oder ähnliches damit transportiert worden sein. Wir hätten beide tot umfallen können, wenn wir das nicht bemerkt hätten. Das Gefäß war so unnütz wie ein Kropf. Einfach in die Gegend schmeißen wollten wir das Teil aber auch nicht. Ich hatte mal so einen doofen Western mit vielen Leichen und gar keiner Handlung angeguckt, wo ein Pistolero einen Sarg an einem Strick hinter sich her mitten durch die Wüste zog, der fiel mir wieder ein. Dieser Kanister war so daneben wie der Film, nur zum Glück viel leichter als der Sarg.

Nach dem Abwasch stiegen wir einen steilen Hang mit Tolarbüschen hinauf. Bald wich der Schatten der Sonne, die sengend heiß herabbrannte. Je höher wir gelangten, desto kühler wurde

es. Das letzte Grün wich immer mehr einem wüstenfarbenen Ockerbraun, nach und nach gelangten wir in den Regenschatten von Ancohuma und Illampu. „Pass auf, eine Klapperschlange!“, warnte ich Christian, der erschrocken einen Sprung zur Seite machte. Schnell kroch die stattliche Cascabel geradewegs auf mich zu, worauf ich ihr mit meinem unnützen Kanister den Weg zu meinen Füßen verstellte. Sie schlängelte sich um mich herum und verschwand unterhalb des Weges. Jetzt hatte auch das Plastikteil seinen Zweck erfüllt.
Am Nachmittag erreichten wir das Dorf Chuchullaya in etwa 3.000 Metern Höhe. Hier gab es Wasser, auf den Feldern gedieh Hafer, Mais und Gerste. Etwa 500 Menschen fanden so ihr Auskommen. Es waren sogar Schilder mit Straßennamen an den einfachen Lehmhütten angebracht. Die Dorfbewohner nahmen uns freundlich auf, wir durften uns in einem Versammlungsraum einquartieren. Von einem öffentlichen Wasserhahn holten wir uns das kostbare Nass, wir brauchten nur den Hahn aufzudrehen. Mann, war das genial. Auf dem Platz setzten wir uns auf eine Bank und beobachteten die Leute. Fünf junge Mädchen versteckten sich scheu hinter einem Eukalyptusbaum und beobachteten uns aus dieser Deckung, sie trugen Schulklamotten. Wenn wir zu ihnen hinüberschauten, verschwanden ihre Köpfe schnell hinter dem Baum, aber links und rechts lugten vorwitzig ihre langen schwarzen Zöpfe heraus. Am Wasserhahn traf sich alles: Schafe, Ziegen, Männer, Frauen und Kinder. Die Kinder holten das Wasser zum Kochen in Kanistern, oft standen zwei oder drei gleichzeitig an. Dann kam ein Mann in löchriger hellroter Unterhose, seine Kleider unterm Arm, und badete sich kniend in der Ziegentränke unter dem Wasserhahn. Mit eingeseiftem Kopf winkte er grinsend zu uns herüber, wir winkten lachend zurück. Wir sahen nur alte oder ganz junge

Dorfbewohner, die gesamte Dorfbevölkerung zwischen 16 und 45 Jahren war in die Stadt gezogen, wo das Leben leichter und der Lohn höher war. Der Bürgermeister, ein kräftiger, gedrungener Mann mit einem Gesicht wie ein Filmschauspieler, listigen braunen Augen und Bartstoppeln im Gesicht, setzte sich zu uns auf die Bank. Ohne Scheu fing er ein Gespräch mit uns an, bei jedem Wort hörte ich ein großes Selbstvertrauen, aber auch Vorsicht gegenüber dem weißen Mann heraus. Er war ein echter Boss, der Häuptling des Dorfes, an dem kein Weg vorbeiführte, wenn man hier etwas von jemand wollte. Christian und ich fühlten uns geehrt, dass er mit uns sprach. Auch wenn er nichts sagte, spürten wir es wohl, mit was für einer Persönlichkeit wir es hier zu tun hatten. Nachdem der Bürgermeister sich zu uns gesetzt hatte, dauerte es nicht mehr lange, bis wir von neugierigen Dörflern umringt wurden, die uns alle aus nächster Nähe sehen wollten. Wie die Menschen aussahen, mussten sie viel gearbeitet haben in ihrem Leben. Wir erfuhren, was wir schon vermutet hatten, nämlich dass die jungen Leute beinahe alle nach La Paz gegangen waren. Wenn sie einmal fort waren, dann kamen sie meist nur noch ein-, zweimal im Jahr wieder, aber sonst blieben sie fort. Sie hatten scheinbar endgültig mit ihrer Vergangenheit gebrochen. Ob sie darunter litten? „Es ist traurig, dass unsere Kinder fortgehen“, bemerkte der Bürgermeister dazu. Weder in der Stimme noch in seinem Raubvogelgesicht war eine sichtbare Gefühlsregung zu erkennen.
Wir schenkten ihm unseren großen Plastikkanister, das machte sich gut, kostete nichts und ich war das lästige Teil los. Natürlich sagten wir dem neuen Besitzer, dass Nitroverdünner drin gewesen war. Die meisten der Männer hatten in ihrer Jugend für die Amerikaner in den Goldminen von Guanay gearbeitet, unser Anblick flößte ihnen deshalb keine Furcht ein. Wir erfuh-

ren abenteuerliche Geschichten aus ihrem Leben und interessante Einzelheiten über die harte Feldarbeit hier oben. Auch Christian und ich gaben ein paar unserer Geschichten zum Besten, wobei ich den Dolmetscher spielte.
Irgendwie waren die Leute von Chuchullaya auf ihre ureigene Weise etwas ganz Besonderes, ihre Charakterköpfe erweckten in mir den Eindruck, als wäre hier „Spiel mir das Lied vom Tod" gedreht worden, auch die Kulisse des Dorfes hätte dazugepasst.
„In letzter Zeit kommen Scharen von Touristen nach Chuchullaya", stellte der Bürgermeister fest, während er vornüber gebeugt, auf den Boden blickte, als meinte er nicht uns. „Schade", dachte ich mir. Bei näherem Nachfragen bestanden die „Touristenscharen" aus drei Männern im vergangenen Jahr: einer davon war ich, dann waren José und ich noch einmal hier gewesen. Auf einmal konnten sich ein paar Männer wieder an mein Gesicht erinnern, zumindest taten sie so als ob. Wir redeten noch bis weit in die Nacht, dann gingen wir in unsere fensterlose Lehmhüttenunterkunft. Sie war spartanisch eingerichtet, die Wände zierten breite Risse, die mit Kalk verputzte Holzdecke hing bedenklich durch, doch nach dem Gesetz des Zufalls würde sie mit an Sicherheit grenzender Wahrscheinlichkeit nicht ausgerechnet heute herunterbrechen. Müde von den Eindrücken des Tages legten wir uns gemeinsam auf die einfache Holzpritsche und schliefen augenblicklich ein.
Am Morgen standen wir mit dem ersten Hahnenschrei auf. Es war noch dunkel und wird frühstückten im Schein zweier Kerzen. Der bestellte Esel und sein Treiber kamen zwei Stunden zu spät, also wie erwartet und somit ausgemacht. Dass der Mann eigentlich auf die Minute pünktlich war und Christians Uhr falsch ging, bemerkten wir erst später. Als er kam, gaben wir ihm etwas zu essen, dann brachen wir auf.

Das Maultier trug unsere Rucksäcke und ohne jegliche Last auf dem Buckel stiegen wir schnell und genüsslich nach Karasani, einem Dorf 900 Höhenmeter über Chuchullaya auf. Dort kehrte unser Begleiter um und wir gingen allein weiter. In stetigem Auf und Ab überquerten wir hohe Bergpässe, je höher wir kamen, umso dünner wurde die Luft. Christians Atem wurde flacher, doch er legte ein flottes Tempo vor und schien nicht müde zu werden. Die Tiefblicke waren gigantisch. Langsam verstrich die Zeit, trotzdem war es plötzlich Nachmittag, ein geeigneter Zeltplatz mit Wasser war nicht auszumachen.
Kurz vor Erreichen des letzten Passes bekam Christian einen Höhenkoller, der mich überraschte wie ein Blitz aus heiterem Himmel. Bislang war sein Tempo so forsch gewesen, dass ich Mühe gehabt hätte, noch schneller zu gehen. Noch selten war ich mit einem Europäer so gut vorangekommen. Jetzt setzte er sich auf seinen Rucksack und sagte nur: „Ich kann nicht mehr." Dabei schlief er beinahe ein.
„Komm, es sind noch 200 Höhenmeter hinauf, dann geht es nur noch abwärts bis zum Titicacasee", munterte ich ihn auf. Christian wollte zuerst wieder zurück, doch das wäre entschieden weiter gewesen als vorwärts. Langsam, unendlich langsam stiegen wir weiter. Plötzlich warf Christian seinen Rucksack weg, schnappte nach Luft wie ein Ertrinkender, rannte den Berg hinunter und warf sich auf den Boden, wo er die Luft so energisch einsog und wieder ausstieß, als wäre sie so dicht am Boden dicker und sauerstoffhaltiger.
Ich stellte mein Gepäck ab und ging ihm nach. „Ich trage deinen Rucksack ein Stück, wir sind gleich oben", versuchte ich ihn zum Aufstehen zu bewegen. Ich war beunruhigt.
„Ich mache keinen Spaß, du weißt, dass ich nicht wehleidig bin, und wenn ich demnächst umfalle, dann komme ich von alleine

nicht mehr hoch. Dann hast du die Wahl, mich verrecken zu lassen oder mich zu tragen“, antwortete Christian.
„Niemals würde ich dich im Stich lassen“, entgegnete ich ernsthaft beleidigt, denn es kränkte mich, wenn jemand so mit mir redete. „Komm, du Waschlappen, du wirst doch für die paar Meter keine Krücken brauchen“, stichelte ich, um Christian zum Aufstehen zu bewegen. Der Trick verfehlte seine Wirkung nicht. Der so in seinem Stolz verletzte rappelte sich mühsam auf wie ein Fußballspieler, der gefoult worden war. Mit seiner Zipfelmütze klopfte er sich den Dreck von der Hose, dann setzte er sich wortlos in Bewegung. Schwer atmend und in Zeitlupe stieg er ohne Rucksack höher. Ich folgte ihm mit meinem Rucksack, stellte ihn nach einer Weile ab, stieg wieder hinunter und holte das Gepäck von Christian. Auf diese Weise legte ich dieselbe Strecke dreimal zurück, zweimal hoch und einmal runter. Christian war so langsam geworden, dass ich trotzdem leicht mithalten konnte.
Die Distanz und der Höhenunterschied zur Passhöhe waren lächerlich gering, doch für Christian wurde die kurze Strecke zu einer unglaublichen Schinderei. Sein Gesicht war schmerzverzerrt und nur sein Dickschädel ließ ihn durchhalten, ein Mensch mit schwachem Willen hätte aufgegeben und wäre zusammengebrochen.
Als wir auf der etwa 5.000 Meter hoch gelegenen Passhöhe anlangten, waren wir beide erleichtert, drüben ging der Weg nur noch hinunter und Christian erholte sich mit jedem Schritt, den wir bergab taten. Sobald er wieder einigermaßen auf dem Dampfer war, trug er seinen Rucksack wieder selbst, obwohl er immer noch recht müde wirkte. Die in Richtung Titicacasee geneigte Hügellandschaft war viel grüner als die andere Seite, von der wir kamen, der Kontrast hätte größer nicht sein kön-

nen. Wir kamen an herrlichen, klaren Seen vorbei, die zum Verweilen einluden, doch wir wollten noch tiefer hinunterkommen, weil Christian sich in der Nacht besser erholen konnte, wenn wir so tief unten wie möglich schliefen, wo die Luft mehr Sauerstoff enthielt. Bei Anbruch der Nacht campierten wir neben einem Bach. Als wir am Morgen den Zelteingang zurückschlugen, bot sich uns ein atemberaubender Anblick: Unter uns und in einiger Entfernung glänzte die riesige Wasserfläche des Titicacasees, dahinter leuchtete das Weiß der hohen Kordillerenberge.

Heiße Quellen und ein Schreck in dunkler Nacht

Einmal auf der Walz, kamen wir erst richtig in Fahrt, das Reisefieber hatte uns gepackt. In Chechepampa, dem ersten Ort mit einigermaßen regelmäßigen Verkehrsverbindungen, stiegen wir in den ersten Bus ein, der Richtung Ancoraimes ging. Stundenlang fuhren wir immer am nördlichen Ufer des Titicacasees entlang, hin und wieder nickten wir ein, dann lebte wieder eine Unterhaltung auf, die uns längere Zeit beschäftigte.

In Ancoraimes fanden wir keinen Anschlussbus. Der Polizist, den wir fragten, war sehr höflich und sympathisch: „Der Bus kommt gleich." Nach drei Stunden hieß es: „Er kommt in einer Stunde." Als es dunkel wurde meinte er: „Wahrscheinlich kommt der Bus morgen." Wir luden den Beamten auf eine Halbe Bier zum Feierabend ein.

Es dauerte eine Weile, bis wir das einzige offene Hotel gefunden hatten, weil kein Schild uns die Suche erleichterte und sich das Hotel auch sonst nicht von allen anderen Häusern unterschied. Als wir es ausfindig gemacht hatten, fanden wir die Eingangstür verschlossen vor und mussten lange klopfen, bis uns eine gedrungene, zahnlose Cholita die Tür öffnete. Die Absteige war billig und heruntergekommen, doch die Zimmer erschienen uns nach vielen Nächten im Zelt groß und sauber, in der Mitte stand sogar ein Papierkorb.

Wir waren die einzigen Gäste, kein Wunder, wenn die Lage des Hotels geheimgehalten wurde. Den verwinkelten, unübersichtlichen Weg zum Plumpsklo ließen wir uns vorsichtshalber zeigen. Kein elektrisches Licht erleichterte den Weg zum stillen Örtchen und wir waren froh um unsere Taschenlampen. Sofort

nachdem wir uns zum Bleiben entschieden hatten, mussten wir bezahlen, die Cholita traute uns nicht, unfreundlich und förmlich bekam jeder von uns eine Quittung in die Hand gedrückt. „Es muss alles seine Ordnung haben, nicht wahr?“, fragte ich unsere Wirtin leutselig. Sie nickte kurz, kein Lächeln huschte über ihr Gesicht. Den Schlüssel zum Absperren des Zimmers gab sie uns äußerst widerwillig. „Passt auf, dass ihr ihn nicht verliert!“, raunte sie uns unwirsch an.
„Das ist ja gar kein Fisch, die kann ja reden!“, meinte Christian. Ich lachte und die Frau verzog ihr Gesicht noch mehr, wahrscheinlich vermutete sie, dass wir uns über sie lustig machten. Eine Dusche gab es selbstverständlich nicht, nur einen Wassereimer als Klospülung und zum Rasieren.
Nachdem wir unsere Sachen im Zimmer verstaut und die Schlafsäcke auf den Betten ausgebreitet hatten, meldete sich der Hunger. Der Blick in die Küche des Hauses bot einen verheerenden Anblick: Gasflaschen, Schweinelenden und Metzgermesser lagen wild verstreut im Raum herum. Alles war von einem dreckigen Film überzogen, auf dem Herd siedete eine undefinierbare Brühe ohne Aufsicht vor sich hin und wartete vergeblich darauf, dass jemand sie umrührte. Die Küche diente gleichzeitig einer Herde Meerschweinchen als Stall, ihre nach Salpeter stinkende Scheiße bildete einen dicken Belag auf dem Boden. „Ich bin nicht heikel, aber lass uns trotzdem woanders essen“, bat mich Christian. Ich hatte nichts dagegen.
Am Morgen standen wir schon früh auf und begaben uns zur Plaza, denn wir wollten den Anschlussbus nicht verpassen, der dann doch erst gegen Mittag ankam. Endlich konnten wir unsere Reise fortsetzen, nicht wann, sondern dass der Bus kam war letztlich entscheidend. Nachmittags um 3 Uhr hielten wir vor der Schranke eines Militärpostens.

„Warum fahren wir nicht weiter?", fragten wir den Busfahrer. „Weil die Schranke erst um 3 Uhr geöffnet wird", belehrte der uns. „Aber es ist schon 3 Uhr", wendete Christian ein. „Auf meiner Uhr ist es 1 Uhr", sagte der Busfahrer. „Sie geht falsch", behaupteten wir. Nach einem Uhrenvergleich mit mehreren anderen Passagieren bemerkten wir, dass unsere Uhr tatsächlich falsch ging. Die Uhr in Sorata, nach der wir unsere gestellt hatten, war wohl falsch gegangen und wir hatten es ewig nicht bemerkt. Es gab ein großes Gelächter im Bus, ein bisschen peinlich war uns das schon. Schlagartig ging mir jetzt auch ein Licht auf, warum es am Morgen immer noch so dunkel war. Nachdem der Schlagbaum hochging, fuhren wir ohne Unterbrechung durch bis Puerto Acosta.

Dort fanden wir ein gemütliches kleines Restaurant, dessen Nachteil aus einem Cassettenrekorder und vier großen Lautsprecherboxen bestand, aus denen knallig laute Musik dröhnte. Dabei leierten die Cassetten so mitleiderregend, als würden sie weinen. Den Text konnte beim besten Willen niemand mehr verstehen. Wir trotzten dem Lärm und bestellten uns dennoch etwas zu essen. „Mann, mach die geile Musik doch lauter, man hört ja fast gar nichts!", rief Christian in die Küche und glaubte einen Scherz gemacht zu haben, doch der Koch drehte daraufhin tatsächlich noch ein bisschen mehr auf. „Mehr geht leider nicht, sonst haut es die Sicherung raus", entschuldigte er sich. Er musste schwerhörig, vielleicht auch schon fast taub sein, doch vom Kochen verstand er was. Christian wollte unbedingt noch an jenem Nachmittag zu den Thermalquellen, deretwegen wir hergekommen waren. Ich dagegen hätte es vorgezogen, in Puerto Acosta zu übernachten, denn es war schon spät und ich kannte weder den Weg noch konnte ich die Menschen einschätzen, die hier lebten. Das barg ein gewisses Risiko in sich, hinzu kam, dass wir uns in der Provinz Omasuyo aufhielten, deren Bewohner allerorten einen ziemlich schlechten Ruf hatten. Schließlich ließ ich mich aber doch überreden und wir stiefelten los.

Das liebliche Tal, durch das wir wanderten, wurde von einem klaren Bach durchflossen. Links und rechts des leicht zu findenden und nicht allzu steilen Weges standen rote Granitfelsen in bizarren Formen. Christian war begeistert von diesem wunderschönen Ort mit seinen sanften Hügeln, den strengen Linien der Felszacken und dem sich in Schlangenlinien windenden Wildbach. Nach einer guten Stunde Marsch erreichten wir die dampfende heiße Quelle. Etwa fünfundzwanzig Quadratmeter waren wie ein kleines Schwimmbad eingefasst und von Mauern umgeben. Es gab sogar Umkleidekabinen.

„Lass uns in Ruhe einen schönen Zeltplatz suchen, bevor es dunkel wird!“, bat ich Christian, der am liebsten sofort ein heißes Bad genommen hätte. Die Sonne tauchte weit hinten wie ein roter glühender Feuerball im Titicacasee unter, feurig leuchteten die Granitzacken auf, als ob sie verbrennen würden und im diffusen Abendlicht sah das Tal aus wie das verwunschene Reich von Elfen und Feen.

Barfuß und mit hochgekrempelten Hosen überquerten wir den Bach, auf der anderen Seite warf Christian seinen Rucksack auf den Boden und bestimmte: „Hier stellen wir das Zelt hin, dieser Platz ist super.“ Mir gefiel dieser Ort gar nicht. Nur wenige hundert Meter entfernt, etwas überhöht auf einem Hügel, standen die Lehmhütten eines kleinen Dorfes. Es widersprach meiner Gewohnheit, in einem unbekannten Territorium so nah bei einer menschlichen Siedlung zu nächtigen. Hinzu kam, dass sich unmittelbar neben Christians Lieblingsplatz eine senkrechte Felswand in die Höhe reckte, von wo aus uns jemand mit

Steinen bewerfen könnte. Schlechte Erfahrungen lassen mich normalerweise an solchen Orten überhaupt nicht zelten. Um meine schwachen Nerven zu beruhigen, war Christian damit einverstanden, sich mit mir nach anderen Lagermöglichkeiten umzusehen, doch alle Alternativen, die mir wenigstens ein bisschen sicherer erschienen, befand er nicht für gut. Schließlich schaffte es Christian mit seiner Bestimmtheit und seinem Rednertalent, meine absonderlichen pessimistischen Bedenken zu zerstreuen. Ich wollte immer noch so schnell wie möglich von hier fort, gab aber unter der Bedingung nach, dass wir uns zwanzig Meter tiefer, ganz nah am Ufer des Baches niederließen. Dieser Platz war genauso flach wie der von Christian, aber wenigstens ein bisschen weiter weg von der mir so unsympathischen Felswand. Nachdem wir uns endlich geeinigt hatten, bauten wir in kurzer Zeit das Zelt auf, danach begannen wir zu kochen.

Wir saßen vor dem Zelt und Christian schwärmte: „Das hier, das ist für mich das Ideal einer Landschaft." Ein paar neugierige Kinder kamen vom Dorf herunter, um uns anzustarren. Wenn es auch bisweilen lästig sein konnte, so war das an Orten, in denen es kein Fernsehen gab, normal. Die kleinen Strolche waren sehr ärmlich gekleidet und sahen ein bisschen unterernährt aus. Wir stellten ihnen von unserem Essen hin und ließen sie aufessen. Ohne ein Wort zu sagen wusch ein kleines Mädchen unser Geschirr am Bach blitzblank und stellte es uns vors Zelt. Dann gesellte sie sich wieder zu den anderen Kindern und half ihnen dabei, uns wortlos von oben bis unten zu mustern. Ein Mann, der offensichtlich von der Feldarbeit nach Hause kam, fragte uns, ob wir Brot wollten und ging ohne eine Antwort abzuwarten weiter. Was sollte diese eigenartige Frage? Ich fühlte mich bedroht.

Es war bereits dunkel, als sich die Kinder davontrollten. Christian zerstreute meine Ängste, schlussendlich erschienen sie mir nach einer Weile auch verrückt. Wir legten uns schlafen, die Handtücher für das morgendliche Bad lagen schon bereit.
Von einer inneren Unruhe gepeinigt, schlief ich nicht besonders tief und war sofort hellwach, als ich den ersten Stein aufschlagen hörte. Nur wenige schnelle Herzschläge später landete ein weiterer Brocken unweit vom Zelt. Dann war es still, nichts regte sich draußen. Ich wusste: Die Leute vom Dorf lauern da draußen. Ich weckte Christian und flüsterte mit bebender Stimme: „Wir werden angegriffen.“ „Mann, lass mich schlafen!“, beschwerte er sich laut. „Pssst!“, murmelte ich beschwörend. Im selben Moment prasselte ein Steinhagel auf uns nieder. Christian schreckte hoch, als hätte ihn eine Schlange gebissen. „Was ist los?“, fragte er verdutzt.
„Man beschießt uns mit Steinschleudern, knips unter keinen Umständen Licht an, sonst sehen sie, wo wir sind und mach um Gottes willen keinen Lärm!“, erklärte ich ihm flüsternd die Lage. Rrrumms! Ein schweres Kaliber schlug keine fünf Meter von uns entfernt ein, dass die Erde erzitterte. Jemand musste auf der Felswand sitzen und schwere Brocken hinunterrollen. Die Richtung stimmte, doch gottlob stand das Zelt für die großen Trümmer, die nur gerollt und nicht geworfen werden konnten, eine Idee zu weit von der Wand weg, um getroffen zu werden. Ein Steinschleuderschuss traf das Zelt seitlich und schlitzte die Außenwand der Länge nach auf. Kawumm – schlug ein weiterer Brocken von oben ein. Zum Glück stand das Zelt näher am Bach als ursprünglich vorgesehen und so drohte uns von den schweren Bomben keine unmittelbare Lebensgefahr. Steinschleuderschüsse, die voll saßen, rüttelten am Zelt, aber es hielt dem Beschuss stand und brach nicht zusammen.

Entsetzt schauten wir uns gegenseitig an, ich spürte Christians warmen Atem in meinem Gesicht, ich ahnte ihn in der Dunkelheit mehr als dass ich ihn sah. Plötzlich war es still. „Sie ziehen sich zurück und sammeln sich für einen neuen Angriff oder sie stürmen augenblicklich das Zelt und überrennen uns", kommentierte ich den Sachverhalt. „Lass uns zusammenpacken und sofort verschwinden!", erwiderte Christian, während er schon einen Rucksack einräumte.

Um uns herum spannte sich eine Stille, die jeden Moment durch die Erfüllung unseres Schicksals zerissen werden konnte. „Bleib du im Zelt und pack zusammen, ich will versuchen, die verdammten Sauhunde zu erschrecken", flüsterte ich und trat vors Zelt, ohne eine Antwort abzuwarten. Ich sah nichts und ließ einen lang gezogenen, sich schrill überschlagenden Schrei los, den das Echo von irgendwoher zurückwarf. Dann wechselte ich sofort den Standort, um keinen Stein auf die Birne zu kriegen und brüllte wieder in die Nacht. Dabei bewegte ich mich im Zickzack auf die Richtung zu, in der ich die Indios vermutete. Ich wusste um ihre Angst vor dem Teufel und bösen Geistern und hoffte, ihnen so einen gehörigen Schrecken einzujagen und zumindest einen für uns aussichtslosen Nahkampf zu verhindern. Christian wähnte ich im Zelt verhältnismäßig sicher, während ich selbst äußerst gefährdet war. Plötzlich prasselte ein neuer Steinhagel aus verschiedenen Richtungen heran, ein Geschoss pfiff mir knapp am Ohr vorbei, doch die meisten flogen in Richtung des Zelts.

Ohne zu überlegen, ob ich getroffen werden könnte, stieß ich einen schrillen Schrei aus und wechselte sofort den Standort. Dem Beschuss nach vermutete ich, dass uns zehn bis zwanzig Mann gegenüberstanden. Nachdem ich wieder geschrien hatte, hörte ich jemanden flüstern und sich entfernende Schritte, der

Angriff wurde vorzeitig abgebrochen. Ich rannte zu Christian zurück und half ihm beim Zusammenräumen. Der Gute hatte innerhalb weniger Minuten beide Rucksäcke gepackt. „Es liegt nichts mehr herum, wir können", seine Stimme klang erstaunlich ruhig.

Dann regnete der dritte Steinhagel herunter. Wie sich eine Schildkröte bei Gefahr in ihren Panzer verkriecht, kauerten wir mit eingezogenem Kopf hinter unseren Rucksäcken, die mit Wucht von einigen Geschossen getroffen wurden. Auf den Angriff folgte wieder trügerische Stille, die an den Nerven riss. „Jetzt lauf!", rief ich, es wäre nicht nötig gewesen, denn Christian rannte schon durch den Bach und ich hinterher. Es war ein ungutes Gefühl, blindlings in die Nacht zu laufen und nicht zu wissen, ob auf der gegenüberliegenden Seite Indios im Hinterhalt lauerten, um uns den Rest zu geben. Die einzige Richtung, wo wir uns halbwegs auskannten, war die, aus der wir gekommen waren. Dorthin liefen wir. Wir wagten es nicht, den Weg zu benutzen und flüchteten querfeldein, hin und wieder stolperte einer von uns und es streckte ihn der Länge nach hin. Wir trauten uns nicht, eine Taschenlampe einzuschalten, trotzdem legte Christian ein ganz beachtliches Tempo vor. „Mach langsamer, wir brechen uns noch das Genick!", bat ich den nur mühsam zu bremsenden Freund mehrmals. Wir konnten unversehens über eine plötzlich den Weg verstellende Felswand abstürzen, wenn wir nicht aufpassten.

Kurz vor Puerto Acosta legten wir schwer atmend eine Pause ein. Es schien so, als ob uns niemand gefolgt wäre, hundertprozentig sicher fühlten wir uns jedoch beide nicht. Jetzt wusste auch Christian, was Verfolgungswahn bedeutet, gehetzt blickte er sich nach allen Seiten um und verdächtigte jeden Schatten und jedes Rascheln im Gebüsch der bösen Absicht. Als ich geraume

Zeit in die Dunkelheit gestarrt, eventuellen verdächtigen Geräuschen gelauscht hatte und nichts Außergewöhnliches feststellen konnte, begann ich unser Zelt aufzubauen. Es hatte ein paar schwere Treffer abgekriegt, war aber noch zu gebrauchen. Christian wollte auf gar keinen Fall hier schlafen, er hatte Angst, dass uns doch jemand gefolgt sein könnte.

Diesmal wollte ich meinen Dickschädel durchsetzen und unter keinen Umständen von hier fort. „Dann schlaf du halt irgendwo fluchtbereit neben dem Zelt, während ich drinnen schlafe und Zielscheibe spiele, dann kannst du wenn was los ist immer noch abhauen“, schlug ich vor. Christian schulterte seinen Rucksack und ging. Anfänglich glaubte ich, er würde in zehn Minuten wieder hier sein, doch am entfernten Bellen der Hunde hörte ich nach geraumer Zeit, dass Christian in Puerto Acosta angelangt sein musste. Ich machte mir Sorgen, denn tief in der Nacht waren dort alle Häuser verrammelt und auf den Straßen trieben sich um diese Zeit nur Hunde und lichtscheues Gesindel herum. Dann hörte ich erneut eine Hundemeute kläffen. Vermutlich hatte er in der Stadt keine Bleibe gefunden und suchte sich außerhalb einen sicheren Schlafplatz. Dabei konnte Christian zwar von einem Hund gebissen werden, doch das wäre lediglich schmerzhaft, solange der Hund keine Tollwut hat oder die ganze Meute nicht auf einmal auf ihn losginge. Er wird sich mit einem Stock und Steinwürfen zu wehren wissen, stellte ich leidlich beruhigt fest. Dann verebbte das Gebell.

Irgendwo in den Felsen schrie eine Nachteule, von der ich annahm, dass sie ein großer Vogel und keine zweibeinige Ratte mit Steinschleuder und Mordgedanken war. Mir fiel ein Sprichwort ein: Wenn der Uhu dreimal schreit, dann ist der Teufel nicht mehr weit. Wer oder was war der Teufel? Die Hölle auf Erden, das waren fast immer die Menschen. Einsam legte ich mich übermüdet ins Zelt, schlief aber nur schlecht, weil mich Selbstvorwürfe und ängstliche Zweifel über Christians Verbleib quälten.

Mit den ersten Sonnenstrahlen stand ich auf und fragte mich, wo ich den Kameraden zuerst suchen sollte, da kam der verlorene Sohn des Weges daher, als ob nichts geschehen wäre. Mir fiel ein Mühlstein vom Herzen. Ich winkte ihm zu, bis er neben mir stand. Wir lächelten uns an und brauchten nicht zu sagen, dass wir glücklich waren, uns wohlbehalten wiedergefunden zu haben. Aus Angst vor Banditen und Hunden war Christian auf einen Baum vor der Stadt gestiegen und hatte dort ziemlich unbequem den Rest der Nacht verbracht.

„Was tun wir mit dem angebrochenen Tag?“, fragte Christian. „Pilgern wir zum Thermalbad, am hellichten Tag droht uns keinerlei Gefahr“, schlug ich vor. „Gute Idee, jetzt gerade erst recht“, stimmte Christian mir zu. Im Bad legten wir uns ins heiße Wasser. Kurz bevor wir aufweichten kletterten wir wieder raus, legten uns auf die Schlafmatten und schliefen solange, bis es uns wieder nach einem Bad verlangte. Dazwischen fanden wir genügend Zeit, unsere Kleider zu waschen und zu trocknen. So verbrachten wir einen faulen, sorglosen Tag. Wir achteten aber darauf, dass wir bei unserem Rückweg ja nicht in die Dunkelheit gerieten und kehrten mit großer Zeitreserve nach Puerto Acosta zurück.

Dort mieteten wir uns in das einzige „Hotel“ ein, das wir finden konnten. Die „Hotelbesitzerin“ wies ihren Sohn an, uns das „Gästezimmer“ zu zeigen. Der kleine separate Raum bestand aus Erdmauern, das Dach war aus rostigem Wellblech und fünf spartanische, für einen Europäer ziemlich knapp bemessene Betten standen auf engstem Platz nebeneinander. Die kleinen Fensteröffnungen waren als Schutz vor Wind und Wetter notdürftig mit Pappdeckelstücken zugehängt. Der Raum war weder gestrichen noch hing ein Poster an der Wand, das einen Anflug von Gemütlichkeit hätte vermitteln können. In einer Ecke lehnte ein Schubkarren, an dem Kuhscheiße klebte. Außer den Betten und dem Schubkarren gab es nichts. Dieses „Hotelzimmer" war so beeindruckend hässlich, dass es dadurch fast schon wieder etwas hatte.

Wir setzten uns auf ein Bett und schauten dem breitschultrigen, kräftigen Jungen zu, wie er aufreizend langsam sämtliche Decken ausschüttelte und sie völlig ohne Plan wieder zusammenfaltete. „Wo ist die Toilette?", fragte Christian. „Ihr könnt vielleicht dämliche Fragen stellen, habt ihr denn den Misthaufen draußen vor der Tür nicht gesehen?", meinte der Junge dümmlich grinsend. Er hatte unübersehbar einen gewaltigen Dachschaden. Ich tippte auf Inzucht.

„Mann, dass ihr Gringos amerikanisch sprecht, das ist schon der Wahnsinn. Warum macht ihr denn sowas?", meinte der Junge, blinzelte uns an und vergaß dabei völlig, dass er eigentlich die Decken zusammenlegen sollte. „Beeil dich, du Idiot!", schrie die Alte ihrem Sohn über den Hof von der Küche herüber. „Ja Mama, ich komme gleich", antwortete der, dabei hatte er erst eine Decke von zehn zusammengefaltet.

„Ich spreche nicht nur eine, sondern vier verschiedene Sprachen", trumpfte ich auf. „Verdammte Rattenscheiße, dir muss doch gleich der Kopf platzen", rief der Dorftrottel aus und schüttelte dabei ungläubig den Kopf. „Ich kann gar nicht mit ansehen, wie der die Decken zusammenlegt", schimpfte Christian auf deutsch und schlug die Hände über dem Kopf zusammen.

„Hat dein Kumpel Kopfweh?", fragte der Junge und deutete auf Christian. Unsere Unterhaltung wurde jäh von der Mutter unterbrochen, die ihren Sohn an den Ohren aus dem Zimmer zog und in ankreischte: „Hol sofort die Kühe von der Weide und bringe sie in den Stall, du Holzkopf!"

„Bis später", verabschiedete sich unser Freund und machte sich davon. „Es ist ein Kreuz mit dem Kerl", redete die Mutter mit sich selbst. Vielleicht ist es auch mit ihr ein Kreuz, dachte ich für mich. Die ungewaschenen Decken legten wir selbst wieder zusammen und breiteten statt ihnen lieber unser Schlafsäcke aus. Später tauchten noch zwei bolivianische „Hotelgäste" auf, die sich zu uns in das Zimmer zwängten. Als uns der Junge auch noch besuchte, wäre kein Platz mehr für eine weitere Person gewesen. Wir stellten weiter keine besonderen Ansprüche und so wurde es noch ein netter Abend bei Kerzenlicht.

Am folgenden Vormittag gingen wir zur Polizei, um den Überfall anzuzeigen. Der Polizeichef war übel gelaunt und hatte keine Lust, dem Fall nachzugehen. Er hatte das Polizeiauto an einen Freund vermietet und konnte außerdem unmöglich weg, weil er allein auf der Wache war. Als drei Polizeikollegen die Amtstube betraten, war es ihm kein bisschen peinlich, dass er gelogen hatte, er erzählte uns gleich etwas anderes.

„Wenn ihr einem der Täter mit einer Machete den Arm abgehackt hättet, könnte ich ihn einwandfrei identifizieren, aber ihr habt ja nicht einmal jemanden gesehen." Mit dieser abschließenden Bemerkung warf uns der Bulle aus seinem Büro. Dabei hätte er sehr wohl etwas tun können: Der Bürgermeister und die Bürger eines jeden Dorfes sind prinzipiell für jede Art von Vergehen in ihrem Territorium verantwortlich und wissen nur zu gut Bescheid, was läuft und wer die Täter sind. Wenn ein Bürgermeister die Schuldigen decken will, dann gehen er und eine beliebige Anzahl von Bürgern stellvertretend für die Täter ins Gefängnis beziehungsweise bezahlen als Strafe mehrere Kühe

oder Schafe, die sich die vollstreckenden Beamten normalerweise unter den Nagel reißen. Für gewöhnlich werden die Täter schnell preisgegeben.
Diese Polizei war weder unser Freund, noch unser Helfer. Sie würde nur ausrücken, wenn für sie etwas dabei herausschaut, das heißt, wenn sie bestochen wurde oder wenn die Täter Profit versprachen, weil sie sich mit Geld oder Ware freikaufen konnten. Bei uns stimmte das Verhältnis Aufwand-Profit nicht. Hätten wir sie bestochen, dann hätten sie ein paar Obdachlose aufgegriffen und eingesperrt, uns abkassiert und die Leute nach ein paar Tagen wieder laufen lassen. Einfach und weniger riskant. Nun gut, wir hatten versucht etwas zu unternehmen, recht viel mehr als nichts erwartete ich von den „Ordnungshütern" schon länger nicht mehr. Wir hatten das Glück, uns selbst helfen zu können, außer dem beschädigten Zelt und einer mehr oder weniger schlaflosen Nacht hatten wir keine Verluste erlitten und waren um eine Erfahrung reicher.
Was hier in Puerto Acosta ablief, war das ganz normale Leben an einem Ort, an den sich normalerweise kein Tourist verlief. Ein durchschnittlicher Urlauber hätte es als Zumutung empfunden, wenn ich ihn hierher geschleppt hätte. Daran dachte ich später zurück, wenn Urlauber in Touristenzentren wie Copacabana oder auf weltbekannten Treks wie dem Takesi-Trail die Nase über andere Urlauber rümpften, weil sie in ihrem Urlaub nicht durch weitere Reisende gestört werden wollten, die so waren wie sie. Wer die touristisch ausgetrampelten Pfade verlässt, der muss schlechte Unterkünfte, Zeitverzögerungen, Sprachprobleme und andere Unannehmlichkeiten in Kauf nehmen. Dazu war fast niemand bereit.
„Es wird Zeit, dass wir nach Hause kommen", sagte Christian.
„Auf nach Sorata!", antwortete ich. Wir fragten den Fahrer eines

Toyota-Jeeps, wann er Richtung Achacachi losfahren würde. „Um 9 Uhr, ich muss noch ein paar kleinere Reparaturen an meinem Fahrzeug vornehmen“, meinte der. Es war bereits zehn, als er neun sagte, woraus wir schlossen, dass er frühestens morgen starten würde. Kurze Zeit später machten wir einen großen Lastwagen ausfindig, der uns hinten auf der Ladefläche mitnahm. Nachdem etwa 50 Passagiere nebst umfangreichem Gepäck sowie Schweine, Schafe und Hühner Platz gefunden hatten, fuhren wir los. Obwohl die Ladefläche derart mit Lebewesen vollgestopft war, dass nicht eine Handbreit Platz übrigblieb, fand jeder der Reisenden ein Plätzchen, wo er sich halbwegs bequem niederlassen konnte. Die Schlaglöcher der ungeteerten Straße rüttelten uns ordentlich durch und der durch die Fahrt aufgewirbelte Staub setzte sich in Nase, Mund und Augen fest. Ich schaute Christian an und musste lachen: Mit der dicken Staubschicht auf Gesicht und Haaren sah er aus wie ein Gespenst.

Wohin einer kommt, wenn er geht

Wer viel arbeitet, der macht viele Fehler, wer wenig arbeitet, der macht wenig Fehler und wer gar nichts arbeitet, der ist eine faule Sau. Wer daraus schließt, dass Christian und ich faul sind, der irrt sich. Wir bearbeiten den flüchtigsten aller Stoffe, die Luft, indem wir sie aus- und einatmen, dabei weite Strecken zurücklegen und versuchen zu ergründen, wohin wir kommen, wenn wir gehen. Diese schwere Arbeit ist sehr zeitaufwändig und erfordert ein hohes Maß an Idealismus, eine Eigenschaft, die auszusterben droht, weil sie sich kaum noch jemand leisten kann. Überdies sind Tagträume, wie wir sie haben, aus der Mode gekommen, wer heute obercool erscheinen will, der muss sich anderen Trends unterwerfen. Obwohl wir weder Trendsetter noch Insider sind, kann man uns ohne weiteres als atmende Menschen durchgehen lassen, so hoffe ich jedenfalls. Indem wir uns bewegen, verändern wir uns und lassen die Welt gleichzeitig so wie sie ist. Eine Haltung entsteht, die nicht mit der eines Autoverkäufers zu vergleichen ist.

Sind wir etwa weniger „wertvolle" Menschen als ein erfolgreicher Wirtschaftsboss, nur weil das Ergebnis unserer Taten sich nicht in Zahlen ausdrücken lässt? Eine demütige Haltung gegenüber der Natur zu erlernen, ist etwas Abstraktes, nicht greifbar. Wenn solche Dinge auch nicht gegriffen werden können, man kann sie begreifen. Vielleicht wäre es für eine Konsumgesellschaft von Vorteil, wenn es mehr so genannte faule Schweine und weniger ehrgeizgesteuerte, professionelle Vorankommer gäbe, die bedenkenlos und brutal alles aus der Bahn räumen, was ihnen im Weg steht. Ich finde es eine Schande, dass solche

Nichtvorbilder zum bewunderten Ideal einer Gesellschaft werden. Die Moral der Allgemeinheit geht durch diese Schädlinge ganz allmählich vor die Hunde. Auch wir bewegen uns, nur gehen wir in eine völlig andere Richtung.

Mit Julian, einem Münchner, machten sich Christian, ich, ein Maultiertreiber und zwei Maultiere auf den Weg zum Basislager „Schwarzer See". Am Nachmittag des dritten Tages schlugen wir unsere Zelte neben einem Bach auf. Für mich war dieses Wasser zu einem Ort geworden, weil ich oft dort vorbeigekommen war. Ich hatte ihm den Namen „Forellenbach" gegeben. Er gehörte zwar nicht mir, aber ich fing mir dort oft meine Forellen. Genau genommen gehörte der Bach niemandem und deshalb wieder jedem, der dort vorüberging. Also auch mir.

Lange vor unserer Zeit gehörte jedem alles und es gab niemanden, der nichts hatte. Neid und Diebstahl waren fremd, nicht einmal Worte gab es dafür. Sobald die ersten Zäune aufgestellt worden waren, war es aus und vorbei mit dem Grundrecht eines jeden, dorthin gehen zu dürfen, wohin er wollte. Mir gehörte nichts und doch hatte ich alles, das war ein kostbarer Schatz. Mir stand es frei, dorthin zu gehen, wohin ich wollte, kein Zaun hielt mich zurück. Hätte ich so wie „alle" werden sollen: gleichgültig, zynisch, nichtssagend und verbittert? Die soziale Ungerechtigkeit einer Arbeit, die ich gar nicht wollte, ertragen bis ich sterbe? Wütend Besitz anhäufend, dem Unsinn des Lebens folgend, bis ich soviel gehortet hätte, dass ich vor lauter Haben nicht mehr wüsste wer ich bin? Sollte ich mich selbst aufgegeben? Ich hätte sicherlich zähneknirschend weiterleben und dabei alt werden können, aber inwendig wäre ich verblutet. Eine weitere dickbäuchige lebendige Leiche wäre ihr Restleben lang als kleine Schachbrettfigur vor ihren paar Quadratmetern Schreibtisch im Büro gesessen.

Wo mochten meine Altersgenossen gerade sein? Ob sie in den Himmel kamen, zur Hölle fuhren oder auf der Erde blieben – ich beneidete niemanden und gönnte jedem alles.
Mit einem Mal, im Bruchteil einer Sekunde, wurde mir himmelklar, wie wenig ich seit jeher zu der sezierten, kartographierten, bespitzelten und zubetonierten Welt gepasst hatte, aus der ich kam. Ich gehörte hierher, in das Herz der Weite, die unmerklich langsam, aber stetig zu einem Teil von mir geworden war. Mit jeder Faser meiner Existenz liebte ich dieses Land, das ganz und gar meinem Charakter entsprach. Wenn jemand mein Innerstes nach außen drehen hätte können, dann wäre die perfekte Entsprechung von dem, was meine Augen von außen nach innen projizierten, zum Vorschein gekommen. Dieses Land, das war in mir drin, dieses Land, das war ich. Wenn ich dieses Land anschaute, dann blickte ich in einen Spiegel.
Das Auge hält fest, was es sieht und das Herz lässt sich nichts mehr entreißen, was es einmal festhält. Die einzige Möglichkeit, mich von der Erinnerung zu befreien, wäre mich tot zu schlagen und selbst dann hätte ich keinen Quadratzentimeter von mir hergegeben. Eine wunderliche, sentimentale Gemütsregung kam über mich, ich wusste nicht woher und wozu. Ich setzte mich abseits von den anderen, damit sie meine Tränen der Rührung nicht bemerken konnten. Dieses unerbittlich harte Land griff mir direkt ans Herz und machte mein Gemüt butterweich. Schnell gewann ich meine Fassung wieder und ging zurück, um beim Aufstellen der Zelte und Abladen der Maultiere zu helfen.
Arturo, unser Maultiertreiber, packte frische Eier, Brot und Kartoffeln aus. Er war sehr wortkarg, redete nur, wenn er gefragt wurde und selbst dann fielen seine Antworten meistens knapp aus. Ich kannte ihn schon längere Zeit und schätzte diesen ehr-

lichen, korrekten Menschen, verstand auch ohne viele Worte, was er sagen wollen. Wenn ich ihn in irgendeiner Sache nach seiner Meinung fragte, sagte er immer das gleiche: „Wie du willst.“ Manchmal hätte ich ihm dafür eine reinhauen mögen, denn ich wusste genau, dass er eine Meinung hatte, die er nie verriet. Doch so war Arturo nun mal und ich musste ihn nehmen wie er war. Jeder Mensch hat seine Macken – ich auch.
„Mach die Rühreier recht fett, dass sie die Wampe gut ausfüllen“, bat mich Christian, Julian war auch einverstanden. Arturo saß mit treuem Hundeblick auf seinem Rucksack und äußerte keine Wünsche, wie jeden Tag hatte er großen Hunger und aß grundsätzlich alles. Die fertigen Rühreier strotzten vor Fett und die Kartoffelbeilage geriet üppig. Nach der Essensverteilung wurde es still, jeder beschäftigte sich damit, soviel in sich hineinzustopfen wie der Magen aufnehmen konnte. Nach dem Mahl steckten wir die Köpfe zusammen und plauderten, später legten wir uns in die Zelte. Julian und Christian in das eine, Arturo und ich ins andere. Ich hörte Arturo noch selbstgefällig rülpsen und dachte: „Jetzt macht er doch wirklich einmal sein Maul auf.“ Dann schlief ich schon.
Am Morgen wunderte ich mich, warum Christian, der Frühaufsteher und Vortragsredner, nicht zu hören war. Ich ging hinüber und zog den Reißverschluss am Nachbarzelteingang zurück. Ein ekliger, gülleähnlicher Gestank von Eierfürzen waberte mir entgegen. „Geht es euch nicht gut?“, fragte ich die beiden regungslos daliegenden Freunde besorgt. „Gib mir eine Pistole und 30 Pfennige für die Kugel, dann erschieße ich mich auf der Stelle“, murmelte Christian und Julian stöhnte: „Die Eier müssen schlecht gewesen sein.“
Unser Zeltplatz lag auf 3.800 Metern Höhe, anscheinend wird so hoch droben fettes und reichliches Essen von manchen Per-

sonen nur ungenügend verdaut, was üblen Brechdurchfall hervorrufen kann. Arturo und mir fehlte zum Glück nichts, es reagiert eben nicht jeder Mensch gleich. Ich schlug vor, unter den gegebenen Umständen einen Tag Pause einzulegen, doch davon wollten die beiden nichts wissen. Trotz ihres bedauernswerten Zustandes mühten sie sich einen Tag lang weiter aufwärts und schafften mühsam die Etappe bis zum Sobirana-See, wo wir in 4.300 Metern Höhe vor malerischer Bergkulisse unsere Zelte aufstellten.

Keine Menschenfährte zeigt sich hier, kein ungewohnter Laut ist zu vernehmen, nirgendwo kann es friedlicher sein. Auf der glatten Wasseroberfläche des Sees, der von einem murmelnden, glasklaren Bach gespeist wird, spiegeln sich schwarze Granitgipfel und tiefblauer Andenhimmel, am gegenüberliegenden Ufer dümpeln drei Enten. Vom Ende des Sees bricht eine lotrechte Felswand Hunderte von Metern ab. Kein Baum und kein Strauch versperrt die Sicht und der Blick schweift über endlose Flächen und blau schimmernde Flüsse bis hinab in die Tropen. Wohin das Auge blickt, herrenloses Land. Welch unschätzbarer Reichtum ist hier zu finden. Doch die Natur in den Andenkordilleren ist launisch und unberechenbar. Was du heute als irdisches Paradies erlebst, das kann sich durch den Schneesturm eines plötzlichen Wetterumschwunges von einem Tag auf den anderen in eine elende und todbringende Einöde verwandeln. Dann nimmt der Nebel auch die geringste Sicht, jeder verschneite Felsbrocken nimmt die Gestalt eines Grabmals an und keine wegweisende Spur steht im Schnee.

Tags drauf erreichten wir in zügigem Tempo die weitläufigen Weidegründe von Cocoyo, auf denen Lamas, Schafe und einige wenige Pferde grasten. Von dort war es nicht mehr weit zu den Steinhütten des Dorfes, wo eine der berüchtigten Indio-Fies-

tas tobte. Paukenschläge gaben dröhnend den Takt zu lauter, scheppernder Blechmusik, die sich für das empfindsame europäische Ohr anhörte, als würden mehrere Melodien durcheinander gespielt. Auf dieser betrunkenen Reise durch alle tierischen Triebe des Menschen wurde bis zur Bewusstlosigkeit durch Tee etwas verdünnter reiner Alkohol gesoffen. Es gab kein Limit, außer der Bewusstlosigkeit oder dem Tod. Einige Paare tanzten wild im Kreis, dass die Röcke und Zöpfe der Cholitas flogen. Sie tanzten solange, bis sie vor Erschöpfung und Rausch umfielen. Der Geruch von Urin und Erbrochenem hing schwer in der Luft. Eine Frau fiel auf ihren Hut. Mühsam richtete sie sich auf und bückte sich, um ihn aufzuheben, torkelte vorwärts, dann fand sie mit einem brachialen Rülpser ihr Gleichgewicht wieder und hob den Hut auf. Er war hin.
„Wer als erster nicht mehr weiß, wie er heißt, der hat gewonnen", kommentierte Christian einen betrunkenen Typen, dem die Beine den Dienst versagten. Wie eine Spinne krabbelte er vor unseren Füßen im Staub herum und machte den Eindruck, als würde er etwas suchen. Vielleicht den gestrigen Tag. Lorenzo, der mir wohlbekannte Notario von Cocoyo, war einer von wenigen noch nüchternen Männern im Dorf, in seinem Haus bezogen wir Quartier. Wir zogen es vor, uns von der Fiesta fernzuhalten, denn man wusste nie, was den außer Rand und Band geratenen Indios einfallen konnte, wenn sie im Vollrausch Gringos erblickten. Beinahe auf jeder Fiesta gab es wüste Massenschlägereien, in deren Verlauf mit allem, was herumlag, zugeschlagen wurde. Für Christian, der nach Sorata musste, fand ich unerwarteterweise eine Fahrgelegenheit. Erst nachdem sich Christian, der selbst ein erfahrener Amateurtrinksportler ist, davon überzeugt hatte, dass der Chauffeur absolut nüchtern war, stieg er ein.

Manchmal musste man eine Woche oder länger auf eine Fahrgelegenheit warten. Es war ein seltener Glückstreffer, punktgenau einen Jeep zu ergattern. Diese Chance nützte Christian natürlich, während Julian und ich hierblieben, um den Ancohuma, einen Sechstausender, zu besteigen. Noch lange schauten wir dem Jeep nach, wie er sich mühselig und langsam zur Candelaria-Mine hinaufquälte. Als es dunkelte verschwand das Auto hoch oben als kleiner Punkt hinter einer Kurve.

Julian und ich legten uns schlafen, draußen spielte die Musik immer lauter und falscher, auch die Musikanten mussten breit sein. Etwa gegen 12 Uhr torkelte Lorenzo da Sylva mit höchstens noch zehnprozentigem Gleichgewicht in unser Zimmer herein und erinnerte sich unklar an 40 Lamas, die er am Morgen bringen sollte. Fünf hatten wir ausgemacht, als er noch nüchtern war. Seine Frau kam herein und scheuchte ihn ins Bett. Er protestierte zwar lallend, doch dazu, sich ernstlich zu widersetzen, war er nicht mehr fähig. Ich hörte etwas klatschen, Lorenzo hatte sich wohl eine saftige Ohrfeige eingefangen, von der er am Morgen bestimmt nichts mehr wusste. Zwei Stunden später weckte mich ein Würgen vor der Tür. „Lorenzo kotzt sich die Seele aus dem Leib, das geschieht ihm recht", dachte ich und drehte mich im Halbschlaf auf die andere Seite.

Am folgenden Morgen ging ich in die Schlafhütte der da Sylvas, wo Vater, Mutter und die zwei jüngsten Töchter im selben Bett lagen. Bei ihrem Anblick musste ich lachen: Lorenzos Quadratschädel schaute oben aus den Lamafellen heraus, die Köpfe der drei Frauen lugten, wohl wegen der Schnapsfahne, am Fußende hervor. Lorenzos dunkles Gesicht schimmerte gelblich. Gestern hatte er gesoffen, heute war er krank. Er würde in seinem bedauerlichen Zustand an diesem Tag keinen Schritt vor sein Haus tun können.

Damit gab es für uns keine Tragtiere, was bedeutete, dass wir einen vollen Tag verloren. Umfangreiche Ausrüstung und Proviant für die Besteigung des Ancohuma wiegen viel, es war unmöglich, alles im Rucksack hinaufzuschleppen. Die Verantwortung für den reibungslosen Ablauf des Unternehmens lag in meiner Hand, nun musste ich Julian erklären, dass wir einen Tag verloren. Es fiel mir nicht leicht. „Schick uns deinen jüngsten Sohn mit nach oben und bleibe du im Bett. Ich kann nicht bis morgen warten, denn ich bin dazu verpflichtet, meine Termine einzuhalten", bat ich Lorenzo mit absichtlich lauter Stimme. Mit schmerzverzerrtem Gesicht blickte er mich leidend an. Wer kennt diesen schauerlichen Zustand am Morgen einer durchgesoffenen Nacht nicht? Das Pochen im Hinterkopf steigert sich zu einer ganzen Serie von Schlegelwirbeln, zum Donnerknall, zum Dröhnen einer riesigen Basstrommel, die von innen gegen den Schädel schlägt. Wenn jemand die Stimme erhebt, steigert das die Qualen um ein Vielfaches, grelles Licht sticht wie tausend spitze Nadeln in die Augen. Ich quälte Lorenzo absichtlich, mit Säufern kannte ich wenig Mitleid. Sein Kater würde vergehen, doch ein schlechter Ruf bleibt.

Schließlich versprach er mir leise stöhnend, alles Nötige für unseren Abmarsch zu veranlassen, bewegte sich dann aber den ganzen Vormittag nicht mehr. Ich gab auf, Lorenzo musste erst wieder nüchtern werden, vorher konnte ich nichts mit ihm anfangen. Da er ohnehin noch einer der nüchternsten Männer im Dorf war, und Juan, der Christ und Antialkoholiker, für die Dauer der Fiesta auf die Jagd gegangen war, hatte es keinen Zweck, sich nach anderen Lameros umzusehen.

Ich vertröstete den verständlicherweise ungeduldigen Julian auf den Nachmittag, an dem es ohnehin zu spät für den sechsstündigen Aufstieg sein würde.

Als Lorenzo am Nachmittag aufstand, erfand er eine ebenso dreiste wie plumpe Ausrede: „Meine Lamas sind auf einer Weide eine Tagesetappe entfernt von hier, ich habe in der Frühe meinen jüngsten Sohn losgeschickt, um sie zu holen", log er. Sein Sohn spielte ein paar Hütten weiter mit Nachbarskindern und die Lamas grasten auf dem Fußballplatz. Er wusste, dass mir dieser Sachverhalt völlig klar war, wieso also log er dann? Ich riss mich zusammen und erwiderte nichts, aber insgeheim nahm ich mir vor, es ihm bei günstiger Gelegenheit heimzuzahlen. „Dass du es nötig hast, mich so unverschämt anzulügen, hätte ich nicht gedacht", entfuhr es mir dann doch. Lorenzo antwortete nicht, stattdessen wandelte er steifen Schrittes auf den Hof, goß sich einen Eimer Wasser über den Kopf und schüttelte sich wie ein nasser Pudel. Sich aufzuregen brachte überhaupt nichts, das einzige was ich tun konnte, war auf den nächsten Tag zu warten und Julian mit Spaziergängen in der näheren Umgebung zu vertrösten. Was, wenn Lorenzo heute wieder soff und morgen saßen wir noch einen Tag fest? Julian würde der Kragen platzen, das stand fest. Ich redete auf Lorenzo ein wie ein Pfarrer, appellierte an seine Ehre, unsere Freundschaft und alles mögliche, was mir sonst noch einfiel. Er versprach mir, nüchtern zu bleiben. Aber was war schon ein Versprechen? Worte, nichts sonst.

Am Abend lag ich mit Julian wieder in Lorenzos Haus, der Lärm der Fiesta, die immer noch andauerte, machte ihn ganz wild, seit zwei Tagen hörten wir andauernd die immer gleichen drei Lieder.

„Jetzt ist es endlich still", stellte Julian aufseufzend fest, als die betrunkenen Radaubrüder eine halbe Stunde Ruhe gaben. Dann setzten die Pauken wieder ein, es folgte ein Trompeteneinsatz, der auch Dornröschen aus dem Schlaf gerissen hätte.

Was kann man anderes tun als warten und versuchen zu schlafen? Ein Fest dauert für gewöhnlich drei Tage und Nächte, danach wird es totenstill, denn selbst die ausdauerndsten Marathonsäufer sind jetzt erledigt. Dann herrscht Grabesruhe, das ganze Dorf schläft in seligem Rausch. Nach ein paar Tagen kehrt der monotone Alltag wieder ein und jeder freut sich schon auf das nächste Fest. Es sei ihnen gegönnt, hier draußen in der Abgeschiedenheit sind die wilden, zügellosen Feste die einzigen Abwechslungen in der Monotonie eines knüppelharten Lebens voller Arbeit und ohne jeden Luxus. Wenn sich dabei jemand zum Idioten säuft, dann ist das seine Sache, dreinreden lässt sich dabei ohnehin keiner.
Am Morgen kamen endlich die Lamas, wir konnten die bereits vorbereiteten und abgewogenen Lasten auf ihre Rücken schnüren. Während ein Maultier ohne weiteres 40 Kilo Gepäck schleppen kann, trägt ein Lama nur die Hälfte, kann dafür aber klettern wie eine Gämse und ist deshalb für schwierige Wege besser geeignet.
Zwei junge Hirten trieben die Tragtiere vor sich her und wir folgten ihnen, nach zwei Stunden sahen wir Cocoyo nicht mehr. Der steile und weite Weg bot wunderschöne Ausblicke auf himmelhohe Gletscherberge. Schnell hatte Julian die Ärgernisse des Vortages vergessen. Die Verzögerung hatte sogar sein Gutes: Wir hatten uns erholt und Julian hatte sich an die Höhe gewöhnt. Eine Show lässt sich inszenieren – zu einem Abenteuer gehören unvorhergesehene, nicht planbare Zwischenfälle. Leute, die diesen großen Unterschied nicht kennen, verwechseln leicht Show und Abenteuer.
Am Lago Negro, auf 4.600 Metern Höhe, richteten wir das Basislager ein. Unser Zelt war in einem weit offenen Hufeisen von Bergen umgeben, im klaren Wasser des Sees spiegelte sich

die Eiskappe des Viluyo Yacuma. Als die zwei Hirten uns verließen, waren wir ganz allein, um uns herum schwieg alles in zeitloser Stille. Am schwarzen See hatte ich damals bei meiner Ancohuma-Überschreitung übernachtet, das war lange her, doch die Erinnerung blieb bestehen. Wie wunderschön dieser Platz mit seinen zahlreichen Gewässern und dem reißenden, wie ein Wurm sich windenden, Gletscherbach ist! Die Seen liegen über- und nebeneinander, das vermittelt dem Betrachter ein starkes Gefühl für Dreidimensionalität und Tiefe des Raumes. Jeder See hat eine andere Farbe, manche sind grün, andere dunkelblau und die nächsten sind fast schwarz. Bei Windstille sieht die Wasseroberfläche aus wie ein Spiegel, wenn Wind aufkommt, dann blinken die Wellenkräusel wie Silber.
Vom Basislager aus richteten Julian und ich uns ein Höhenlager unweit des Gletschers ein. Wie ein Schwalbennest klebte der ebene Fleck im steilen Hang einer Schottermoräne. Ein paar Grasbüschel wuchsen selbst hier oben noch. Neben dem Zelt gurgelte munter ein kleiner Bach, die Aussicht war gigantisch. Weit unten wallten die wogenden Nebelfelder des Dschungels, die dem weiten Meer gleichen, dessen Wellen der Wind bewegt. Dabei regte sich kein Laut. Wandte man den Kopf, dann sah man hinauf in unergründliche, blau schimmernde Bergeshöhen. Die wichtigste existentielle Frage von allen stellt sich: Was kochen wir heute?
Am Morgen war der Himmel über uns stahlblau, makellos, aber von tief unten wälzte sich eine Nebelbank wie eine drohende Faust heran. Unwillkürlich dachte ich bei diesem dramatischen Naturschauspiel an tragische klassische Musik, ich hörte sie in meinem Kopf, obwohl um mich herum alles still war. Langsam stiegen wir höher, genau wie der Nebel, der schlechtes Wetter bedeuten konnte.

Als wir uns am Beginn des ewigen Eises anseilten und die Steigeisen anzogen, hüllte uns der Nebel ein wie ein Tuch, streichelte uns nur sanft, ganz behutsam. Doch der schleichende graue Brei nahm uns jegliche Sicht. Auf der Stelle umzudrehen und tiefer unten abzuwarten wäre das Vernünftigste gewesen, doch Julians Zeit wurde knapp und dieser Versuch war seine letzte und einzige Chance auf den Gipfel. Diese Gelegenheit musste ich ihm geben, ansonsten wäre er schwer enttäuscht von mir gewesen, das wusste ich. Also stapften wir aufwärts, tasteten uns am hellen Tag wie in tiefster Nacht von einem markanten Geländepunkt zum nächsten vor und fanden so den sichersten Weg durch gefährliche Spaltenzonen und Gletscherbrüche. Unser Weiterkommen war bei der schlechten Sicht nur aufgrund meiner guten Ortskenntnisse und der Anstiegsskizze in meinem Kopf möglich, ansonsten hätten wir uns hoffnungslos verlaufen.

Am frühen Nachmittag erreichten wir einen ebenen Platz für unser letztes Hochlager vor dem Gipfel. Um uns war alles grau in grau, durch das diffuse Licht getäuscht gruben wir mit unserer Lawinenschaufel einen schrägen Zeltplatz aus dem Schnee und glaubten, er wäre eben. Erst bei einer kurzen Liegeprobe bemerkten wir den Irrtum. Der gespenstische Nebel ließ alles gleich aussehen: Oben, unten, gerade oder schräg konnten wir im die Sinne täuschenden „Whiteout" kaum mehr unterscheiden. Gegen Abend riss plötzlich der Nebel auf und gab den sonnenumfluteten Gipfel des Ancohuma frei. Wie ein blitzender Edelstein strahlte er majestätisch aus den Wolken, staunend und still schauten wir hinauf zu dieser lichtumfluteten Erscheinung, wie zu einem Heiligen.

Wir hatten uns gut akklimatisiert, Julian war konditionsstark und bereit für den Gipfel.

„Hoffen wir, dass das Wetter hält", gab ich meinen Bedenken kleinlaut Ausdruck. Julian erwiderte im Brustton felsenfester Überzeugung: „Morgen wird ein super Tag." In jeder seiner Gesten spürte ich den Ehrgeiz und die angespannte Erwartung. Er wollte unbedingt auf den Gipfel und ich würde ihn dort hinbringen, wenn es irgendwie möglich war. Wenn Julian auch noch jung war, so ahnte ich doch, dass ich einen Menschen mit außergewöhnlichen Fähigkeiten, großer Autorität und eisenharter Entschlossenheit vor mir hatte, egal was er anpackte. Ich kam hervorragend mit ihm zu Rande, hatte aber irgendwie auch großen Respekt vor ihm, den ich nicht genau zu definieren vermag. Als die Sonne niederstürzte, stob erneut Nebel auf. Schnell breitete er sich aus und hüllte uns ein. Wir verkrochen uns ins Zelt, das uns vor dem bedrohlichen Draußen verbarg. Für die Höhe von 5.600 Metern war es ungewöhnlich warm. Julians Gedanken kreisten ausschließlich um den Gipfel, meine um unsere sichere Rückkehr.

Um 10 Uhr nachts schien der Himmel aufzuplatzen, klatschend hämmerten heftige Regengüsse aufs Zelt. In so großer Höhe hatte ich noch nie zuvor Regen erlebt, es auch gar nicht für möglich gehalten. Grelle Blitze zuckten durch die Finsternis, gefolgt von brüllendem Donnerknall, der uns noch tiefer in die Schlafsäcke kriechen ließ. Ganz nah war das Gewitter. Der Regen weichte den Untergrund auf und machte die Spalten brandgefährlich, Eisbrücken, die über sie führten, konnten bei Belastung donnernd in die Tiefe stürzen. Jedes Mal, wenn ein erneuter Blitz für Augenblicke grell aufleuchtete, sah ich die Umrisse von Julians Gesicht. Er konnte wie ich nicht schlafen, stumm und bange warteten wir stumpf in die Nacht hinein. Der Regen ging in Schnee über, der so heftig auf das Zeltdach fiel, dass es sich anhörte, als würde ständig jemand mit einem Reisigbesen über die Nylonhaut fahren. Unsere Nerven waren gespannt wie Gitarrensaiten und obwohl es Unsinn war, wach zu bleiben und nur unnötig Energie zu vergeuden, konnten wir kaum schlafen. Das Verb „esperar“ bedeutet auf spanisch sowohl warten, als auch hoffen. Wir harrten aus, reglos und hoffend und brauchten nicht darüber zu reden, dass schon der Gedanke, den Aufstieg fortzusetzen, Selbstmord gewesen wäre. Gegen das Überleben werden alle anderen Wünsche klein und leben muss man, da kannst du nichts machen. Mit einem Mal war der Gipfelsieg völlig belanglos geworden. Hatte er denn jemals etwas bedeutet? Wir warteten auf den Morgen wie auf einen Sitzplatz in der U-Bahn, den Frühling, den Tod. Auf irgendetwas wartet man immer.

Jede Nacht geht vorüber. Noch in der Dunkelheit standen wir auf, um zu kochen. Im dämmrigen, undurchsichtigen Nebelgrau des Morgens brachen wir auf, Schnee fiel dicht und ohne Pause. Etwa vierzig Zentimeter hoch bedeckte Neuschnee den inwendig aufgeweichten Gletscher. Ich wusste die Lage der unter dem Schnee verborgenen Spalten auswendig, und so konnten wir die unsichtbaren Eisschluchten umgehen. Wäre einer von uns in eine Spalte eingebrochen, der andere hätte ihn bei dem weichen Untergrund nicht halten können und wir hätten uns, durch das Seil miteinander verbunden, gegenseitig in den Abgrund gezogen. Niemals mehr hätte uns jemand gefunden. Die ständige Anspannung zerrte an den Nerven, einen Weg durch den Schnee zu pflügen gestaltete sich überaus anstrengend. Wenn wir hinter uns blickten, sahen wir den tiefen Graben, den wir gezogen hatten, sonst nichts. Der Nebel, der das Tageslicht schluckte, erschwerte die Orientierung und das Zeitgefühl mit seinem dämmrigen Einerlei immens. In diesem Zwielicht erschien alles zweideutig, die Entfernungen von einem Punkt zum anderen, der Raum, die Zeit, ja selbst die eigene Existenz. Von Zeit zu Zeit musste ich die Sonnenbrille abnehmen, um besser sehen zu können. Die Äderchen meiner Augen färbten sich durch die Anstrengung kaninchenrot und bei jedem Schritt ins Ungewisse stellte sich die bange Frage: Stehe ich auf festem Untergrund oder auf der dünnen, einsturzbereiten Schneedecke über einer Spalte, die mich heimtückisch in eine tödliche Falle gelockt hat und mich im nächsten Moment verschlingen wird? Müde von der Wühlerei im Schnee erreichten wir das rettende Festland, den Rand des Gletschers. Erleichtert klopften wir uns gegenseitig auf die Schultern, wir waren in Sicherheit. Wir waren nicht enttäuscht über die „Niederlage" am Ancohuma, denn wir hatten einen viel wichtigeren Preis gewonnen: Wir lebten noch.

Warum steigt man dort hinauf? Ich weiß keine Antwort, vielleicht weil es möglich ist, vielleicht, weil dort oben weder Polizei noch Versicherungsvertreter lauern, vielleicht, weil ...

Aber ist es denn wirklich nötig? Nein, es ist Unsinn. Warum tue ich es dann? Weil es mein Leben ist! Für mich hat es einen Sinn. Frag mich nicht danach, oder frage lieber einen Grashüpfer, warum er hüpft, den Fluss, warum er fließt. Sie wissen es genau so wenig und es ist auch nicht notwendig. Es hat einen Sinn, und es hat keinen, wenn du dir keinen erfindest. Wir hatten weder Fragen noch Wünsche, denn alles wird klein gegen den Wunsch, gesund und am Leben zu sein. Am Berg wirst du bescheiden, demütig.

Kaum saßen wir wohlbehalten im Basislager, da verhöhnte uns strahlender Sonnenschein und makellos blauer Himmel. Der Schlechtwettereinbruch war vorüber, nur das nagelneue weiße Kleid des Ancohuma erinnerte noch an die Schneefälle der vergangenen Tage. Sobald wir in Sicherheit waren, kam das Bedauern über die vertane Gipfelchance zurück. Von der körperlichen Leistung, der nervlichen Anspannung und der Schwierigkeit her bedeutete unser Rückzug kurz vor Erreichen des Gipfels eine ungleich größere Leistung als ein Gipfelgang unter normalen Umständen bei schönem Wetter. Wir brachen die Zelte ab und machten uns auf den Rückweg.

Julian blieb noch einmal stehen und blickte zum Ancohuma zurück. Ein Blick, als wollte er ihn mitnehmen, durchdringend und sehnsüchtig. Ich war mir sicher, dass er wiederkommen würde. Er musste hierher zurück. So sicher wie der Fixer an der Nadel hängt, der Spieler am Roulettetisch steht und der Alkoholiker zur Flasche greift. Wir begaben uns nach Sorata, wo Christian bereits auf uns wartete. Auch dort hatte das Unwetter gewütet, Straßen weggeschwemmt und Brücken zerstört.

Warum man sich selbst bestiehlt

Das Wiedersehen wurde mit Bier und Pisco sauer begossen, die Nacht unserer Rückkehr verging im Rausch. Ganz fern, wie Grüße von einem anderen Leben, mischten sich die Erinnerungen an das Unwetter am Ancohuma zwischen die weich explodierenden Fatamorganas.

Julians Abreise stand nach menschlichem Ermessen nichts im Wege, er musste nur noch seine Wertsachen aus dem Hotelsafe holen. Die Hotelbesitzer waren auf einer Fiesta in La Paz, hatten den Safeschlüssel mitgenommen und Xavier, dem Koch, die Verantwortung überlassen. Zuerst hielt ich das für einen Scherz, aber es bitterer Ernst. Ausweis, Flugticket und Geld lagen einbruchsicher im Safe.

Wenn in Bolivien eine Feier bevorsteht, dann schaltete das Gehirn aus und die Leute denken an nichts anderes mehr. Mir wurde schwindlig, wegen diesem Bockmist konnte Julian den Rückflug verpassen. Du meine Güte, das wäre eine tolle Werbung für „Robbis Abenteuerreisen". Ich rief den Hotelmanager in La Paz an und fragte etwas unwirsch nach dem Zweitschlüssel. Er hatte vergessen wo er lag. Sofort mit einem Schlüssel herzukommen, dazu fehlte ihm die Lust. Fertig aus. Ich ließ mich zu einem „Arschloch" hinreißen, Julian packte den Hörer und brüllte auf englisch ein paar schwere Geschütze hinein. Umsonst.

Jetzt half nur noch Gewalt. Gemeinsam mit dem Koch knackte ich ein Fenster zum verschlossenen Tresorraum, den dahinterstehenden Schrank warfen wir um, dann stiegen wir ein wie Diebe in der Nacht. Nach stundenlanger Suche fanden wir den

zweiten Safeschlüssel in einer Schublade und ein gewaltiger Stein fiel mir vom Herzen.
Allerdings: wie sicher war der Safe, wenn jeder halbprofessionelle Dieb, der wusste wo der Schlüssel lag, nur das Fenster aufzustoßen und den Safe auszuräumen brauchte? Daran dachte ich im Moment lieber nicht, meine Nerven bebten ohnehin schon. Xavier, der Koch, jammerte, weil er mit unserem Einbruch, zu dem ich ihn gezwungen hatte, seine Kompetenzen weit überschritten hatte und um seine Stellung fürchtete. Ich versprach ihm reinsten Gewissens, den Raubzug auf meine Kappe zu nehmen. Wir hatten ja in Notwehr gehandelt und lediglich unseren eigenen Kram gestohlen. Der Verhau, den wir bei der Schlüsselfahndung angerichtet hatten, ließ sich wieder aufräumen. Wir hatten uns nichts zuschulden kommen lassen. Während ich den total fertigen Mittäter Xavier tröstete und ihm Tempotaschentücher für die Tränen gab, wurde mir klar, dass es hoffnungslos war, hier noch weitere Zeit zu verschwenden. Jahrelang hatte ich dieses wirklich schöne Hotel weiterempfohlen, mir auf Diavorträgen den Mund fransig geredet und gehofft, dass sie lernen würden, wie so ein Hotel laufen muss. Doch wo der Wille fehlt, da ist auch kein Weg.
Julian bekam seinen Flug, bald darauf verließ mich Christian. Gerne ließ ich ihn nicht gehen. Als arbeitsloser Schreiner betrat er deutschen Boden, fand aber im elterlichen Fuhrunternehmen einen neuen Arbeitsplatz. Auf Xavier, den armen Koch, wurde seitens der Hotelführung die Schuld am eigenen Unvermögen abgewälzt und ein paar Tage lang bedrohte man ihn mit Rauschmiss. Natürlich warf man ihn nicht hinaus, aber sein ohnehin mageres Gehalt wurde nochmals gekürzt. Viel Arbeit für wenig Geld. Er kündigte später von selbst, was sein Schaden nicht war.

Ich zog vom Hotel auf den Marktplatz, ging jedoch in gutem Einvernehmen und brachte bisweilen immer noch Gäste im Hotel unter, denn es war nach wie vor die exklusivste Unterkunft in Sorata.
Nachdem ich ausgezogen war, lief das Hotel wieder besser, Julians telefonischer Anschiss zeigte Wirkung, der Service wurde wesentlich besser. Wenn ich irgendetwas tat, dann erwartete ich von mir selbst nach wie vor den größtmöglichen Einsatz. Von anderen erwartete ich nur mehr wenig. Von meinen Eltern bin ich zur Pünktlichkeit erzogen worden und dazu, eingegangene Versprechen unter allen Umständen zu erfüllen, selbst wenn dies nur unter großen Verlusten möglich ist. Wenn sich auch viele Sitten und Verhaltensregeln im Laufe meines Lebens geändert haben: Pünktlichkeit und die Erfüllung eingegangener Versprechen habe ich beibehalten.

Was meint Freiheit?

In Yanni hat ein einstürzender Stollen einen Minero erschlagen, er war Vater von sechs Kindern. Die Kinder weinen, das ist nicht der Rede wert, es geschieht eben. Viel zu oft geschieht es, vor allem weil in den Minen Sicherheit klein- und Profit großgeschrieben wird. Ein Indio mehr, einer weniger: na und? Seit einem halben Jahrtausend hören sie, dass sie nur Menschen dritter Klasse sind. Mmittlerweile glauben viele es selbst. Sie werden elend schlecht bezahlt für eine schwere, gefährliche Arbeit. Arbeit macht frei – wenn dir mangels ausreichender Befestigung die Stollendecke auf den Schädel knallt, befreit sie dich gleich auch noch vom Leben. Doch um Dreck trauert man nicht – man kehrt ihn weg. Stirbt dagegen ein Freund, dann weinen wir.

Von einem Taxi ließ ich mich zur Westwand des vor den Toren von La Paz stehenden Huayna Potosi bringen. Am Fuß der Wand, fast schon am Einstieg, stieg ich aus und richtete mich dort für die Nacht ein. In seiner Westwand birgt der knapp 6.000 Meter hohe Gipfel eine schöne, gleichmäßige Eiswand: nicht zu schwer, nicht zu leicht, 700 Meter hoch. Diesmal biwakierte ich ausnahmsweise nur mit Schlafsack, ohne Zelt und allein. Als ich loskletterte war es dunkel, jetzt, in der Dämmerung des jungen Morgens, hänge ich bereits hoch in der Wand. Heute will kein Jubel aufkommen, ich bin verstimmt. Das Licht des neuen Tages schimmert wie bleiche Knochen, es ist die Zeit des Schichtwechsels in den Minen.

Die bolivianischen Bergleute sind Kinder der Jungfrau und Neffen des Teufels, dem sie Opfer bringen, den sie anbeten. Doch auch der Teufel schützt sie nicht davor, jung zu sterben. Ich steige immer höher, wie eine Fliege an der Fensterscheibe klebe ich in der Wand, mit nichts als Luft unter den Füßen, während die anderen wie Maulwürfe in den Eingeweiden der Erde nach Metallen suchen. In wenigen Jahren nur rafft sie der Regen aus Grubenstaub dahin, werden die Lungen zu Stein und die Atemwege verschließen sich. Bevor die Lungen das Atmen vergessen, vergisst die Nase die Gerüche und die Zunge die Geschmäcker. Die Beine werden schwer wie Blei, und die Lunge schrumpft auf Pappdeckelgröße zusammen. Solange dieses kurze Leben dauert, suchen die Indios das Fest, betrinken sich an billigem Fusel. Sie saufen, weil sie sich wertlos vorkommen. Wie Dreck.

Heute finde ich einfach keine Freude am Steigen, meine Gedanken bleiben dem Boden verhaftet. Kurz vor dem Gipfel treffen mich die ersten Sonnenstrahlen, meine finstere Miene wird heller. Ganz tief unter mir La Paz, mit seinen Häuserschluchten, das Altiplano, weiter hinten der Titicacasee. Und Berge soweit das Auge reicht, einer hinter dem anderen. Unter mir, noch im Schatten, die Wand, über die ich hochgeklettert bin. Auf dem lichtumfluteten Gipfel bleibe ich stehen. Alles, was einem sonst wichtig erscheint, wird ganz klein vor der makellosen Bläue des Himmels. Endlich ganz oben. Eins mit der Welt, ein Kind des Universums.

Das Herz springt auf und lässt die ganze Schönheit herein. Man müsste das Licht hinuntertragen können zu all den Menschen, die traurig sind. Jeder, der hungrig ist, müsste etwas zu essen bekommen – es ist doch genug für alle da.

Gesichter der Angst

Zusammen mit vier Maultiertreibern und einer Karawane von acht Maultieren hatte die fünfköpfige Mittenwalder Alpenvereinsexpedition unter meiner Führung Cocoyo erreicht, von dort stiegen wir mit Lamas zum Basislager „Schwarzer See". Dort trennten sich Kurt Massone und ich vom Rest der Gruppe, die schattige Nordostwand des Sechstausenders Pico del Norte hatte uns in seinen Zauberbann gezogen. Tag für Tag schoben wir zu zweit unsere Zelte und die Ausrüstung näher an den Einstieg heran. Wieder und wieder und wieder folgte in der flachatmigen Höhenluft ein mühsamer Schritt auf den anderen. Die Frage, warum wir diese Strapazen auf uns nahmen, stellte sich nicht, wir taten einfach das, wozu wir auf der Welt waren. Der Sinn, das waren wir, eine Erklärung brauchten wir keine. Die halbe Schinderei wäre wie ein halber Rausch gewesen: verlorene Zeit und hinausgeworfenes Geld.

Am dritten Tag unseres Aufstiegs stiegen wir viele Stunden in der prallen, sengenden Nachmittagssonne über eine Moräne links des Illampu-Gletschers höher, turnten über wacklige Granitblöcke und plagten uns über schottrige Geröllhänge aufwärts. Der Weg schien kein Ende zu nehmen.

„Drückt dein Rucksack?", fragte ich Kurt, der sich zum Rasten schwer atmend vornüber beugte, um die Schultern etwas zu entlasten, denn auf sie drückte beim Gehen das schwere Gewicht unserer kompletten Ausrüstung.

„Mir kommt es vor, als würde ein fetter Pfälzer Saumagen samt Steuerschulden und Altlasten strampelnd auf meinem Rücken sitzen", entgegnete Kurt bissig.

Von da an hieß Kurts Rucksack „Helmut", der meinige einfach „Drecksack". Die Personifizierung der zwei Monster erleichterte uns das Zusammenleben mit ihnen erheblich. Wir konnten unserer Wut einen Namen geben.

Als Platz für das letzte Hochlager wählten wir eine Felsplatte mit einem kleinen, gletschergespeisten See. Sie ragte wie eine friedliche Insel aus dem Chaos der Eistürme. Wir schüttelten Helmut und den Drecksack ab und stellten das Zelt auf. Mit jedem Tag wuchs die Entfernung und die Einsamkeit und damit unser Zusammenhalt. Kurt bedeutete für mich die schmale Grenze vor einem Abgrund des Alleinseins, noch nie zuvor hatte ich den Wert eines Menschen, der irgendwie auf alle Menschen übertragbar sein musste, so stark gespürt wie in jenem Augenblick. Schweigend saßen wir nebeneinander und einer ahnte die Gedanken des anderen. Wenn wir nicht beide, jeder für sich, unsere seltsamen Träume gesponnen hätten, die sich in den Bergen Boliviens an genau jenem Punkt, an dem wir nun saßen, trafen – wir hätten uns niemals kennengelernt. Wie seelenverwandt wir waren, entdeckten wir erst unterwegs. Wir waren beide überzeugte Pazifisten und aßen kein Fleisch.

Unser Zeltplatz lag endlos hoch über dem brodelnden Wolkenmeer hitzeflirrender tropischer Täler. Die untergehende Sonne tauchte das stille Land in zartes Rosa. Mit weichen Farben, die an das Herz griffen, verabschiedete sich der sterbende Tag mit eisiger Kälte. Vor uns ragte der Nordostwandpfeiler wie ein riesiger erhobener Finger in den dunkelblauen Andenhimmel. Eine Offenbarung. Vor der Kälte und der Dunkelheit flüchteten wir ins Zelt. Früher wäre keiner unserer Gedanken ähnlich gewesen. Jetzt saßen wir uns im flackernden Schein einer Kerze gegenüber und fühlten unser Dasein und waren uns so nahe, dass wir nicht darüber zu sprechen brauchten.

Am folgenden Morgen stiegen wir ein. Die Wand war steil, manchmal mussten wir an Überhängen hochkraxeln, die zum Glück immer gute Griffe boten.
Gegen Ende des Tages fanden wir ein schmales, abschüssiges Band, auf dem wir uns für die Nacht einrichteten. Wir klopften ein paar Mauerhaken in den Fels und banden uns an ihnen fest, um nicht nachts im Schlaf aus der Wand zu kippen. Gerade, als wir in unsere Schlafsäcke schlüpften, brach die Nacht über uns herein. Sitzend, den Rücken an den kalten Fels gelehnt, fanden wir leidlich Platz. Wir tranken den halben Liter Yuppibrause aus der Thermosflasche. Mehr als die paar Schluck gegen den gröbsten Durst hatten wir nicht mehr.
Viel zu schnell war der Tag mit Klettern vergangen, in der Nacht dagegen zogen sich die Minuten in die Länge, als wären es Stunden. Mit den Bergseilen bastelte ich mir eine kleine Kuhle, es half ein wenig: die Füße baumelten zwar nach wie vor in der Luft, aber mein Hintern rutschte nicht mehr ständig auf den Abgrund zu. Kurt half sich anders, er legt sich einen wackligen Stein unter, der aussah wie ein Fahradsattel.
„Sitzt du gut auf deinem Mountainbike?“, fragte ich ihn.
„Es geht so, manchmal muss ich nach rechts gegensteuern, um nicht aus den Kurven zu fallen. Die Eier sind mir auch schon eingeschlafen.“ Wir lachten in die schwarze Nacht hinein, die durch unseren Frohsinn an Bedrohlichkeit verlor. Ganz weit hinten, am Horizont, war noch ein schwacher, rötlicher Lichtstreifen zu erkennen. Diese unendliche Weite ...
Ich spürte meine Füße nicht mehr, bei der schattigen Kletterei hatte ich sie mir erfroren.
Der Bettembourgpfeiler: ein Traum – mein Traum, seit vielen Jahren schon. Nur von Träumen allein kann ich nicht leben, deshalb verwirkliche ich sie.

Seltsam, der Stein ist härter und kälter als ein Traum je sein kann, von erfrorenen Füßen war ohnehin nie die Rede. So ist das also, jetzt, wirklich.
Irgendwann schliefen wir beide ein, während die barbarische Kälte über die Haut kroch. Gleichzeitig erwachten wir aus seichtem Schlaf und kuschelten uns ganz eng aneinander, um es ein bisschen wärmer zu haben.
Da saßen wir, unter dem großen, schwarzen Nachthimmel, mit seinen Milliarden von Sternen, einem Feld mit unendlicher Vielzahl von blinkenden Lichtern und dunkler Tiefe. Dieser Himmel ist immer über uns, doch in unserer Engstirnigkeit können wir ihn nicht bewusst sehen. Hier oben, auf hoher Warte, gibt es keine Mauern der Kleinkariertheit mehr, die absolute Ausgesetztheit dieses Ortes lässt dich an den Grenzen deiner Existenz angekommen, Dinge sehen, von denen du sonst nicht einmal träumen würdest. Innerhalb unserer Beschränktheit ist unsere eigene kleine Ewigkeit, in der wir leben, wahr. Doch wenn wir nicht mehr in der Vorstellung alltäglicher Wirklichkeit gefangen sind, erleben wir, hoch oben in den steilen Felsen des Pico del Norte etwa, eine völlig andere, vom gewöhnlichen Empfinden losgelöste Realität. In dieser Welt verlieren die materiellen Dinge ihren Wert, weil niemand mehr nach ihrem Wert fragt, und die Zeit fließt nicht mehr nur in eine Richtung, sie füllt alle Räume aus. Die alltägliche Realität ist nur eine von unzähligen möglichen Lebensformen, wir halten sie für die einzige Wirklichkeit, weil wir vor lauter Mauern und Zäunen in unseren Köpfen die Welt nie so sehen können, wie sie tatsächlich ist. Ein Schritt aus der Alltäglichkeit heraus – plötzlich tut sich ein Fenster in andere Dimensionen auf und Welten trennen uns von unserer ursprünglichen Absicht.
Eine Unterhaltung lebte auf. Die gedämpfte Stimme von Kurt

schwang beruhigend an mein Ohr. Ich antwortete leise, in dieser unglaublichen Stille musste man nicht schreien. Plötzlich liefen die Herzen über, wie ein träger Strom floßen gedämpfte Sätze in Wellen hin und her, zeichneten immer neue Klangbilder auf. Dann schwiegen wir wieder lange, die Stille hatte etwas friedliches. Als mich die Kälte in die Nase biß, steckte ich meinen Kopf weit in den Schlafsack und schlief ein, bis mich der Luftmangel wieder auftauchen ließ.
„Schläfst du?", flüsterte Kurt so leise, als hätte er ein Selbstgespräch geführt. „Nein", begann ich eine von vielen Pausen unterbrochene Unterhaltung.
Der nächtliche Äquatorhimmel ist erheblich klarer als überall sonst auf der Welt, alle paar Sekunden fällt eine Sternschnuppe. Ich griff nach meinen Füßen – sie waren warm, aber jegliches Gefühl in ihnen war erstorben. Nach Wochen des Ausharrens, so erschien es mir jedenfalls, brach plötzlich der bleiche Morgen an. Innerhalb der Wirklichkeit einer Uhr ist nur die Zeitspanne einer Nacht vergangen – für uns war es eine lange Reise in andere Welten.
Wir sahen den Gletscher unter uns wieder. Sobald uns die ersten Strahlen der Morgensonne getroffen hatten, wälzten wir uns nachtsteif aus den Schlafsäcken und zündeten umständlich den Kocher an. Wir mussten aufpassen, dass er uns nicht aus Versehen die Wand hinunterfallen würde. Kurt band sich zur Sicherheit an ein Seilstück und holte mit dem Kochtopf etwas Schnee aus einer Felsnische. Davon kochten wir dreckigen Tee, den wir durstig tranken, dazu aßen wir unseren gesamten Proviant auf. Dann packten wir zusammen, immer darauf bedacht, dass nichts hinunterfiel, am wenigsten natürlich wir. Alles was wir nicht unmittelbar zum Weiterklettern brauchten, kam in den Materialsack. Kurt schnürte ihn fest zu, packte ihn und

warf ihn mit Schwung die steile Wand hinunter. Ein folgenschwerer Entschluss. Nach einer Weile freien Falls schlug er dumpf auf dem Gletscher auf.
Dort wo wir gestern aufgehört hatten, kletterten wir weiter. Jetzt, ohne den schweren Materialsack Meter für Meter umständlich an einem Seil hochziehen zu müssen, kamen wir schnell vorwärts. Der Felst war fest und von der Sonne erwärmt, es machte Spaß, mit Händen und Füßen an ihm hochzusteigen. Unter uns war viel Luft und um uns herum Stille, nichts sonst. Alles war klar und einfach, das Leben bestand nur aus Griffen und Tritten, die wir in ständig wechselnden Kombinationen ausführten. Das war kein stupides Höherrampfen, alle Bewegungen waren wohlüberlegte Schachzüge, in Jahren der Übung eingeschliffen. Körper und Geist standen im Einklang mit der Handlung des Höherklimmens. Die Bewegungen waren elegant und vor der Ausgesetztheit fürchteten wir uns nicht. Es erschien uns unmöglich, dass wir hätten abstürzen können und ein euphorischer Motivationsschub trug uns höher und höher.
Gegen Mittag erreichten wir das Ende des reinen Felsteils, auf einem Absatz zogen wir die Kletterpatschen aus und vertauschten sie mit unseren schweren Bergschuhen. Den folgenden Wandteil hatten wir als leicht und schnell zu kletternd eingeschätzt, doch wir hatten uns getäuscht: Die Kletterei erwies sich als gefährlich und zeitraubend. Die Felsen waren vereist, was uns dazu zwang, unsere Steigeisen anzuziehen. Die Sonne verschwand hinter einem Felszacken, sofort wurde es bitterkalt. Kreischend kratzten die Zacken der Steigeisen über den Fels, bis sie Halt fanden, Meter um Meter rauften wir uns verbissen höher. Stunde um Stunde verging, heimtückisch nagte die Zeit am Tag und an unseren Nerven, warf den optimistischen Plan, den wir gehabt hatten, völlig über den Haufen. Für einen Rück-

zug waren wir zu hoch und ohne die entsprechende Biwakausrüstung würden wir eine Nacht im Freien nicht überleben. Der Weg nach unten, ins Leben, führte nur über den Gipfel.
Abends um halb sieben hing die bevorstehende Dunkelheit wie das Fallbeil eines Henkers über unseren Köpfen, kurz darauf verschluckte sie uns wie ein riesiges dunkles Maul, mitten in der Kletterei. Meine Füße waren erfroren und auch die Hände hatten etwas abgekriegt. Ich hing an einem Schlingenstand in 6.000 Metern Höhe und sicherte Kurt, von dem ich in der Finsternis nur den flackernden Schein seiner Stirnlampe sehen konnte. Wohin wir kletterten sahen wir nicht, aber der Gipfel konnte, durfte nicht mehr weit sein. Mir blieb nichts, als regungslos auszuharren, langsam das Seil auszugeben, zu hoffen und zu warten, während Kälte und Angst allmählich unerträglich wurden. „Stand auf dem Gipfeleisfeld", rief mir Kurt zu. Ich stieg nach, kletterte an ihm vorbei und am gestreckten Seil erreichten wir die breite Gletscherkuppe des Gipfels.
Müde und erleichtert stellte ich fest, dass es nirgends mehr höher ging. Ein brutaler Sturm rüttelte uns durch, entzog dem Körper Wärme und saugte an unserem Leben. Wir waren ganz oben, falls man jemals ganz oben ist. Einen Triumph verspürte ich nicht. Wir waren völlig ausgepumpt und das was wir empfanden war so bizarr, dass ich es in Worten des alltäglichen Lebens unmöglich hätte beschreiben können, die Eindrücke waren unvergesslich und tief. Wir schwebten in einer losgelösten Wirklichkeit.
Der Pico del Norte war noch lange nicht fertig mit uns, vor uns lag ein schwieriger Abstieg. Das Dunkel der Nacht war absolut und gnadenlos, Kälte, Erschöpfung und eine bleierne Müdigkeit schlugen wie Fäuste auf uns ein. Wenn wir nicht verrecken wollten, blieb uns keine andere Wahl: Wir mussten gleichzeitig

ungesichert hintereinander absteigen und versuchen uns, durch die Bewegung, einigermaßen warm zu halten, wenn wir nicht erfrieren wollten. Jeder trug für sich allein die Verantwortung, wer stürzen würde, wäre tot. Über eine etwa 75 Grad steile Eisrinne verliessen wir den eisgesprenkelten Abstiegsgrat. Nach 300 Metern wurde die Rinne flacher, Kurt war ein Stück voraus und rief mir zu: „Robbi, jetzt geht es wirklich super." Seine Stimme klang fröhlich. Als ich das Gesicht von der Eiswand wegdrehte, um nach ihm zu sehen, war er nicht mehr da. Einfach weg. Kein Schrei, keine berstende Gletscherbrücke. Nichts.

Kurt war genauso müde gewesen wie ich, konnte nur noch blinzelnd die Augen offenhalten, hatte die tödliche Gefahr einfach übersehen und war in die Falle getappt. Sein Leben endete dort, wo eine abgrundtiefe Randspalte aufklaffte, ich sah noch die Spur seiner letzten Schritte. Dann hörte sie einfach auf, führte ins Leere. Ich rang um Fassung, so als ob das, was ich tat oder bleiben ließ, am Ende doch noch irgendeine Bedeutung gehabt hätte. Ein fürchterliches Gefühl der Einsamkeit stieg in mir hoch. Teilnahmslos und traurig setzte ich mich vor die Spalte, während sich die Vergangenheit von mir abwandt. Wie mir zumute war? Danach fragte doch niemand! Man würde mich fertigmachen. Das verrückte Menschengesetz würde mich in den Staub werfen. Gegen das, was mir bevorstand, ist der Tod harmlos.

„Kurti!", rief ich verzweifelt und ohne Hoffnung auf Antwort. Er war nicht irgendwer, er war mein Freund, und jetzt war ewiges Eis sein Grab. Ich war zu erschöpft, um zu weinen. Unendlich langsam stellte ich mich wieder auf die Füße. Es kostete mich Mühe, den Blick von der Spalte loszureißen und an den Abstieg ohne den Freund zu denken. Was ich sah ist das Grauen, es griff nach mir. Würde ich das jemals vergessen können?

„Robbi – hier bin ich – da uuunten!", rief plötzlich eine Stimme aus dem Inneren des Eises. Verwundert starrten sich meine beiden Ichs an. „Dann lebt Kurt ja noch", begriff ich langsam. Jeder Mensch bleibt nur durch tausend Zufälle am Leben, und ein jeder glaubt und vertraut dem Zufall. Kurts Sturz ins Bodenlose wurde nach etwa acht Metern durch einen schmalen Eisbalkon gestoppt. Einen Meter links oder rechts davon wäre er in den Abgrund gefallen. Ist es Schicksal, oder geht jeder seinen vorbestimmten Weg? Jedenfalls war Kurts Lebenszeit noch nicht um. Mit den Seilen zog ich ihn zu mir herauf. Gebrochen war nichts, aber er hatte sich die linke Schulter ausgerenkt. Es war unmöglich, den schwierigen Abstieg so fortzusetzen.

Es gibt niemanden, der uns rät, was wir tun sollen, deshalb befehlen wir uns selbst, was nötig ist. Kurt legte sich hin, gab mir den linken Arm, ich zog und drehte so lange an ihm herum, bis er nur noch ein blauer Fleck war. Durch alle Kleider hindurch ertastete ich immer wieder die abstehende Gelenkkugel, Rotz von meiner Nase tropfte auf seinen Anorak. Trotz brutalster Schmerzen wurde Kurt nicht bewusstlos. Wenn er sich auch unter meinen groben Griffen wandt wie ein Wurm, entfuhr im kein Laut. Wahrscheinlich, weil wir uns in dieser Lage keine Sentimentalitäten leisten konnten. Plötzlich, ich vermochte nicht zu sagen warum, rastete das Gelenk in der Pfanne ein. Kurts Schulter war wieder voll einsatzfähig.

„Habe ich dir arg weh getan?", fragte ich Kurt, der seine Schulter testend kreiste. „Es gibt Schlimmeres", meinte der nur und ich verstand nicht ganz, was denn noch schlimmeres hätte sein können. Ich nahm den Rucksack, Kurt knüpfte sich die Seile um, dann stapften wir weiter.

Dazu verdammt, trotz Erschöpfung immer weiter zu müssen, stiegen wir gleichzeitig über eine steile Eiswand ab, an deren

Ende sich uns ein wild zerklüfteter Gletscherbruch mit einem labyrinthischen Gewirr von Gletschertürmen und Spalten in den Weg stellte. Bei Tageslicht hätten wir schon irgendwie einen Weg heraus gefunden, aber in rabenschwarzer Nacht verirrten wir uns so schlimm, dass wir jegliche Orientierung verloren. Müde starrten die Augen, die eigentlich schon lange hätten schlafen müssen, in den Schnee und blieben nur unter großer Willensanstrengung offen. Unser Lebenswille, das Feuer, das bis zum letzten Atemzug in uns brennt, verbot uns mit drohend erhobenem Zeigefinger, dass wir sie schloßen. Wenn wir eingeschlafen wären, wäre es aus gewesen.

Wir marterten unsere armen, ausgemergelten Körper mitleidlos bis weit über die Belastungsgrenze hinaus. Keine Gnade, es gab für uns nur noch Sein oder Nichtsein, wir bewegten uns auf einem schmalen Grat zwischen Leben und Tod. Die Unterschiede begannen zu verschwimmen, unsere Gedanken wurden immer roboterhafter, es fiel schwer, sich auf den Abstieg zu konzentrieren. Die ständige Lebensgefahr wurde schon zur Gewohnheit, wir stumpften völlig dagegen ab.

Auf einem schmalen Eisgrat hörte ich plötzlich hinter mir etwas scheppern, das mich mit einem Mal aus meiner Lethargie riss, hellwach drehte ich mich um und sah Kurt pfeilschnell eine zu Beginn senkrechte, dann aber flach auslaufende Eiswand hinunterschießen.

„Das ist das Ende", knallte mir ein Gedanke durch den Kopf. Zwanzig, dreißg Meter unter mir rollte Kurt in einem flach verlaufenden Hang aus, blieb schließlich liegen. Sofort stand er wieder auf. „Nichts passiert, aber du musst mich raufziehen!", rief er zu mir hoch. „Warte einen Moment, ich muss schnell kotzen!", schrie ich hinunter. Dann kniete ich mich in den Schnee, stützte mich mit beiden Händen ab und ließ den

Magen automatisch in sich zusammenziehenden Zuckungen ein paar Spritzer Galle in den Schnee würgen. Etwas anderes konnte ich nicht erbrechen, denn es war längst nichts mehr da. Der Brechreiz drückte mir Tränen ins Gesicht. Ich wischte mit dem Handrücken über meinen verschmierten Mund, rieb Tränen und Kotze ab. Unter großer Anstrengung zog ich Kurt herauf.

Dann standen wir erneut nebeneinander, zwei Häufchen Elend, verloren und zerbrechlich, aber niemals bereit aufzugeben. „Pass doch auf!", sagte ich vorwurfsvoll. „Ist nicht so einfach, ohne Licht", entschuldigte sich Kurt.

Wir mussten weiter, uns bewegen. Der Durst und die Kälte und die Nacht und die Müdigkeit waren fast unerträglich. Als Schutz vor totaler Austrocknung hatten sich fette Schleimpfropfen um unsere Kehlen gebildet, die beim Schlucken starke Schmerzen verursachten. Wir irrten solange in weitläufigen Kreisen herum, bis ein Ausweg aus dem Gletscherlabyrinth gefunden war und erreichten beinahe spaltenfreies Gelände. Doch die anschließende leicht ansteigende Querung in tiefem Bruchharsch, der sich mit lockerem Pulverschnee abwechselte, schenkte uns nichts. Bei jedem Schritt sanken wir bis zu den Oberschenkeln im Schnee ein, stöhnten, wühlten uns wieder frei, sanken wieder ein, sagten „Ich kann nicht mehr" und kämpften uns dennoch weiter.

Die Erschöpfung hatte einen Punkt erreicht, wo Wunsch, Traum, Wirklichkeit, Ängste, Hoffnungen, das Leben und der Tod so miteinander verschmolzen, dass die einzelnen Bewusstseinszustände nicht mehr auseinanderzuhalten waren und Visionen hervorriefen. Kurt ging jetzt voraus, als zweiter in der Spur hatte ich es leichter. Trugbilder kamen und gingen, schlichen sich unbemerkt in das reale Denken ein. Wir kamen dem

Ort, an dem wir unsere Tour begonnen hatten, immer näher und mussten unbedingt die Schlafsäcke finden. Dieser Gedanke drehte sich wie ein Kreisel in meinem armen Kopf herum, während der Weg einfach nicht aufhören wollte. Vergingen Wochen, Monate oder Jahre, während denen wir auf erlösenden Schlaf hofften und uns durch tiefen Schnee vorwärts schleppten? Es könnten auch nur Minuten gewesen sein, das Zeitgefühl war mir völlig abhanden gekommen. Ich blickte zurück und sah unsere sich im Dunkeln verlierende Spur, eine Spur, in der die Zeit von uns weglief und nie mehr wiederkam. Eine Spur, deren Ende und Ursache unsere ausgelaugten, personenlosen Schatten waren.

„Ich habe mir die Füße erfroren", bemerkte Kurt beiläufig. Ich registrierte es, konnte mich aber nicht darauf konzentrieren, irgendetwas zu entgegnen. „Da liegt der Materialsack, er ist aufgeplatzt!", rief mir Kurt zu. Ein paar Meter voraus konnte ich einen dunklen Schatten erkennen. „Eine Schneehöhle", stammelte ich aufgeregt, ging darauf zu und machte ernsthaft den Versuch, in unseren Materialsack zu kriechen. Kurt hielt mich zurück. „Wer sollte wohl hier eine Schneehöhle gegraben haben? Es ist doch niemand hier!", versuchte er mich zu beruhigen. Überrascht starrte ich ihn an und allmählich dämmerte mir, was für ein Idiot ich war. Das war echt ein guter Witz, doch um zu lachen, waren wir zu kaputt und unsere Situation noch zu unsicher: Wir mussten noch außerhalb der Reichweite der gefährlichen Eisschlagzone gelangen. Es war zu gefährlich, an Ort und Stelle zu nächtigen. Wir schleppten uns weiter, Kurt zog den schweren Materialsack hinter sich her, um seine Schulter zu schonen.

Nach etwa einer halben Stunde fanden wir einen ebenen Platz im dürftigen Windschutz eines Felsbrockens. Uns war alles egal, wenn wir nur nicht mehr weiter mussten. Wir schlüpften in die Schlafsäcke, legten uns ohne Zelt einfach so in den Schnee. Wir waren gefährlich unterkühlt, lagen auf dem Gletscher, gefährdet und geborgen, zwei Menschen, zwei winzige Funken Leben, die ein wenig Wärme und der Schutz des Schlafsacks am Leben hielt. Draußen war die Nacht und das Schicksal und der Zufall und der Tod. Augenblicklich schliefen wir ein.

Am Vormittag weckte uns die Sonne, es wurde ein schöner Tag. Wir bauten den Kocher auf, fanden aber die Streichhölzer nicht. Ohne Flamme kein Getränk. Enttäuschung und Durst waren kaum zu ertragen. Schließlich fielen die Zündhölzer doch noch aus dem leergeräumten Rucksack, wir konnten Schnee schmelzen und uns Tee kochen. Gierig haben wir große Mengen warmer Flüssigkeit die schmerzenden Kehlen hinunterrinnen lassen, dicke grüne Schleimklumpen lösten sich, die wir auf abscheuliche Weise hervorwürgten und ausspuckten. Beim Schlucken schmerzten die Kehlen, doch der Schluckreflex ließ sich nicht unterdrücken. Unser nächstes Ziel war das Zelt, wir packten zusammen und brachen auf.

Von der Distanz her war es nicht mehr weit, aber unsere Beine wollten fast nicht mehr. Mühsam und langsam wie Schnecken schleppten wir uns über den Gletscher, kamen nur in Zeitlupe voran. Wenn Durst und Mattigkeit zuviel wurden, ließen wir uns einfach rückwärts in den Schnee plumpsen und blieben eine Weile liegen. Obwohl wir endlos langsam waren, schrumpfte allmählich die Entfernung zum Zelt. Am späten Nachmittag waren wir dort und fielen, hemmungslos und triebgesteuert, über unsere letzten Lebensmittel her. Eine dicke Maissuppe sollte Flüssigkeit und Kalorien liefern, beides hatten wir dringend nötig. Mitten unter der Mahlzeit schlief Kurt ein, der Löffel fiel ihm aus der Hand. Ich deckte ihn mit seinem

Schlafsack zu und legte mich auch hin. Wir waren in Sicherheit. Behutsam strich ich über die Nylonhaut des Zeltdachs. Eine warme Lagerstätte, zu trinken und zu essen – mehr brauchten wir nicht. Mehr brauchte keiner, aber niemand gab das zu.
„Wir haben nichts mehr zu essen“, stellte ich sofort nach dem Aufwachen fest. Kurt lächelte und zuckte mit den Schultern. In einem Gewaltmarsch erreichten wir das Basislager, wo unsere Kameraden über unsere ausgezehrten Gesichter erschreckten, die wohl wie Totenschädel aussahen.
Auf der Rückreise nach La Paz machten wir noch den obligatorischen Abstecher zum Titicacasee. Kurt und mich interessierte die Landschaft nicht mehr, wir gaben uns einem Idyll des Fressens, Saufens und Schlafens hin, verdrückten unglaubliche Mengen an Essbarem und verließen die Betten nur wenn unbedingt nötig. Mochten sich andere in endlosen, unfruchtbaren Sit Ins an komplizierten philosophischen Problemen aufreiben.

Traum eines Unberühmten

Es ist dunkel und still. Regen sickert flüsternd durch die Bäume Ein Jahr ist gar nichts. 365 Sonnenaufgänge, 365 Nächte – im Handumdrehen ist es vorbei. Eine Regenzeit, eine Trockenzeit. Im Sturm fällt ein Eukalyptusbaum um, im Juli rumort eine Ratte auf dem Dachboden. Ein Holzsplitter eitert aus der Hand heraus, Aprikosenbäume blühen, verwelken, um Aprikosen hervorzubringen. Kreisläufe drehen sich im Kreis wie die Zeiger einer Uhr. Teller, Tassen und Löffel werden benutzt und geschrubbt, benutzt und geschrubbt, benutzt und geschrubbt. Ein Jahr.

Eines von wie vielen? Heimtückisch nagen die Tage daran. Jetzt ist Regenzeit, Aprikosenzeit. Ein üppiger Taumel blühenden Wachsens und Gedeihens markiert den Höhepunkt des ewigen Wandels von stirb und werde. Schopenhauer, mein erstes Maultier, hat sich mit dem Strick, mit dem es auf einer Weide angebunden war, selbst erdrosselt. Liesel, das zweite Maultier, musste ich verkaufen, ich bin arm und brauche das Geld. Es ist mir nicht leichtgefallen, das Muli wegzugeben, mein Herz hängt an jeder wesensverwandten Kreatur. Ich halte ein paar Ziegen und Hühner, jetzt, in der stillen Zeit sind die Tiere meine einzige Gesellschaft und Unterhaltung, manchmal für lange. Die geometrische Einsamkeit hinter den anonymen Fassaden der Hochhäuser in den großen Städten kommt mir viel grausamer und bitterer vor als meine Isolation, mit der ich mich längst abgefunden habe. Jeder der seinen eigenen Weg geht, der geht ihn allein, aber diejenigen, die teilnahmslos im Strom der Masse schwimmen, ersaufen darin.

Wenn es wirklich darauf ankommt, dann sind auch sie allein. Unter Hunderttausenden von Menschen kannst du dich verdammt einsam fühlen und niemand wird dir raten, was du dann tun sollst. Wer sich nicht selbst befiehlt, bleibt ewig Knecht. Hier habe ich die Tiere, um meine Hazienda liegt auf dem Höhepunkt des Regens ein Kraftring der Stille, die Blumen blühen wie im Rausch. Jetzt, um 1 Uhr morgens, ist es dunkel, doch wenn ich beim ersten Tageslicht die Haustüre öffne, blicke ich auf einen Teppich von saftigem Grün und verschwenderischer Blütenpracht. Sobald die ersten Sonnenstrahlen auf die Erde fallen, blicken mich die Blüten an wie Augen, sie sprechen schweigend mit mir. Ich habe die Zeit zuzuhören wie es duftet, strahlt und lächelt. Schweigend. In der Stille beginnen allmählich die Tage zu mir zu sprechen und lehren mich die Weisheit von Jahrhunderten. Das ist meine kleine Welt.
Die wolkenverhangene Dunkelheit verschluckt meine kleine Hütte wie ein großes Maul, Regen trommelt auf das Blechdach. Das Dunkel ist so absolut und undurchdringlich, als hätte die Erde ihr Innerstes nach außen gekehrt. Ein Blitz zuckt grell auf und Donner brüllt los, wie der Schlag auf einen Schmiedehammer. Dann ist es wieder finster.

Ein milder Herbst

In atemberaubender Geschwindigkeit bringt einen der Flieger von hier nach da, huscht über Kontinente, überspringt Zeitzonen und wirbelt einen in achtzehn Stunden nach München. Bizarr mutet mich das Wogen der europäisch modisch gekleideten Menschenmassen in der aus allen Nähten platzenden Stadt an. Man reiht sich in den fließendem Strom ein, wird mitgerissen, durch die Zeit gespült. Indem man sich mittreiben lässt, wird man zum winzigen Teil eines unüberschaubaren Ganzen, muss mit dem fremden Rhythmus mit.

Vor einer überdimensionalen Leinwand werde ich wie Treibholz ans Ufer geworfen, komme neben einer Rolltreppe zum Stillstand und starre gebannt auf die Nachrichten der Woche. Hungrig verschlinge ich die Neuigkeiten. Das einzige, was mich noch an den größten Indianeraufstand der Neuzeit erinnert, ist das blaue Auge, mit dem ich als Gringo beim Weg zum Flughafen El Alto von aufgebrachten Demonstranten verabschiedet worden war. Es tut nur weh, wenn ich lache. Der Indianeraufstand betraf mich denkbar direkt und ich begreife zuerst gar nicht, dass dieses Ereignis hier keine Schlagzeilen macht.

Nur langsam finde ich mich in dieser anderen Welt wieder, die ganz andere Schwerpunkte setzt. Oder ist diese Welt hier vielleicht nur ein Traum? Bin ich die falsche Person für den richtigen Traum, der hier geträumt wird? Aber es muss ein Traum sein! Wäre das die Realität, wo sind dann all die unsichtbaren Dinge, die hinter der materiellen Welt verborgen sind? Wenn das ein Traum ist, dann will ich aufwachen. Ohne zu wissen warum, reihe ich mich in den sich vor der Rolltreppe stauenden

Strom ein, um mich auf das nächste Stockwerk treiben zu lassen. Langsam werde ich mich in diesem neuen Kosmos zurechtfinden, ich muss mich von der Vergangenheit lösen, sonst gehe ich vor die Hunde.

Zwei Tage nach meiner Rückkehr war mein Terminkalender randvoll, man erinnerte sich noch an mich. Sofort stürzte ich mich in die Arbeit. Als Landschaftsgärtner muss man im Oktober schon an den Winter denken, der – keiner weiß wann – jeder Arbeit im Freien ein Ende setzt. Sonnige Herbsttage verstrichen, während derer meine ganze Aufmerksamkeit der Arbeit galt. Ich war froh darüber, beschäftigt zu sein, so blieb mir keine Zeit zum Grübeln.

An einem Sonntag vormittag saß ich ich am Waldrand der Riedau, den Ahrnberg vor mir, viel Himmel über dem Kopf. Ich hörte wieder das Rauschen der Bäume, wenn der warme Sonnenwind in sie hineinfuhr. Dieser Melodie war ich schon als kleiner Junge verfallen. Um sie noch intensiver zu hören, schloss ich die Augen und träumte vor mich hin.

Ich schrak auf, als ein fremder Mann neben mir stand. Er war wohl aus dem Wald gekommen, ich hatte ihn weder gesehen noch gehört. Dass er kein Sonntagsspaziergänger war, sah man sofort. Er trug die Jacke offen, das Haar lang und ungepflegt, es hing ihm in das vom Alkohol gezeichnete Gesicht. Die rotgefärbten Augen deuteten auf eine Entzündung hin. Seine braune Kordhose war von etlichen ähnlich braunen Flicken übersäht, von denen einige dabei waren, sich wieder aufzulösen. Den Haselnussstock, den er in der Hand hielt, hatte er wohl im Wald geschnitten, über den Schultern hing ein Waidsack. Wahrscheinlich war seine gesamte Habe darin.

Er lächelte verlegen, sah an sich herunter, dann zu mir hin, der ich im Gras lag, in einer sehr ungünstigen Position, wie ich jetzt erkannte. Behutsam stützte ich mich auf den rechten Arm, um aufzustehen. „Bleiben Sie ruhig sitzen, ich tue Ihnen nichts." Ich schnellte betroffen zurück, schämte mich ein wenig meiner Angst und meiner Voreingenommenheit. Ich tat unbefangen und fragte, ob er Lust auf eine Zigarre hätte. Er bejahte, und ich hatte endlich einen Grund aufzustehen, meine Jacke zu holen und zwei Virginias herauszukramen.

„Eine feine Sorte, so was kann ich mir nicht leisten." Seine Dialekt war warm, klang freundlich und vertraut. Ich erzählte ihm von meiner Arbeit und dass ich mehr Aufträge hatte als mir lieb war. Weit mehr, als ich mir nach einem halben Jahr Abwesenheit hatte erwarten dürfen.

„Und Sie, was ...", begann ich unsicher, zog an der Zigarre und wusste nicht recht, wie ich formulieren sollte.

„Ich ziehe wie ein Indianer von Ort zu Ort, über die Felder, durch die Wälder. Immer zu Fuß .... und manchmal wollen die Beine nicht mehr recht." Seine Miene wurde ernst, er drückte die Zigarre an einem Baumstumpf aus und wandte sich um. Er wollte gehen. Ich hielt ihn nicht auf.

Er war schon gut zehn Meter weg, als er sich noch einmal umdrehte: „Danke für die Zigarre, einen schönen Tag noch und einen Gruß an die Frau Gemahlin. Übrigens: es wird einen milden Herbst geben, machen sie Urlaub, bei so einem Wetter sind die Berge ein Pracht, man sieht weit hinaus in die Täler."

Ich vergaß den Fremden, wie man Menschen vergisst, denen man zufällig und flüchtig begegnet. Wäre da nicht dieser ungewöhnlich milde Herbst gewesen, ich hätte mich nicht mehr an den Landstreicher erinnert. Er hatte recht behalten: Mitte Dezember lag noch immer kein Schnee, der Föhnwind fegte schon seit zwei Monaten über die Berge, da und dort blühten schon Weidenkätzchen, als wäre Ostern.

Die Jahreszeiten schienen eine willkürliche Festlegung der Zeit. Morgen würde heute schon gestern sein, und was gestern war ist verweht und vorbei. Die Karten waren neu gemischt worden und mit dem neuen Blatt hatte ich ein paar Trümpfe bekommen. Es sah gar nicht so schlecht aus, ich würde einfach noch einmal von vorne beginnen. In meiner Hosentasche spürte ich den Lehmbrocken, den mir der Brucho mitgegeben hatte. Ob der Zauber gewirkt hatte? Jedenfalls hatte ich Arbeit, deren Erlös mich wieder nach Bolivien führen würde.
Weihnachten ist eine seltsame Zeit für einen, der alleine ist. Wenn ich durch die Straßen meines Heimatstädtchens schlendere, blicke ich in Gesichter, in denen sich Trümmer widerspiegeln. In den gefällig dekorierten Schaufenstern suchen sie nach dem Wort, das die Bruchstücke wieder miteinander verbinden soll und ihrem Leben Sinn geben möge – und finden nichts. Niemand weiß, wann und wo das Wort verloren gegangen ist. Keiner ist schuld daran.
Wohin einer kommt, wenn er geht? Ich hatte mir die Frage gestellt und die Antwort mit den Füßen auf den Boden geschrieben. Dort hatte das Wort wieder einen Sinn bekommen, die Bruchstücke hatten sich zu einem Ganzen verbunden.
Es gibt Menschen, die behaupten, es hätte das Wort gar nie gegeben, und ich kann ihnen das nicht widerlegen. Auf einem Stück Papier hebt es sich auf wie Ja und Nein, für seine Existenz gibt es nicht den geringsten Beweis.

Neue Kletterliteratur bei Panico

Selig, wer in Träumen stirbt
ISBN 3-926807-91-1 / 10.00 €

Robert Steiners hochgelobtes Debüt gehört zum Feinsten, was die gegenwärtige alpinistische Literatur zu bieten hat. „Da kann einer nicht nur klettern, er kann auch schildern, wie das geht: kreativ, gnadenlos, mutig. In Zehntelsekunden-auflösung beschreibt Steiner seinen Kampfsport am Abgrund: detailgenau, packend, beängstigend.... findet neue, noch nicht zerkitschte Worte für die Natur und die Emotionen.... .... seit Reinhard Karl, Emil Zopfi und Malte Roepers besten Erzählungen hat man kaum ähnlich Gutes gelesen."

aus der Leselupe, BERGE 3/2002

Der Himmel für drei Franken
ISBN 3-926807-93-8 / 10.00 €

Die Geschichte einer Begehung der Badile NO-Wand, allein, pleite und von Abenteuerlust beseelt, gibt der Sammlung von packenden Erlebnisberichten, ernsten Essays und teils heftigen Glossen – den passenden Titel. Egal ob Roepers frühe, aus seinem Erstlingsroman entnommene Erzählungen, oder aktuelle Beiträge, wie etwa der über sein Engagement bei der Eiger-Live-Übertragung – überall ist die Begeisterung zu spüren, die einen jungen Kletterer auf den Spuren Hermann Buhls in die abweisende Wand treibt.

DAV Panorama 6/2002

Wir müssen da hoch
ISBN 3-926807-98-9 / 10.00 €

... „Wie auch immer", würde Peter Brunnert aus 32825 Blomberg wohl meinen. Eine Formulierung, die er gerne benutzt, bevor seine kurzen Erzählungen zielgerichtet ihrem desaströsen Ende entgegenstreben. Kletterpleiten, Kletterpech, Kletterpannen. Weil es nun mal nichts Behaglicheres gibt, als sich an anderer Leute Missgeschick zu ergötzen, bereitet diese Lektüre geballter Widrigkeiten uneingeschränkte (Schaden-)-Freude. Nur sich selber nicht so ernst nehmen – Peter Brunnert macht es vor. (mit Illustrationen von Erbse Köpf)

Klettern Spezial September 02

Alpinistische Literatur bei Panico

Das Kriegsloch
ISBN 3-926807-81-4 / 19.80 €

„… Für mich ist „Das Kriegsloch" mehr als alles andere die faszinierende Schilderung der Erlebniswelt eines früheren Extrembergsteigers, dem es im Hochleistungsalpinismus geistig zu eng geworden ist. Es ist die Bilanz einer Entwicklung weg von der Eindimensionalität des „schwerer, höher und schneller" hin zur Einsicht in die Vielfalt und Vielschichtigkeit unserer Existenz. Der Leser muss sich gut anschnallen auf Rudi Mayrs Achterbahnfahrt durch die unterschiedlichsten Daseinsebenen und Lebenswelten."

Das besondere Buch im DAV-Panorama 2/2001

Zwischen Schneckenhaus und Dom
ISBN 3-926807-69-5 / 10.00 €

„Nun ist es da, das Buch, auf das nicht nur Insider schon lange gewartet haben. Bernd Arnold hat es geschrieben - nicht über sich und sein Klettern, sondern über das Elbsandsteingebirge, seine Felsenheimat… Ein Schmuckstück, bibliophil gestaltet, auf dem Umschlag typographisch gewagt, im Inneren eher konservativ in handwerklich sauberer Satzkunst. Ein spannendes Buch, ein ruhiges Buch, ein Buch das heraussticht und das seinen Platz hat im Kopf und im Herz eines jeden, der das Elbsandsteingebirge lieben gelernt hat."

Bergsteiger 10/99

Emilio Zuccero
ISBN 3-926807-80-6 / 10.00 €

„… Fans des fülligen Pop-Sängers Emilio Zuccero, dessen Reibeisen-Stimme einen Chor aus Giuseppe Verdis Opern „Nabucco" in einen Schlager verwandelt, dürften wohl genügend gewarnt sein: Nein, es erwartet die Leser nicht die Lebensgeschichte einer Hitparaden-Größe, sondern die teils amüsante, teils dramatisch zugespitzte Enttarnung Luis Trenker, der mit Hilfe eines streng geheimen Verjüngungskrautes aus dem fernen Asien seine Lebensuhr zurückdrehen konnte und sich seiner zweiten Existenz erfreut."

www.baeng-2000.de

„... Das alles ist beschaulich und nett und kippt doch, manchmal, unversehens ins Hinterhältige d.h. Journalistische. Darüber freut such der Leser ebenso wie über manche Miniatur, beispielsweise vom Gipfeltriumph am Kilimandscharo. „Ein östereichischer Bergkamerd geht auf die Seite und kotzt ein bisschen. „Endlich!“ seufzt er erleichtert.“ So geht es, kurzweilig und vergnüglich von der ersten bis zur letzten Seite, und man wünscht sich am Ende, auch soviel gesehen zu haben wie der Autor - zwischen Everest und Wendelstein.“

BERGE Nr.100/2000

2000 - drunter und drüber
ISBN 3-926807-70-9 / 10.00 €

Bergschuhe bekam ich geliehen, „Knickerbocker“ schneiderte ich mir aus einer alten langen Hose selber. Von Bekannten erhielt ich ein etwas zu großes Sakko, und als Kopfbedeckung bekam ich eine alten Motorrad-Lederhaube geschenkt. Einen Rucksack lieh mir mein älterer Bruder.
„Otto Eidenschink hat ein Beispiel dafür gegeben, wie zäher Lebenswille selbst aus anscheinend unentweichbarer Hoffnungslosigkeit doch einen Weg zu so etwas wie Lebensglück finden kann.“

DAV Panorama

Steil und steinig
ISBN 3-926807-68-7 / 10.00 €

Das Werk von Wilfried Schwedler, dem bekannten Mitarbeiter des Bayerischen Rundfunks, ist viel mehr als eine pure Sammlung von Literaturstellen. Was bei dieser langen intensiven „Spurensuche im Leben und Werk von Schriftstellern“ herauskam, liegt nun als fesselndes Buch vor. Das Fahndungsergebnis präsentiert sich als eine Folge im besten Sinne biographischer Miniaturen, Kabinettstückchen zum Thema „Literaten – mit Gipfelblick“. Endlich das alpine Buch zum Verschenken! An kulturell anspruchsvolle Bergfreunde – und an sich selbst.

DAV-Mitteilungen 2/98

Schreibtisch mit Gipfelblick
ISBN 3-926807-55-5 / 10.00 €

www.bolivia-tours.de
urlaub
weitab von den Völkerwanderungen des Massentourismus
Robert Rauch, Adolf-Baader-Str. 9, 82481 Mittenwald
Fax: 0049/8823/1019 - Phone: 0049/8823/2209